深圳市人文社会科学重点研究基地成果

国家高端智库综合开发研究院（中国 · 深圳）出品

双循环新发展格局下的中国开发区制度范式转型研究

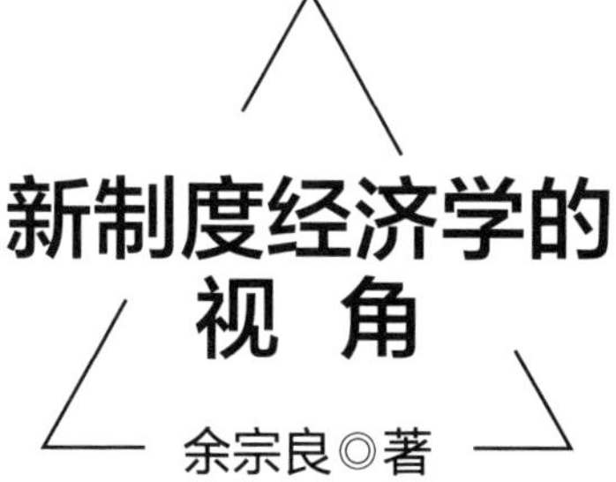

新制度经济学的视角

余宗良◎著

中国政法大学出版社

2022 · 北京

图书在版编目（CIP）数据

双循环新发展格局下的中国开发区制度范式转型研究/余宗良著. —北京:中国政法大学出版社,2022.3
ISBN 978-7-5764-0389-3

Ⅰ.①双… Ⅱ.①余… Ⅲ.①经济开发区－经济制度－研究－中国 Ⅳ.①F127.9

中国版本图书馆 CIP 数据核字(2022)第 040003 号

出版者　中国政法大学出版社
地　址　北京市海淀区西土城路 25 号
邮寄地址　北京 100088 信箱 8034 分箱　邮编 100088
网　址　http://www.cuplpress.com (网络实名：中国政法大学出版社)
电　话　010-58908586(编辑部) 58908334(邮购部)
编辑邮箱　zhengfadch@126.com
承　印　固安华明印业有限公司
开　本　720mm×960mm　1/16
印　张　16.5
字　数　290 千字
版　次　2022 年 3 月第 1 版
印　次　2022 年 3 月第 1 次印刷
定　价　66.00 元

序

PREFACE

改革开放以来，中国经济体制由计划经济向社会主义市场经济转轨，发展格局经历了从单循环、内循环转向融入全球化的国际大循环，再到当下的国内国际双循环。构建国内国际双循环相互促进的新发展格局是国家顺应世界正经历百年未有之大变局，应对国内外形势结构性转变的战略选择，从“两头在外”为导向的发展模式转向“以内为主、内外互促”，以“内循环”促进“双循环”，坚持扩大内需，使生产、分配、流通、消费更多依托国内超大规模市场，形成经济良性循环和安全运行的格局。

为减轻改革的阻力，避免改革引起大的震荡，中国的体制改革和经济转轨是渐进式的，创新了鼓励分散试验、差异试验的过渡性制度安排，这是一个在社会主义市场经济大方向基本明确前提下的“适应性体制创新”。其中，开发区就是我国转轨经济适应性制度创新的重要安排，通过经济功能区与行政区双轨并存，率先突破以单向内循环的计划经济体制，先行试错、分散试错市场经济规则，融入国际大循环，减少了改革摩擦力，降低了制度性运行成本，提高了制度绩效，创造了开发区的发展奇迹，成为中国模式的重要组成部分。

目前，中国改革已进入攻坚期和深水区。为了统筹发展和安全，在双循环新发展格局下，行之有效的开发区仍将发挥出先行者、试验场的作用。《国家“十四五”规划纲要》也对开发区的改革创新和开放合作提出了新的要求和进行了新的部署。面对国内外的形势变化和承载新的使命，开发区制度创新模式也要与时俱进，《双循环新发展格局下的中国开发区制度范式转型研究》一书适时面世，令人欣慰。

余宗良是我指导的博士后，具有多年的开发区实务工作经验，从博士、博士后到现在从事咨询研究工作，一直研究开发区，书中提出规则“表达”、功能定位、管理机构“身份”、治理结构、开放模式等五个方面的转型，不但是他多年开发区工作的场景体验总结，也是他多年的理论思考心得。

是以为序，与读者共飨！

樊　纲

2021 年 8 月 20 日

前言

FOREWORD

中国改革开放取得了伟大的成就，重要的经验就是始终统筹发展和安全，处理好改革、发展和稳定之间的关系，具体路径是通过新旧两种体制双轨并行，开启试错式、渐进式改革之路，主要表现为：非激进性改革，利用现行组织资源，原则不触及存量，减少摩擦成本，在体制外做增量改革，以增量促存量优化，先试错再复制推广，从局部到整体的非均衡推进。[1]开发区是我国改革开放的试验田，在中央统一领导下，通过非均衡赋权的制度安排，形成行政区与功能区的双轨制度结构，赋予开发区更大自主权，发挥政策实验室的作用，通过鼓励分散化、差异化、边际化试错的“适应性效率”，不断调适政府、市场和社会之间的关系，持续推进市场化、国际化、法治化、分权化，增进发展共识，减少改革摩擦力，降低制度性运行成本，已成为我国经济体制改革的重要模式。开发区历经近40年的发展，是中国改革开放的重要模式，不但遍布神州大地，而且不断在海外复制推广，已成为区域经济发展和对外开放合作的“重头戏”，创造了开发区的奇迹。新制度经济学认为，制度是发展的根本，正式制度与非正式制度及有效实施的制度结构决定了经济发展的绩效；打破体制运行的阻梗，降低制度运行成本，明确行为边界和内部化成本收益，“做对激励”，方能促进增长；制度变迁是为了获取潜在的收益，总是在边际上发生，鼓励分散化、调适性试验，避免剧烈变动，取得“适应性效率”。

在中国大转型中，国家以开放促改革、促发展、促创新，中国的制度结

〔1〕 参见盛洪主编：《中国的过渡经济学》，格致出版社、上海三联书店、上海人民出版社2009年版；盛洪主编：《现代制度经济学》（第2版）（上卷），中国发展出版社2009年版。

构允许分级、采用不同的方式进行试错，突破经济社会发展的障碍，构建了一种面对国内外形势变化或约束条件变化与时俱进的超强调整和适应能力，不断地积极应对挑战和抓住发展机遇。实践是检验真理的标准，开发区发展近40年来，其先行先试的制度创新经证明是成功的、正确的。但是由于计划经济的历史起点，鼓励分级、差异试错的开发区制度创新模式总体上体现出政策为主、经济功能为主、管理机构行政化为主、治理结构政府为主、流动型开放为主等五个为主。当下，世界正经历百年未有之大变局，新一轮科技和产业革命深入推进，世界经济力量东升西降推进国际经济秩序加速重构，贸易保护主义和单边主义抬头，百年未遇之新冠肺炎疫情未能得到根本性控制仍然在全球蔓延；我国已全面建成小康社会、实现第一个百年奋斗目标之后，乘势而上开启全面建设社会主义现代化国家新征程、向第二个百年奋斗目标进军；准确把握新发展阶段，深入贯彻新发展理念，加快构建新发展格局，推动经济社会高质量发展，已成为新时代的主旋律。面对新的国内外形势，改革进入深水区、攻关期，统筹发展与安全，减少震荡和摩擦力，降低体制成本或制度运行成本，鼓励分散、渐进试错的开发区制度安排将继续发挥先锋者、探索者、排头兵的作用，但是功效的发挥，需要开发区制度创新模式与时俱进的变迁。

“为国家试制度、为地方谋发展、为企业优服务、为社会创福利”是开发区的初心和使命。为顺应国内外新的发展形势、新的发展要求，开发区制度创新、范式转型需要率先从理念、模式开始变迁，相应的制度结构应随之跟上。本书认为在构建国内国际双循环新发展格局的背景下，开发区制度范式、创新模式应该从之前的“五个为主”向新的“五个为主”转型，即规则“表达”：从政策主导走向法律主导；功能定位：从“为经济而增长”走向“以自由看待发展”；管理机构“身份”：从国家行政主体走向社会行政主体；治理结构：从单一政府管理走向多元协作治理；开放模式：从流动型开放走向制度型开放。相应地，本书总共分为六章：

第一章“绪论”。第一，简要介绍了本书的研究背景，将开发区模式作为中国模式的重要组成部分进行简要阐述，认为开发区在我国构建国内国际双循环新发展格局背景下要持续强化试验场作用。开发区历经近40年的发展，在改革创新、经济规模、区域贡献力、就业安排、科技研发、参与区域和国际关系治理等方面，取得了骄人的业绩。第二，以新制度经济学为理论视角，对开发区这一不断降低体制成本的制度创新进行分析，从制度变迁、制度结构、制度体系、权力配置等理论分析开发区的制度创新。第三，结合中国改革开放历程的发展格局演变，如从计划经济时代的国内单循环到融入国际大循环再到现在的国内国际双循环新发展格局，在不同的发展阶段去分析开发区的发展历程和阶段特点。第四，对当前林林总总的特殊经济功能区进行了铺排式的列举，在多样化的开发区类型中选定本书的研究样本。

第二章“规则‘表达’：从政策主导走向法律主导”。第一，分析开发区当前制度表达的政策化。开发区是我国社会主义市场经济体制转型过程中的重要一环，先行先试市场规则，探索各种改革开放创新举措，但是制度安排或“表达”以政策为主导，法治相对滞后。在政策主导转型的总体框架下，我国开发区制度安排表现出以政策调整为主、中央统一立法缺失、地方立法资源分散、立法内容不全面、立法政策化趋向；开发区设立依据政策化、设立标准政策化、管委会特权配置政策化、责任追究政策化、管委会性质界定政策化。第二，分析开发区制度供给滞后引发的问题。当前开发区是“政策规则的选择”，地方立法难以满足开发区先行先试需求，制度供给短缺，引发出了一系列问题，包括：政区化，机构设置行政区化，向传统体制复归；造成开发区热，自我授权，道德化创新；农民土地权利保障问题，劳工权益保障问题，弱势群体权利保障问题。第三，阐述开发区的应然制度表达，法律主导化转型。我国开发区已经在法治建设中做出了积极探索，包括：率先明确法治“法不禁止即可为”原则，率先规定商品经济运行规则，率先进行服务型行政立法，推动法律监督机制创新，推动法律纠纷解决机制创新，推动依法治区。在法治国家，强调“法律下的自由”，美国、日本等境外开发区建设立法先行。我国开发区建设应向法治化转型，制定国家级开发区统一立法，修订《地方各级人民代表大会和地方各级人民政府组织法》。因为开发区自身是“法治规则下的选择”、法治才是开发区选择的可信承诺、开发区“试错权”需要法治保障。

第三章“功能定位：从‘为经济而增长’走向‘以自由看待开发区发展’”。第一，分析开发区实然的经济主导功能定位和竞争体制安排。无论是经济技术开发区、高新区、新的国家战略功能区都以经济功能为主导；中国的经济分权和政治集权的大国治理结构制度安排创造了竞争性的“增长市场”，开发区是所在区域经济竞争的主要抓手，其超自主体制安排增强了开发区的竞争力。第二，分析开发区经济社会功能转向的背景和方向。历经近40年发展，开发区创造了奇迹，开发区已从单一的工业园区走向人产城文融合的城市新区。受阿马蒂亚·森的自由发展观和权利贫困论的启发，发展型社会政策理论的兴起，进入新时代，突出以人为中心的新型城镇化，国家对开发区战略定位向社会功能进行微调和开发区自身的健康发展以及在社会建设中的探索，开发区应“以自由看待发展”，转向经济社会功能并重，推进“从农民走向市民”。

第四章“管理机构‘身份’：从国家行政主体走向社会行政主体”。第一，分析开发区管理机构的制度创新实践。开发区行政管理机构大都称为管理委员会（管委会），极少数称之为管理局。开发区管委会在自身建设上已作出积极创新，政府治理理念的边际创新，从管制思维走向亲商思维，从以物为本走向以人为本，从人治思维走向法治思维，还有政府管理体制的边际创新。第二，分析开发区管委会目前的身份安排。目前，我国正式规则和理论是从单一政府管理思维出发，从国家行政主体的视角界定或分析开发区管委会的性质，如一级人民政府、地方政府的职能部门、地方政府的派出机关、派出机构及法律、法规授权组织，但也有个别论述将开发区管理机构界定为社会行政主体，提出法定机构和公务法人的论述。第三，论述开发区管委会公务法人的社会行政主体身份转型方向。公务法人是指依据公法设立，在政府机构之外执行某种行政职能且独立承担权利义务的公法人。理论基础包括公务理论、行政分权理论、新公共管理运动治理理论。公务法人契合我国权力不断调收的顶层设计、满足区域治理需求、彰显社会主义制度竞争优势的创新要求。

第五章“治理结构转型：从单一政府管理走向多元协作治理”。第一，分析开发区单一政府管理模式的现况。开发区治理模式在实践中表现出多样化模式，如管委会集中治理型模式、协作型管理模式、区域政府间协同治理型模式、多类管委会协同治理型模式、企业主导型和混合型模式。内部治理也有边际创新，包括管理机构企业化、公共产品生产供给多元化、非强制性行政行为探索、开发区行政服务化、探索区域治理、行业协会的治理参与。第二，阐述开发区多元协作治理转型。论述开发区多元治理的分工和产业集群理论基础，提出转变政府职能，探索负面权利清单和正面权力清单的两张清单模式的有限政府治理，产业规划引导、市场监管、共同服务的有效政府治理；市场体系建设、政企分开的市场治理，由市场在资源配置中起决定性作用；推行行业自组织的社会治理。

第六章“开放模式：从流动型开放走向制度型开放”。第一，当下，开发区以商品和要素流动型开放为主，特点是突出补课式的跟随性开放、突出货物领域的选择性开放、突出打通边境上阻梗的开放措施、突出“引进来”的单向开放等。相应在国家文件的表述、不断推进的开放创新举措、开发区模式走出去的模式等都体现出围绕以物为主的制度创新和“两头在外”的“大外资、大外贸、大外经”的发展导向，这是“引进来”的单向开放。衍生出容易成为贸易保护主义的攻击对象、规则的开放度不够、管理的传统路径依赖、中国产品标准的国际话语权不高、“走出去”服务平台体系建设和能力建设不高、改革力度和集成性不够、开发区模式“走出去”的自发性路径依赖有待突破等问题。第二，当下，国内外形势发生了重大变化，在新时代，开发区应率先向制度型开放转型，形成“服务贸易和货物贸易”并举的广泛开放，“货物、制度+引进来、走出去”并重的双向开放，“边境开放和边境内开放”并立的深度开放，“体系性开放和精准性开放”并行的集成开放，“政府、社会和企业”联手的多维开放等特色。接下来，我国应持续强化开发区集群制度创新的首位性、协同性、集成性，深入推进政府职能转换，鼓励和支持企业夯实国内国际市场话语权、构建国际开发区网络。

目录

CONTENTS

第一章

绪 论

第一节 研究背景

当今世界正经历百年未遇之大变局，国内外形势发生重大变化，准确把握新发展阶段，深入贯彻新发展理念，加快构建新发展格局，推动经济社会高质量发展，是新时代提出的新要求。开发区作为中国模式、中国经验的重要组成部分，仍将继续担当先行者、试验田、示范区的角色。我国开发区肇始于深圳经济特区南头半岛的蛇口工业区，1979 年 2 月，国务院批准原交通部香港招商局在蛇口投资开发我国第一个对外开放的工业园区，面积 2 平方公里，提出了“时间就是金钱，效率就是生命”的口号，创造了“蛇口模式”。[1]在 1979 年 4 月的中央工作会议上，广东省主要领导请示中央允许广东在毗邻港澳的深圳、珠海和重要侨乡汕头设出口加工区。福建省主要领导也提出了类似要求。邓小平赞同，提议中央批准广东、福建的请示。

为了试错对外开放和市场经济体制，中国将试错点选在传统计划经济体制边缘的沿海地区，通过制度边际创新以获得“适应性效率”。中央于 1979 年 7 月 15 日决定在深圳、珠海、汕头、厦门兴办“出口特区”。1980 年 3 月，正式将其命名为“经济特区”。1984 年 2 月 24 日，邓小平提出，建设经济特区，实行开放政策，不是收而是放，除现在的特区外，可考虑再开放几个港口城市，不叫特区，但可实行特区的某些政策。1984 年 5 月 4 日，凝聚了改

〔1〕 在 1999 年 3 月的蛇口工业区第二次创业汇报材料中，“蛇口模式”被称为由一个企业独立地开发、建设、经营、管理一个相对独立的区域，并在经济体制和行政管理体制上进行全方位的配套改革。参见皮黔生、王恺：《走出孤岛——中国经济技术开发区概论》，生活·读书·新知三联书店 2004 年版，第 169 页。

革开放精神的《沿海部分城市座谈会纪要》（中发〔1984〕13号）成了我国经济技术开发区的“准生证”。随后我国创建了第一批14个经济技术开发区，它们成了实际上的“小特区”。至此，开发区历经近40年发展，不断推进“边际革命”，循环累积、聚沙成塔，内涵不断丰富、类型不断增加、布局不断扩大，硕果累累。当下，我国进入全面深化改革和扩大开放的深水区、无人区，已开启全面建设社会主义现代化国家新征程，向第二个百年奋斗目标进军，正在构建以国内大循环为主体，国内国际双循环相互促进的新发展格局，从推动由商品和要素流动型开放向规则等制度型开放转变。开发区作为中国改革开放的重要经验和制度安排，将一如既往地发挥引领性作用。

一、开发区模式已成为中国模式的重要一环

（一）边际突破的改革创新之路

在国际社会主义转型发展的历史中，有两种改革模式：一种是苏联和东欧国家罔顾国情和历史背景而毕其功于一役的“休克式疗法”；另一种是中国的渐进式改革、增量逐步稀释存量的边际模式。试验、创新是有成本的，只有立足实际，考虑制度的整体结构，在风险可控、底线保障的基础上，试验和创新才能有效率。“制度的整体结构决定一个社会或经济体系在多大程度上能鼓励试验、实验和创新——我们可以将这些归结为适应性效率——方面，起着关键性作用。”[1]事实证明，中国改革开放双轨容错和矫正的制度结构鼓励试验、创新，“摸着石头过河”，取得了适应性效率。换言之，以开放促改革、促创新、促发展是中国改革开放的主要路径，通过在局部区域和领域双轨先行先试，形成可复制、可推广的模式，之后在全国推广，从双轨转向单轨，试点—推广—趋同，处理好了改革发展和安全稳定之间的关系，这是中国转轨型经济社会的重大特色，也是重要的“中国经验”。

开发区是中国边际突破改革创新路径和鼓励分级试验、差异化试验的重要制度安排，面对不确定性，先行先试市场化规则，再复制推广，这种制度结构允许以多种方式进行试错，在打破传统集权经济的路径依赖和利益僵局获取发展机会的同时，避免了改革的剧烈震荡，保障了发展的稳定和国家安

〔1〕［美］道格拉斯·C. 诺思：《制度、制度变迁与经济绩效》，杭行译，格致出版社、上海三联书店、上海人民出版社2008年版，第108页。

全，取得了“适应性效率”。开发区是指中央或地方根据战略发展需要，划出一定区域，进行特殊制度安排，进行统一规划、建设、管理、运营，空间和制度都有一定独立性的区域。换言之，相较于行政区而言，开发区具有特定的区域、特殊的管理体制、特别的制度安排、特殊的功能等四个特点。开发区最早以自由港和自由贸易区的形式面世，1547 年的意大利热那亚湾的里南那港是开发区的雏形。[1]党的十一届三中全会后，我国拉开了改革开放的序幕。开发区模式作为中国改革开放的重要一环，最初是在总结经济特区，特别是蛇口工业区成功经验的基础上，建立和发展起来的。目前，开发区已成为一种改革创新和区域发展模式，类型多、数量多、贡献大。

（二）开发区的战略使命：为国家做试验，做中国改革开放的探路者

中国改革开放在明确方向和划清底线的顶层设计之前提下，通过先行在局部区域和领域试错，培育体制外的力量推动体制改革的逐步深入，形成可复制、可推广的模式，撬动全局，逐步形成当下的全面深化改革和扩大开放的格局。中国开发区是中国伟大转型和工业化、城市化的缩影，作为改革创新和对外开放的先行先试区，紧紧围绕国家的战略意图开发开放，白手起家，创新创业，短时间就取得了辉煌成绩。1986 年，邓小平同志视察天津经济技术开发区，为其题字“开发区大有希望”。无论是从 1984 年初始的经济技术开发区到 1988 年开创的国家高新技术产业开发区还是当今的自由贸易试验区（港），都承载着为国家改革开放探索新路径、新模式的战略使命。所以说，中国开发区作为国家转轨的突破口、重要试验田和先行先试区，是中国改革开放的先锋、探索者，是中国应对国际竞争、融入全球化、参与国际政治经济秩序治理的战略棋子，是为国家试验并推进区域经济高质量发展的重要抓手。

林毅夫认为“有为的政府”应该消除经济发展的障碍，政府应该“增长甄别、因势利导”推进制度变迁即根据“增长、识别与协调”六大步骤打通改革创新的阻梗：第一步选择目标国：找出与自身产业结构类似、人均收入约为其两倍的、发展迅速的国家作为参照模型，找出被参照国在过去 20 年增长迅速且可交易的产业。第二步扶持本国有比较优势的产业：如果参照国里已有民营企业进入上述产业（不管这些产业是已经出现的还是正在出现的），

[1] 参见阎兆万等：《经济园区发展论》，经济科学出版社 2009 年版，第 21 页。

政府应识别造成这些企业无法良性发展或者阻碍后来者进入该产业的障碍，采取措施消除这些障碍。第三步引进本国有比较优势的产业：如果参照国中没有民营企业进入上述已经在被参照国发展迅速的产业，政府应采取措施吸引外资进入这些产业。这些外资应该来源于第一步中已经识别的被参照国，也可以在这些产业中培育本国新企业。第四步扶持全新的产业：除了培育上述被参照国内发展迅速的产业，政府也应该注意识别本国民营经济体在新产业里的成功创新，支持它们发展壮大。第五步局部集中改善：在基础设施落后、商业环境不够友好的国家里，经济特区和工业园可以用来消除企业进入的障碍、吸引外资和形成产业集群。第六步外部补偿：政府应当为已经识别的上述“先锋式”企业提供限定期限的税收优惠、直接信贷投资和外汇支持。[1]

（三）开发区的骄人实践：创造了开发区的发展奇迹[2]

开发区是打破中国发展障碍和阻梗的重要举措，是发展中国家的政府促进经济增长和繁荣求索的重要方法。自 1984 年我国创立了第一批 14 个国家级经济技术开发区起，开发区历经 30 多年的试错发展，模式不断推广复制，在改革创新、对外开放、区域发展、“引进来走出去”、体制机制创新、新型城镇化发展、科技创新、产业集聚发展等方面取得了骄人的业绩，创造了开发区发展奇迹。据商务部统计数据，2019 年，我国 218 个国家级经开区实现地区生产总值 10.5 万亿元，较上年增长 10.3%，增速高于全国平均增速 4.2 个百分点，占国内生产总值比重 10.6%。据科学技术部（以下简称“科技部”）统计数据，2019 年，我国 169 个国家高新区实现生产总值 12.2 万亿元，上缴税费 1.9 万亿元，分别占国内生产总值的 12.3%、税收收入的 11.8%；聚集了 8.1 万家高新技术企业，占到全国高新技术企业的 35.9%。可以说，遍布神州大地的开发区已成为中国区域经济发展最重要的现象，开发区模式在中国大国治理结构中占有重要的地位。在商务部召开的“十三五”时期自贸试验区建设情况发布会上公布的数据显示，2020 年，前 18 个自贸试验区共新设企业 39.3 万家，实际使用外资 1763.8 亿元，实现进出口总额 4.7

[1] 参见林毅夫：《新结构经济学——反思经济发展与政策的理论框架》，苏剑译，北京大学出版社 2012 年版。

[2] 本书数据来自官方网站公开数据并整理。

万亿元，实现了占全国 17.6%的外商投资和 14.7%的进出口，为“稳外贸、稳外资”发挥了重要作用；五年来，我国自贸试验区总计被赋予 2800 多项改革试点任务，外商投资准入负面清单特别管理措施“十三五”初期为 122 项，2020 年压减至 30 项，压减幅度超 75%；探索形成 173 项制度创新成果向全国复制推广，共形成 1300 余项制度创新成果在地方推广。

现在，开发区的数量倍数增长，类型多样化。国家级开发区的类型有：经济技术开发区、高新技术产业开发区、保税区、经济边境合作区、出口加工区、保税港区、保税物流区、旅游度假区、自由贸易试验区〔1〕、自主创新示范区等实行国家特定优惠政策的各类区域。广义的还包括经济特区、国家综合试验区。截至 2020 年 12 月，国家级开发区的数量：国家级经开区 217 个、国家级高新区 169 个、国家经济边境合作区 17 个、自贸区 21 个。还有海关特殊监管区域 157 个，其中，保税港区 2 个、综合保税区 144 个、保税区 9 个、出口加工区 1 个、珠澳跨境工业区（珠海园区）1 个。《中国开发区审核公告目录》（2018 年版）显示，国家级、省级开发区有 2543 个，其中国家级开发区 552 个、省级开发区 1991 个；东部地区有 964 个开发区、中部地区有 625 个开发区、西部地区有 714 个开发区、东北地区有 240 个开发区。2021 年，国家又批复了 13 个国家级经开区，国家级经开区总数达到 230 个，其中，江苏省以 27 个国家级经开区的数量位居全国第一，浙江省有 22 个国家级经开区，山东省有 16 个国家级经开区。宁夏、西藏、海南、北京仅有 1 个国家级经开区。目前，开发区模式已成为区域与国际治理中的重要抓手，产业园区模式纷纷成为国家区域发展和国际开放合作的重要平台，如一带一路倡议规划和京津冀一体化战略、长江经济带战略均将开发区作为重要发展举措。

表 1-1 2013—2020 年中国经开区与高新区数量

年份	经开区数量	高新区数量
2011	131	88
2012	171	105

〔1〕经济技术开发区，简称“经开区”；高新技术产业开发区，简称“高新区”；自由贸易试验区，简称“自贸区”。下文根据论述表达需要，全简称交替使用，特此说明。

续表

年份	经开区数量	高新区数量
2013	210	114
2014	215	115
2015	219	146
2016	219	146
2017	219	156
2018	219	169
2019	218	169
2020	230	169

注：1984 年到 1986 年，中国设立了 14 个国家级经开区；截至 2015 年 9 月，共设立 219 个国家级经开区；2020 年 1 月 17 日，酒泉经开区退出国家级经开区序列；2021 年 1 月 27 日，石嘴山经开区退出国家级经济开发区序列。截至 2021 年 6 月，中国共有国家级经开区 230 个。

表 1-2　2019 年国家级经开区主要经济指标对比表

分类	经济指标	全国		218 个经济技术开发区	
		2019 年	同比增长（%）	2019 年	同比增长（%）
总体情况	地区生产总值（亿元）	990 865. 1	6. 1%	108 398	8. 3%
	第二产业（亿元）	386 165. 3	4. 3%	67 358	4. 5%
	第三产业（亿元）	534 233. 1	9. 3%	39 394	16. 9%
财政收入	财政收入（亿元）	190 390. 08	3. 8%	20 756	5. 6%
	税收收入（亿元）	158 000. 46	1%	18 545	2. 9%
进出口	出口总额（亿元）	172 373. 63	5%	35 331	1. 6%
	进口总额（亿元）	143 253. 69	1. 6%	27 986	
吸收外资	实际利用外资金额（亿美元）	13 813 500	2. 1%	532	8. 5%

注：全国指标数据来源于国家统计局；经开区指标数据来源于商务部外资司。

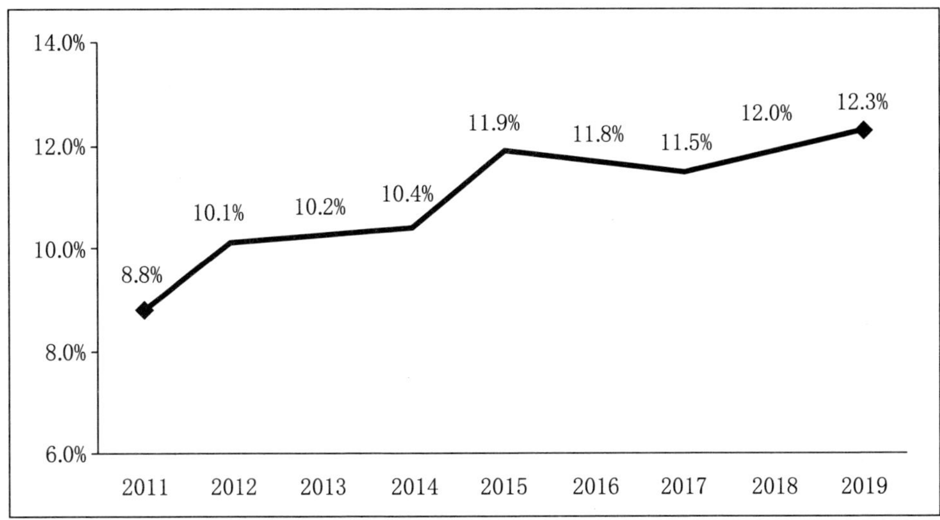

图 1-1 2011—2019 年国家级高新区地区生产总值占全国 GDP 比重示意图

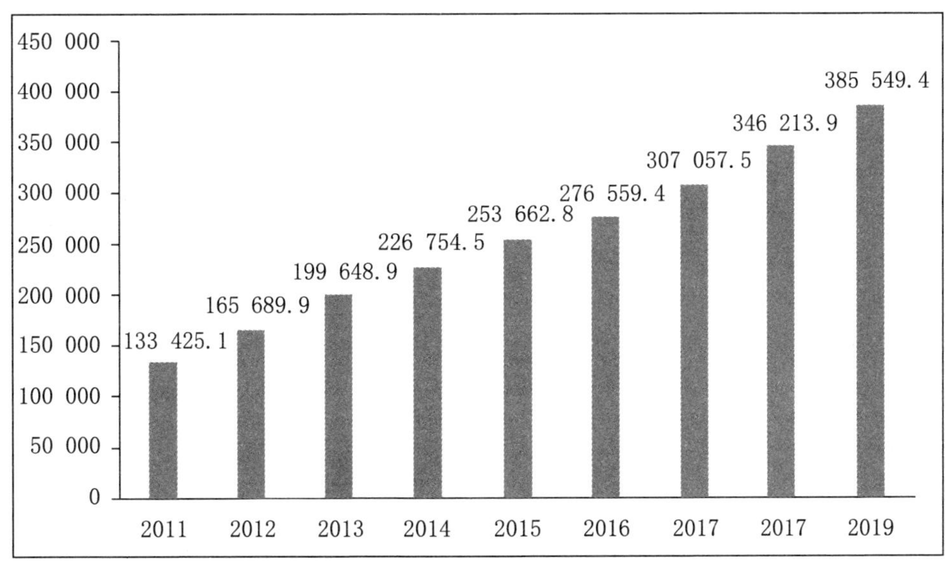

图 1-2 2011—2019 年国家级高新区营业总收入示意图（单位：亿元）

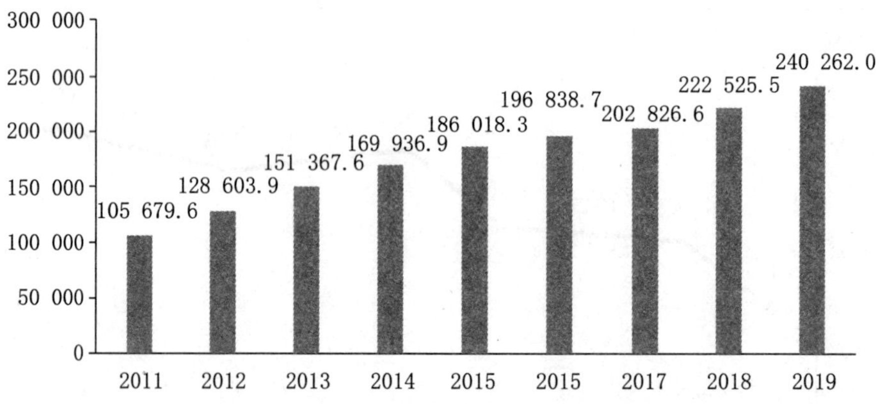

图 1-3　2011—2019 年国家级高新区工业总产值示意图（单位：亿元）

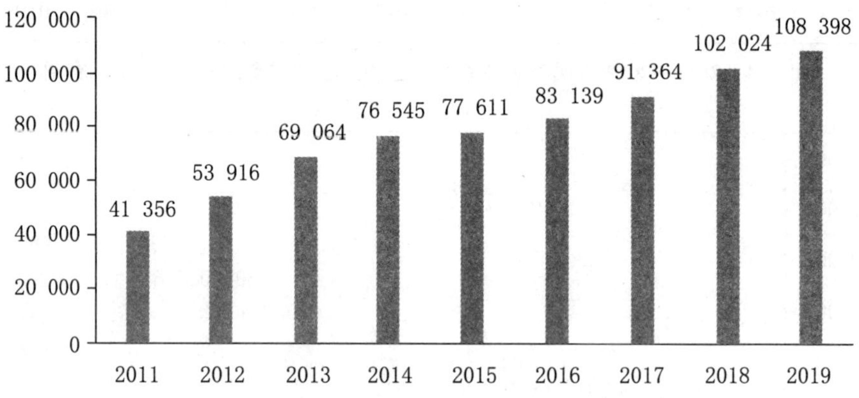

图 1-4　2011—2019 年国家级经开区地区生产总值示意图（单位：亿元）

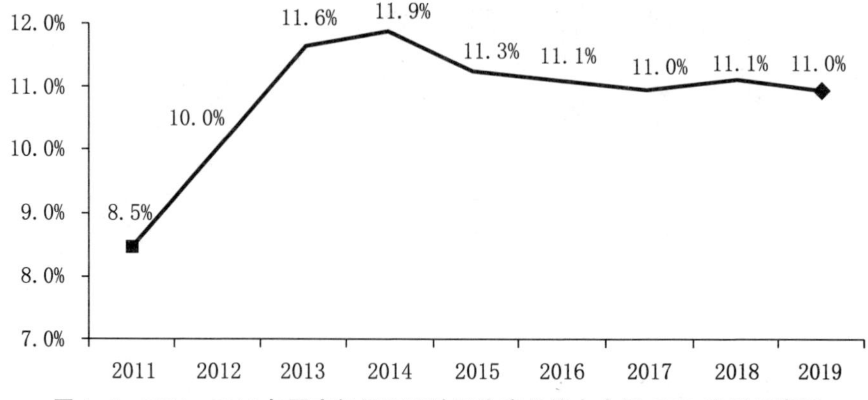

图 1-5　2011—2019 年国家级经开区地区生产总值占全国 GDP 比重示意图

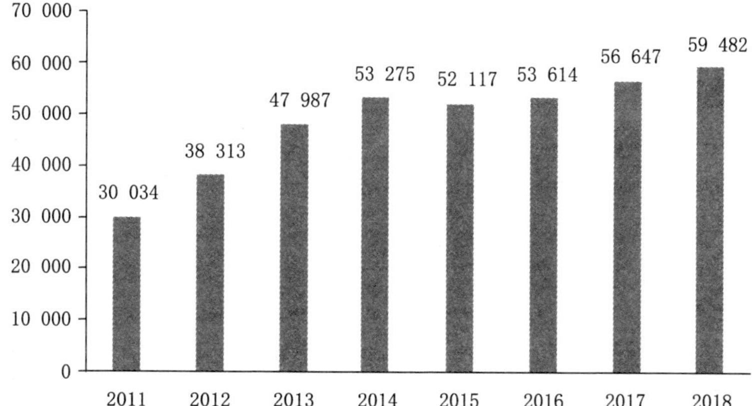

图 1-6 2011—2019 年国家级经开区工业增加值示意图（单位：亿元）

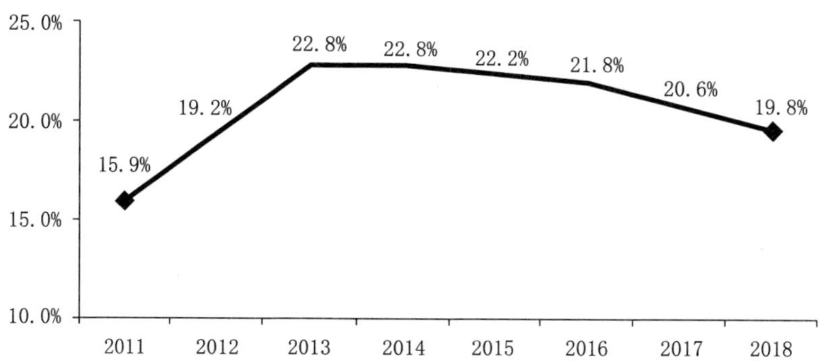

图 1-7 2011—2019 年国家级经开区工业增加值占全国比重图

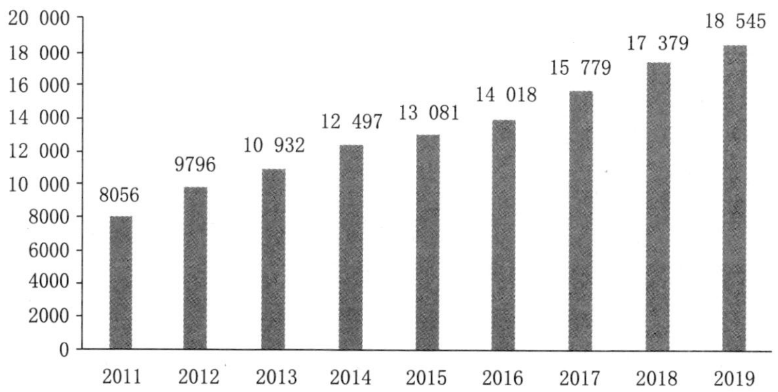

图 1-8 2011—2019 年国家级经开区税收收入示意图（单位：亿元）

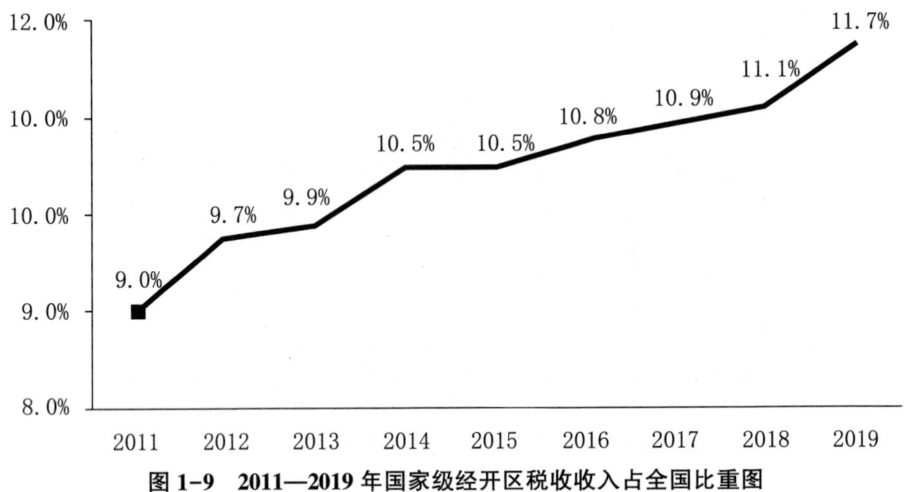

图 1-9　2011—2019 年国家级经开区税收收入占全国比重图

二、国内国际双循环新发展格局下的开发区

中华人民共和国成立后的 30 年内，我国工业基础薄弱，通过独立探索、自给自足，以单纯内循环为主完成了原始资本积累。党的十一届三中全会后，打开国门，试错参与国际大循环，以开放逼改革、促发展，经济体制从计划经济转向市场经济，渐进形成了以外循环为主的经济发展格局。随着社会主义市场经济体制日趋完善，世界经济周期变动，人民需求从生存型向发展型升级，国家不断强化内需尤其是 2008 年金融危机之后，国家“十一五”规划指出“把扩大国内需求特别是消费需求作为基本立足点，促进经济增长主要由投资和出口拉动向消费与投资、内需与外需协调拉动转变”。“十二五”规划提出“扩大内需长效机制”；2018 年底，中央经济工作会议提出“畅通国民经济循环”“促进形成强大国内市场”。在新时代，国内外形势发生了新的变化，世界正经历百年未有之大变局，我国适时提出了构建双循环新发展格局。从 2020 年开始，我国确立了双循环新发展格局，《中华人民共和国国民经济和社会发展第十四个五年规划和 2035 年远景目标纲要》（以下简称《国家“十四五”规划纲要》）强调：“必须强化国内大循环的主导作用，以国际循环提升国内大循环效率和水平，实现国内国际双循环互促共进。”目前，关于双循环的各方面论述应该有上万篇，笔者于 2021 年 8 月 20 日登录中国知网，在主题框内输入“双循环”关键词搜索，出现近 600 篇相关文章或报道，

输入“双循环、开发区”则出现 10 多篇文章；同日，登录当当网搜索输入“双循环”，出现上百部专著，输入“双循环、开发区”则无。鉴于，双循环一般性研究的汗牛充栋，笔者将更多着墨于双循环新发展格局下的开发区。

（一）双循环新发展格局的提出

立足大国自身、科学研判国内外形势和发展趋势，国家审时度势，提出构建以国内大循环为主体、国内国际双循环相互促进的新发展格局，以通过“繁荣国内经济、畅通国内大循环为我国经济发展增添动力，带动世界经济复苏”。2020 年 4 月 10 日，在中央财经委员会第七次会议上，习近平总书记提出要构建以国内大循环为主体、国内国际双循环相互促进的新发展格局。2020 年 5 月 14 日，中共中央政治局常委会会议进一步提出：“要深化供给侧结构性改革，充分发挥我国超大规模市场优势和内需潜力，构建国内国际双循环相互促进的新发展格局。”之后新发展格局在多次重要会议中被提及。党的十九届五中全会通过的《中共中央关于制定国民经济和社会发展第十四个五年规划和二〇三五年远景目标的建议》再次强调“加快构建以国内大循环为主体、国内国际双循环相互促进的新发展格局”。

1. 国内外形势发生重大变化。当下，是我国改革开放以来最为关键、国内外形势最为复杂的阶段，正经历百年未有之大变局并不断深度调整、百年未遇之新冠疫情严重冲击和百年奋斗目标开启全面建设社会主义现代化国家新征程、向第二个百年奋斗目标进军等背景。同时，大国力量东升西降深入推进世界格局深刻调整、地缘政治冲突加剧、贸易保护主义上升出现逆全球化趋势、新冠疫情未得到彻底控制、世界经济低迷及全球市场萎缩、新一轮科技产业革命深入推进，正迎接数字化时代快速来临、我国人口老龄化加速到来并且人口红利逐渐消失、经济发展增速换挡和新旧动能转换挑战、新型城镇化对经济社会全面发展及对国家治理能力的期待增加等因素相互交织促使国内外环境发生深刻变化，共同推动国际国内经济社会呈现出更趋复杂、更多变化的发展特征。

2. 我国作为发展中的大国规模优势明显。大国经济具有规模经济优势，规模报酬递增可以把外部性内部化，并且对要素价格更具定价权，拥有更强的应对风险能力和更强的经济谈判能力等，从而具有发展上的优势。历史证明，任何一个大国（包括英美）尤其是发展中大国在经济崛起过程中都会强化转变对外经济发展方式，而实施内需发展战略。[1]我国有超大型的人口规模、超广阔的疆域国土、独立完整的现代工业体系，经济回旋空间大、韧性足。我国拥有独立完整的现代工业体系（已经拥有41个工业大类、207个工业中类、666个工业小类），是全世界唯一拥有联合国产业分类中所列全部工业门类的国家；有超大规模的内需市场优势，有14亿多人口、9亿多劳动力资源、近8亿就业者和4亿多人的世界上最大中等收入群体，具有1亿多个市场经济主体；疆域辽阔，正在大力推进都市圈、城市群等建设，推进区域协调发展、城乡融合发展；推进人的全面发展，经济发展和社会民生并重，推进以人为中心的新型城镇化等。依托上述优势，我国应以完善内需体系为牵引，深入推进新型工业化、信息化、城镇化、农业现代化，将超大规模市场优势转化为推进经济发展量质双升的驱动力量，解决好人民日益增长的美好生活需要和不平衡不充分的发展之间的矛盾。

（二）双循环新发展格局下将更加强化开发区的功能发挥

1. 对双循环的基本理解。双循环新发展格局是对十三大以来逐步形成的“国内经济循环转向国际经济大循环”“以加入国际经济大循环促进国内市场化大循环”的扬弃。双循环新发展格局以供求互动为出发点，却不局限于简单的供给关系，而是贯穿了生产、分配、流通、消费等各个环节的始终，作为一种与时俱进的谋划思路将贯穿于未来中长期的国民经济谋篇布局中。在双循环新发展格局中，要紧紧扣住“破+立、培+扩、广+深、效+稳”等八个字四大组合：第一，“破+立”。不搞自我封闭的“全能型”经济体系和走内卷化发展模式的“单循环”，持续深入以供给侧结构性改革为主线，深化体制机制改革，打破阻梗国民经济畅通循环的旧体制，建立健全疏通国内国际经济大循环和要素便利流动的“断点”和“堵点”的新体制；第二，“培+扩”。发挥大国超大规模内需优势，加快实施内需扩展战略，抓住“扩大内需这个战略基点”，以满足不断升级的内需为基本点，加快培育完整的内需体系，扩大国内质+量并重的市场需求；第三，“广+深”。改革创新不能浅尝辄止，必须从制度创新、科技创新、产业创新、要素市场化配置体制机制改革、城乡融合体制机制改革、高标准市场体系建设、区域协调发展、开放型经济新体制、经济社会民生等宽广阔领域为国内经济大循环切实寻找到持续、安全、

[1] 参见贾根良：《国内大循环：经济发展新战略与政策选择》，中国人民大学出版社2020年版。

高效、稳定的动力源和支撑面；第四，“效+稳”。统筹发展和安全，依托“中国市场、中国制造”，打破影响要素，国内国际畅通循环的旧体制，构建促进要素效率高效发挥的新体制，不断优化和提升中国的资源配置能力，提升资源利用效率。同时，也要时刻警惕改革创新的风险，保障内外双循环的安全运行，确保我国经济的韧性、稳定性和安全性。

2. 开发区将继续强化新发展格局中的首位度。科斯等认为开发区是中国经济体制转型的先锋力量和四大“边缘革命”之一〔1〕。如前所述，遍布神州大地的开发区数以千计，始终坚守“为国家试制度、为地方谋发展、为企业优服务、为社会创福利”的使命，已经成为我国城市化、工业化的重要引擎和支撑力量。当下，开发区不断深化供给侧结构性改革、加快培育完整内需体系、促进资源要素顺畅流动、强化流通体系支撑作用、推动进出口协同发展、提高国际双向投资水平、先行先试制度型开放、坚持引进来和走出去并重、全面促进消费、拓展投资空间、加快数字化发展、低碳化行动、经济社会民生并重、建设区域合作载体、参与一带一路建设等，并且“试错安全阀”的独特功能，必将在双循环新发展格局中发挥出更大的作用，引领中国在发展与安全统筹中行稳致远。双循环新发展格局“绝不是封闭的国内循环，而是更加开放的国内国际双循环”，但是为了统筹发展和安全，特殊经济功能区试错、管控风险功能始终突出，《国家“十四五”规划纲要》再次强调了开发区对外开放平台作用，尤其针对自贸试验区，习近平总书记在中央深改委第十五次会议上指出：“要把构建新发展格局同实施国家区域协调发展战略、建设自由贸易试验区等衔接起来，在有条件的区域率先探索形成新发展格局，打造改革开放新高地。”〔2〕2021年7月的中央深改委第二十次会议上，习近平总书记又提出：“要围绕实行高水平对外开放，充分运用国际国内两个市场、两种资源，对标高标准国际经贸规则，积极推动制度创新，以更大力度谋划和推进自由贸易试验区高质量发展。”〔3〕

---

〔1〕《变革中国——市场经济的中国之路》一书认为家庭联产承包、乡镇企业、个体经济和特区经济是中国改革开放的四大“边缘革命”。

〔2〕新华社评论员：“在深化改革开放中构建新发展格局——学习贯彻习近平总书记在中央深改委第十五次会议重要讲话”，载 http://www.xinhuanet.com//comments/2020-09/02/c_1126445243.htm，最后访问日期：2021年6月30日。

〔3〕“习近平主持召开中央全面深化改革委员会第二十次会议”，载 https://politics.cntv.cn/special/gwyvideo/2019/202107/2021070901/index.shtml，最后访问日期：2021年6月30日。

三、中国大转型的经济发展格局演化与中国开发区变迁

改革开放以来，中国经历了从计划经济向市场经济的大转型、大转轨。开发区作为中国改革开放的先锋者，其发展演变是中国转轨经济发展格局演化的一个缩影。在不同的阶段、不同的国内外形势、不同的时空条件约束下，开发区始终发挥着排头兵的作用，从自力更生的单循环，改革启动通过开发区撕开口子，试验探索外循环，到开发区模式在全国乃至海外复制推广，再到逐步形成国内国际双循环新发展格局中的开发区功能发挥。如从 1978 年蛇口工业区开始计算，至 2021 年则有 43 年的发展历史；如从 1984 年第一批开发区开始计算则是 37 年。鉴于 1984 年的第一批开发区正式制度化，所以，本书主要以 1984 年为开发区制度化发展起点。纵观开发区 30 多年的发展历程，可划分为创建探索、拓展成长和优化提升、三次创业、深化改革等四个发展阶段，并且有着五个里程碑性历史节点：一是 1978 年，由香港招商局开发建设的蛇口工业园区和 1980 年的经济特区，经过几十年的成功实践，为我国改革开放起步积累了宝贵的经验，为在沿海部分城市进一步扩大对外开放提供了重要的依据与启示；二是 1984 年，在总结兴办经济特区成功经验的基础上，决定复制推广特区模式，进一步开放 14 个沿海城市，并在这些城市逐步兴办经济技术开发区；三是 1989 年，国有科研体制和国企改革，在北京高校和科研机构密集的区域——中关村自发形成了电子一条街，为引导科技创新和产业发展，国家复制推广经开区模式，创设了第一家国家高新技术产业园区——北京中关村科技产业园区；四是 2013 年，在改革进入深水区、攻坚期、经济进入新常态，设立了首个自贸试验区——中国（上海）自贸试验区；五是 2020 年，在全面建成小康社会的收官之年，建设中国特色自由贸易港——海南自由贸易港。如果说之前，国家基于比较优势战略，以开发区为引领，面向世界，“补课赶考”，以深度参与全球化和构建国际大循环发展格局为主，并且不断调适国内循环与国际大循环的关系。当下，国内外约束条件发生新的变化，中国正在积极构建以国内大循环为主的国内国际双循环新发展格局，开发区也必然是中国与世界循环畅通的“旋转门”和枢纽。

表 1-3　中国市场经济发展格局的演变过程和开发区变迁简表

<table>
<tr><th>时间</th><th>规范文件</th><th>内容</th><th colspan="2">开发区演化阶段及特点</th></tr>
<tr><td>1978</td><td>十一届三中全会会议公报</td><td>应该坚决实行按经济规律办事，重视价值规律的作用</td><td rowspan="4">突破封闭性的单循环、内循环，创办和小范围复制的外循环探索期（1984—1991 年）</td><td rowspan="4">1979 年的蛇口工业区——1981 年的四个经济特区——1984 年决策的首批 14 个经济技术开发区——1988 年第一个国家高新区即北京市新技术产业开发试验区——1989 年台商投资区——1990 年第一个保税区即上海外高桥保税区——1991 年第一批 27 个国家高新区</td></tr>
<tr><td>1981</td><td>十一届六中全会《关于建国以来党的若干历史问题的决议》</td><td>必须在公有制基础上实行计划经济，同时发挥市场调节的辅助作用。要大力发展社会主义的商品生产和商品交换</td></tr>
<tr><td>1984</td><td>十二届三中全会《中共中央关于经济体制改革的决定》</td><td>在公有制基础上的有计划的商品经济</td></tr>
<tr><td>1987</td><td>十三大报告</td><td>加快建立和培育社会主义市场体系。国家调节市场，市场引导企业</td></tr>
<tr><td>1992</td><td>十四大报告</td><td>建立社会主义市场经济体制。要使市场在社会主义国家宏观调控下对资源配置起基础性作用</td><td rowspan="2">加快外循环发展，开发区进入快速发展和复制的拓展成长期（1992—2002 年）</td><td rowspan="2">这一阶段是邓小平同志南方谈话到 2001 年加入 WTO 的阶段，不再有姓资姓社之争。至 2002 年国家级经开区 54 个、国家高新区总数达到 53 个、边境经济合作区 14 个、保税区 15 个、出口加工区 15 个</td></tr>
<tr><td>1993</td><td>宪法修正案</td><td>国家实行社会主义市场经济</td></tr>
</table>

续表

<table>
<tr><th>时间</th><th>规范文件</th><th>内容</th><th colspan="2">开发区演化阶段及特点</th></tr>
<tr><td>2003</td><td>十六大报告</td><td>在更大程度上发挥市场在资源配置中的基础性作用</td><td rowspan="3">以外循环为主，兼顾内循环，内外循环动态调适，开发区进入优化提升期（2003—2013 年）</td><td rowspan="3">党的十六大后，我国进入发展的探索期，构建和谐社会。2008 年发生国际金融危机，我国提出扩大内需。开发区进入“二次创业”期，创办自贸试验区</td></tr>
<tr><td>2007</td><td>十七大报告</td><td>从制度上更好发挥市场在资源配置中的基础性作用</td></tr>
<tr><td>2012</td><td>十八大报告</td><td>在更大程度更广范围发挥市场在资源配置中的基础性作用</td></tr>
<tr><td>2013</td><td>十八届三中全会《中共中央关于全面深化改革若干重大问题的决定》</td><td>使市场在资源配置中起决定性作用和更好发挥政府作用</td><td>逐步确立起双循环新发展格局，开发区开启率先全面深化改革开放的“三次创业”期（2014 年至今）</td><td>国内外形势发生了重大变化，经济萎缩、新一轮科技产业革命深入推进、国际秩序和经贸规则深刻调整、新冠肺炎疫情全球蔓延。中国进入发展新阶段、贯彻发展新理念、构建发展新格局。开发区的类型、数量、布局、使命不断丰富，海南自贸港建设开启、自贸试验区不断复制推广、各大开发区加快创新发展</td></tr>
</table>

（一）第一阶段：突破封闭性的单循环、内循环，创办和小范围复制的外循环探索期（1984—1991 年）

1981 年 11 月，在中央召开的沿海地区发展对外经济贸易座谈会上，上海市领导就提出，在闵行兴办以出口加工为主的开发区，在虹桥兴办以对外商贸为主的开发区。这是第一次把兴办开发区提到对外开放的议事日程上。1984 年，邓小平视察经济特区并发表讲话后，天津、大连市也提出了兴办经济开发区的设想，还对选址、总体规划、政策要求以及建设步骤等具体问题提出了建议。但开发区准生证下放后，开发区的地方启动工作则显得较慢，国务院时任副总理谷牧逐个选址、推动、审查建区方案。[1] 自 1984 年到 1991 年期间，国务院在沿海 12 个城市先后批准创建经济技术开发区、高新技术产业园区、保税区，开始了开发区模式的探索和小范围的复制推广。这个阶段，属于白手起家的阶段，基本上在城市边缘区选址，发展基础薄弱，缺资金缺人才，尤其是在起步阶段，存在姓社姓资的意识形态障碍和思想困惑。同时，外资对中国改革开放也持一种试探与观望的态度。可以说，这一创业期阶段具有革命意义。经过八年艰苦卓绝的创建探索，利用国家赋予的先行先试政策与改革自主权，开发区形成了相对完善的投资环境优势，实现了成功开局，取得了良好业绩，在基础设施建设、招商引资、技术引进、带动就业和区域发展等方面实现了较快发展，并起到了窗口、辐射、示范带动效应。

1. 开发区开启外循环的边际革命及“封闭运行”。鉴于当时内源存量不优、不活、不大，国有经济缺乏活力，私有经济不大、不优，存量改革促发展的复杂性、周期性、风险性，同时融入全球化的迫切性和引进外资表现突出，中央决定通过对外开放，引进外资增量和做优内源存量并举，探索制度竞争，构建竞争性的制度结构，倒逼对内改革。但是，当时仍然存在警惕资产阶级的意识，担忧外资引进会对社会主义经济造成重大冲击，另外是外资对计划经济体制的警惕，担忧中国的制度环境。所以，内源改革和引进外资尽量避免相互影响，平行运行、双轨探索。1984 年 5 月，中央决定在经济特区的基础上将大连等 14 个沿海港口城市对外开放，并以开发区为突破口，在特定空间进行试点，陆续设立了 14 个开发区。为了探索无计划的商品经济，

---

〔1〕 参见李志群等主编：《开发区大有希望》（上册 · 概论），中国财政经济出版社 2011 年版，第 7~8 页。

屏蔽生产方式和社会主义经济的双向侵蚀，实行双轨制，在制度上和空间上对开发区进行相对隔离，以减少制度交易成本，形成了具有空间排他性的“孤岛”及“封闭运行”。[1]

①空间隔离。中央当时要求开发区选址远离母城区，选择空间原则上应是易于隔离、便于封闭并且城乡经济基础薄弱的边缘地方。于是，大连经济开发区选在了离市区30公里的金州湾、天津经济开发区选在了离市区50公里的盐碱滩、青岛经济开发区选在了与市区隔海相望的黄岛、广州经济开发区选在黄埔、福州经济开发区选在马尾、宁波经济开发区选在北仑，成了“孤岛”。当时，只有上海在市中心搞开发区，没有选择浦东，但是空间很小，成为“袖珍饱和型开发区”。如此以做好对既有体制过大冲击的风险管控。②经济隔离。经济技术开发区一直瞄准外资，以外资作为开发区发展主线，同时为了避免造成与内地或行政区、本土企业争原料、争市场的矛盾，采取两头在外的模式，即生产经营过程的两头（原材料和销售市场）都在国际市场，从其定位即可管见，如经济开发区从最初即1984年延续特区的四个窗口“技术的窗口、管理的窗口、知识的窗口、对外开放的窗口”；到1989年“三为主”的发展原则，即“以利用外资为主、以发展工业为主、以出口创汇为主”；1991年又提出了“三为主、一致力”，即产业结构以工业为主、资金结构以外商投资为主、产品销售以出口为主，致力于发展先进技术。③制度隔离。财政税收、外资审批政策进行倾斜，并且突破传统的行政体制，形成超自主体制，保障制度上的封闭运行，构建有计划的商品经济和无计划的商品经济的双向屏蔽制度。开发区超自主体制安排，唯商品经济生产方式的制度结构消解了非生产性的激励，做对了管委会及其政治企业家的生产性激励，进行了种种创新，成为区域经济发展和对外开放的重大平台。

2. 经济技术开发区的创办。1978年12月召开的党的十一届三中全会确立了以经济建设为中心的基本路线，拉开了中国改革开放的序幕。1979年7月，党中央、国务院批准创设深圳、珠海、汕头、厦门4个经济特区，进行市场经济生产方式的试错，经济特区成了国家改革开放的先行者、破局者与引领者。1984年1月至2月，邓小平同志视察了广州、深圳、珠海、厦门和上

---

[1] 对此皮黔生等，进行了更详细的阐述，参见皮黔生、王恺：《走出孤岛——中国经济技术开发区概论》，生活·读书·新知三联书店2004年版，第208~223页。

海后提出“除现在的特区之外，可以考虑再开放几个港口城市，如大连、青岛。这些地方不叫特区，但可以实行特区的某些政策”。1984 年 3 月 26 日至 4 月 6 日，根据党中央、国务院的决定，沿海部分城市座谈会在北京召开，形成了凝聚着改革开放精神的开发区“准生证”即《沿海部分城市座谈会纪要》（中发〔1984〕13 号），并于 1984 年 5 月 4 日颁发，明确在交通便捷、工业及对外经济交流基础良好的大连、天津、秦皇岛、烟台、青岛、南通、连云港、上海、宁波、温州、福州、广州、湛江、北海等 14 个沿海港口城市，从北到南，形成对外开放的主线，并授权这些城市可以划定一个有明确界限的区域，兴办经济技术开发区。经济技术开发区要学习经济特区的经验，突破计划经济的体制障碍，集中优势资源，在较短的时间里，形成一个有利于引进外资、引进技术、引进先进管理经验的“小气候”，以开放促改革，以改革开放促发展，并通过示范、辐射和带动作用，加速我国现代化建设和经济振兴。国务院自 1984 年起在该 12 个沿海城市批准设立了首批 14 个国家级经开区，批复规划面积合计为 145.22 平方公里。在创业阶段，国家级经开区力排万难、开疆辟土，克服前期建设面临的种种困难，排除思想意识和体制机制障碍，首批国家级经开区经济发展呈现出井喷现象：工业总产值从 1986 年的 3 亿元增长至 1991 年的 140 亿元，增长了 46 倍，八年间，税收累计达到 24 亿元，企业利润累计 32 亿元，出口创汇累计 26 亿美元。

3. 发展定位。开发区创建初衷在于模仿经济特区取得的成功经验，按照“技术的窗口”“管理的窗口”“知识的窗口”和“对外政策的窗口”的“四个窗口”模式进行开发建设。但是，由于开发区白手起家，观念转变及体制机制创新有待时日、外资的观望及投石问路、开发区之间的竞争、与母城有较大落差的生活配套环境等“孤岛效应”，短期内难以引进具有龙头效应的大企业、大项目。1989 年，在上海召开的全国经济技术开发区工作会议上，总结经验，调整思路，提出了更加务实、更加精准的“三为主”定位，即“以利用外资为主、以发展工业为主、以出口创汇为主”，将原来“四个窗口”的定位调整为“三为主”。

4. 小范围的复制。在这个阶段，经开区的模式开始小范围复制。为应对国际竞争和把握新技术革命的机遇，1985 年，国家正式提出建设高新区的思路，当年的《中共中央关于科学技术体制改革的决定》明确提出：“为加快新兴科技产业的发展，要在全国选择若干智力资源密集的地区，采取特殊政策，逐步形成具有不同特色的新兴产业开发区。”同年，原国家科委向国务院和中央财经领导小组提交了《关于支持发展新兴技术产业的请示》，提出在北京、上海、武汉、广州等地试办高新区。1985 年 7 月，复制国家经开区的模式，在中国开发区的鼻祖——蛇口工业园区的母城（深圳市），中国科学院与深圳市人民政府共建了我国第一个高新区即深圳科技工业区。1988 年 5 月，在中关村电子一条街的基础上，国务院批准创建了中国第一个国家级高新技术产业开发区，即“北京市新技术产业开发试验区”。同年 8 月，实施旨在推动高新技术成果商品化、产业化和国际化的“火炬计划”，并将高新技术产业开发区作为重要一环。1988 年 12 月，正式建立武汉东湖技术开发区。为了推进台湾海峡两岸经贸往来，针对台商量身定制，1989 年 5 月，国务院正式批准在福建省厦门市所辖的海沧、杏林地区以及福建马尾经济技术开发区未开发部分建设台商投资区。1990 年，国务院批准设立我国第一个保税区——上海外高桥保税区；1991 年，又批准了天津港保税区、深圳福田和沙头角保税区。1991 年 3 月，国务院发布《关于批准国家高新技术产业开发区和有关政策规定的通知》(国发〔1991〕12 号)，正式批准了第一批 27 个国家高新区。

5. 主要的可复制性、可推广性创新经验。创办经开区及先行先试新制度、新体制是对传统高度集中体制的边际革命，成为市场经济与计划经济的交界地带，是新制度与旧体制的阀门和转换连接器，一方面要为国家试验新制度与旧体制，摸索改革开放的新经验、新模式、新路径；另一方面要服务于母城经济发展建设，发挥增长极的功能，辐射带动区域经济发展。为了集中力量办大事，充分发挥中国特色的组织优势，创造招商引资的软环境和硬环境，建设者们一手抓开发区基础设施建设，一手抓行政管理、企业管理、投融资管理、财政税收管理、进出口贸易管理、土地管理、市场管理、出入境管理等方面的体制机制创新，打造软环境，创新区域治理。这些做法，在开发区初期阶段，并无现成的经验可借鉴，只能“摸着石头过河”。但是，经过几年探索，取得了不错的成绩，1986 年 8 月 21 日，邓小平同志视察天津经济技术开发区，写下了“开发区大有希望”的光辉题词。

（1）依规治区，打造吸引发展要素“用脚投票”的软环境。开发区是大国转型市场经济下的决策选择，而市场经济是法治经济是国际共识。为吸引外资，提供“可置信的承诺”，并且营造不同于行政区的软环境，从中央到地方纷纷制定法规和规范性文件，构建助益开发区发展的制度体系，开启了开发区法治建设的探索历程。一是在规则形式或渊源上，构建中央到地方和立法+政策的制度体系。表现为中央的行政法规、部门规章、规范性文件和地方法规、规章、规范性文件。如在中央层面：《沿海部分城市座谈会纪要》、《关于经济特区和沿海十四个港口城市减征、免征企业所得税和工商统一税的暂行规定》（已失效）、《海关对十四个开放的沿海港口城市的若干优惠政策和措施》、《关于鼓励外商投资的规定》、《外商投资企业和外国企业所得税法》（已失效）、《外商投资企业和外国企业所得税法实施细则》（已失效）；地方层面，制定开发区条例和各种规范性文件，如 1985 年 4 月，《广州经济技术开发区暂行条例》（已失效）等 7 项规定；6 月，《宁波市经济技术开发区暂行条例》（已失效）等 3 项规定；1985 年 7 月，天津市第十届人大常委会审议通过了《天津经济技术开发区管理条例》（已失效）、《天津经济技术开发区企业登记管理规定》（已失效）、《天津经济技术开发区劳动管理规定》、《天津经济技术开发区土地管理规定》（已失效）。二是在规则内容上，构建财税、海关、土地、用工、企业登记、投融资、进出口等市场化的营商环境。

（2）超前建设高标准的基础设施，打造优质的硬环境。由于在开发区探索阶段，还没有分税制所形塑的地方分权式竞争，大家的底子、中央政策配置同等，较少有“输在起跑线上”的问题，并且开发区制度同质性和创新的复制性强，投资者享受到的政策优惠相当。因此，当时，各开发区竞争更多表现在优质的空间营造上。各开发区克服建设资金短缺和基础条件差的困难，遵照“规划一片、开发一片、收益一片、滚动发展”的建区方针，将“好钢用在刀刃上”，重点建设亟待完善、迫切需求的基础设施和社会配套设施上。筑巢引凤，开发区前期基础设施建设要有超前性，由于基础设施建设和产业发展的不同步性，高水平的基础设施在短期内会有一定的闲置，随着产业发展，基础设施的供需会逐步匹配甚至短缺。换言之，由于早期开发区大都是一张白纸好画图，开发区基础设施建设总体上会出现前期超前供给、中期供需匹配、中后期出现边际短缺再供给的良性循环情况，但高标准基础设施建设是开发区的标配。

（3）创新投融资体制，探索出一套开发区建设的准市场化模式。初期，国家会安排若干开发性贷款给国家级经开区，但也是杯水车薪，“当家才知柴米贵”，这就倒逼开发区精打细算，创新投融资机制，精细化使用，在融资上探索出负债开发、引进外资开发商、项目融资、土地批租等多种路径，在投资建设上匹配招商需求试行分期分批滚动开发，实现“开发一片、建成一片、收益一片”，最终达到资本大循环和综合收益最大化的目标。在开发区投融资体制创新上，行政之手和市场之手的“变形金刚式”使用的负债开发采用较多，主要做法是设立开发区投融资平台，政企适当分离，但是战略合一，在开发区管委会下设集团化的开发公司（控股母公司+专业子公司），将资金和优良资产主要是土地注入公司，进行融资开发，财政兜底，形成财政、土地、银行等外部资金的资本大循环。还有，开发区积极探索新的投融资模式，如上海引进港资共同开发；青岛开发区通过金融部门首次发债2000万元，同业拆借3000万元。在探索阶段，第一批14个国家级经开区完成近30平方公里土地开发，建成500多万平方米的工业厂房及配套生产、生活服务设施，形成了交通较为方便、水电通讯有保障的生产经营环境。

（4）创新行政管理体制，探索服务型政府建设。开发区作为中国从计划经济体制向市场经济体制转型、从身份体制向契约体制转型的先行先试区、示范区和引领区，积极探索政府管理模式转型，开创了管理委员会的新型管理体制，着力构建政企分开、精简、高效、统一的行政架构，探索大部制、扁平化、小政府的新路径。如青岛开发区管委会于1990年缩减职能部门，建立起经济管理、社会管理、建设管理的部门体系。同时，培养了一批开发区建设人才，这些人才在“学中干”、在“干中学”，并通过高校培训、特区学习、境外考察、挂职锻炼等途径，不断提升专业素质，打造了一批懂国际规则、思想开放、业务精通的专业人才队伍。

（二）第二阶段：加快外循环，快速发展和复制的拓展成长期（1992—2002年）

1992年，邓小平同志视察特区并发表了著名的南方谈话，为我国实施扩大对外开放战略和建立社会主义市场经济体制进一步指明了方向。全国对外开放格局由沿海地区大步迈向沿江、沿边城市和内陆省会城市，国家级经开区模式也随之复制到沿江、沿边、内陆地区，数量不断增多、类型不断丰富、布局不断扩大。在这一阶段，基本形成了特区、经济技术开发区、高新技术产业园区、海关特殊监管区、边境经济合作区等为引领的多层次、全方位的开放格局。开发区迎来了快速发展时期，但也造成了开发区热的负面现象，包括擅自占用耕地、高负债开发、违法擅自减免财税和土地使用费、开发区之间恶性竞争等。为此，中央开始探索清理开发区，先后下发文件，如1992

年国务院办公厅发布《关于严禁开发区和城镇建设占用耕地撂荒的通知》(国办发〔1992〕59号)，1993年国务院发布《关于严格审批和认真清理各类开发区的通知》(国发〔1993〕33号)，开始了动态监管，规范开发区发展的探索，规定国家和省、直辖市、自治区的两级审批体制，强调统筹规划、合理布局，注重经济和社会效益，开始谋划“二次创业”。

1. 经济技术开发区的快速发展。在邓小平同志南方谈话的促进和鼓舞下，掀起了对外开放和吸引外资的新一轮浪潮，作为改革开放的试验田和示范区——国家经济技术开发区，快速增长和复制。1992年，国务院先后批准设立浙江温州、江苏昆山、辽宁营口、山东威海、福建福清融侨、福建漳州东山等6个国家经济技术开发区和大连、广州、张家港、海口、厦门象屿、福州、宁波、青岛、汕头等9个保税区。1993年至1994年，国家又批复了12个国家级经济技术开发区。1999年，国家实施西部大开发战略，国务院决定允许中西部各省、自治区在其省会或首府城市选择一个已建成的开发区，申办国家经开区。之后，在2000年至2002年期间，国家先后批复了17个国家级开发区。国务院分两批新批准了40个国家级经开区，其中西部的有22个，使整体数量达到54个，规划面积达到724.55平方公里，分别比第一阶段增长近3倍和4倍。2002年54个国家级经开区共实现地区生产总值3465.85亿元，是1992年的20倍，占全国国内生产总值的比重为3.4%，比1992年提高了2.7个百分点，国家级经开区的地区生产总值占所在城市的比重提高到了15%至30%。

2. 国家高新区等其他类型开发区快速复制推广。①国家高新区。1992年，批准设立25个国家高新区；1997年6月，向农业科技、农业产业化领域复制，在北方农业科技及教育集聚区批准建立国家农业高新区。至此，国家高新区总数达到53个。国家高新区是为了把握科技产业革命，借鉴经济技术开发区模式，实施“科技是第一生产力”和“加强技术创新、发展高科技、实现产业化”国家战略的重要载体。1996年11月，江泽民同志对高新区给予高度肯定，认为：20世纪在科技产业化方面最重要的创举是兴办科技工业园，这种产业发展和科技活动的结合，解决了科技与经济脱离的难题，使人类的发现或发明能够畅通地转移到产业领域，实现其经济效益和社会效益。②边境经济合作区。1992年起，国务院先后同意在黑河、绥芬河、珲春、满洲里、丹东、伊宁、塔城、博乐、凭祥、瑞丽、畹町、河口、二连浩特、东兴等14个边境口岸城市设立边境经济合作区，在满洲里设立互市贸易区。③保税区。1992年至1996年期间，国务院陆续批准设立了大连、张家港、福州、海口、厦门象屿、广州、青岛、宁波、汕头、深圳盐田和珠海保税区。至此，我国保税区总数达15个。④出口加工区。2000年4月27日，国务院批准设立出口加工区，并将出口加工区设在建成区，首批15个，分别是大连、天津、北京天竺、烟台、威海、昆山、苏州工业园、松江、杭州、厦门杏林、深圳、广州、武汉、成都、珲春。

3. 发展定位。①国家经济技术开发区的发展定位。经过创建阶段的摸索和中国改革开放的世界承诺及行动，外商投资的试探阶段告一段落，开始进入实质性、规模化的投资阶段。针对这一形势，1991年12月，国务院特区办公室在上海闵行开发区召开全国经济技术开发区工作座谈会，明确提出坚持“以工业为主，以吸收外资为主、以拓展出口为主，致力于发展高新技术产业”的“三为主一致力”方针。②国家高新区的发展定位。这一阶段，属于高新区的开局期，1999年科技部发布的《关于加速国家高新技术产业开发区发展的若干意见》（国科发火字〔1999〕302号）提出高新区的目标是“三基地、一示范”（高新技术产业化基地、高新技术产品出口基地、高新技术企业孵化基地、技术创新的示范区）。

4. 萌发了“二次创业”的构想和初步探索。①经开区“二次创业”的构想。1999年，国务院时任副总理吴仪在庆祝经开区创立15周年座谈会上，较为系统地阐述了开发区“二次创业”理念的内涵，主要为：一是优化产业结构，不断提高开放型经济水平；二是坚定不移地走以内涵为主的发展道路；三是充分发挥开发区的示范和辐射作用，带动区外特别是中西部地区的发展；四是建立和完善社会主义市场经济新体制。总之，开发区“二次创业”就是探索从外延发展走向内涵发展，从数量扩张走向质量提升，从追求速度走向争取效益，从依靠政策优惠转为依靠社会主义市场机制和投资环境吸引外商。②高新区“二次创业”的构想。2001年9月，国家在武汉市召开了53个国家高新区所在市市长座谈会，提出了“二次创业”的战略构想，基本内涵是：国家高新区要从注重招商引资和优惠政策的外延式发展向主要依靠科技创新的内涵式转变；要从注重硬环境建设向注重优化配置科技资源和提供优质服务的软环境转变；要努力实现产品以国内市场为主向开拓国际市场转变；要推动产业规模由小而分散向集中优势发展特色产业和主导产业转变；要从逐步的、积累式改革向建立适应社会主义市场经济和高新技术产业发展规律的新体制、新机制转变。2002 年，顺应国家高新区发展趋势，科技部发布的《关于进一步支持国家高新技术产业开发区发展的决定》(国科发火字〔2002〕32 号）指出：“今后五到十年，国家高新区将进入以科技创新和体制创新为动力，以培养高新技术产业为主要任务的二次创业阶段。”

5. 主要的可复制可推广经验。

（1）调整财税政策，推进空间正义。1996 年之后，国家调整财税政策，推进区域公平发展。一是针对首批国家经开区，以 1995 年比 1993 年新增财政收入中的中央财政应得部分为基数，在 3 年内由中央财政分批递减返还给开发区，即 1996 年返还 3/4、1997 年返还 2/4、1998 年返还 1/4，到 1999 年停止返还，即从 1999 年 1 月 1 日起实行全国统一的财政上缴政策。至此，第一批国家经开区政策到期。二是针对第二批 18 个国家经开区，实行 5 年期全额返还和 3 年期递减返还政策。三是针对苏州工业园区，自设立之日起实行新增财政收入留用政策，在 1998 年到期时调整为递减返还即以 1998 年财政返还额为基数，4 年内递减返还，从 1999 年起按 80%、60%、40%、20%的比例返还，2003 年到期。四是针对上海浦东新区，在 1996 年至 2001 年间，以 1995 年财政返还额为基数，每年增值税和消费收入增幅在 15%以内的，应上缴中央财政部分全部留成；对于年增幅超过 15%的部分，一半上缴中央财政，一半留成地方。五是针对 14 个边境经济合作区，以 1995 年比 1993 年增加的“两税”应上缴中央财政部分为基数，在 1996 年至 1998 年 3 年内实行定额返还。在此，应说明，自 1996 年初起，外商投资企业进口设备不再免关税和增值税，这意味着增加了 30%以上的外商投资成本；1998 年，亚洲经济危机爆发，受制于经济增长压力，中央对利用外资政策进行了调整，恢复了对外商投资企业进口设备免关税的政策。六是针对中西部区域。国务院共批准中西部地区国家级经开区 22 个，占国家级经开区总数的比重为 41%；批准面积为 205.49 平方公里，占其总批准面积的比重为 28%。同时，针对西部开发区试行特殊政策如中西部地区边境开发区和国家经济技术开发区对基础设施建设贷款的财政贴息，对东北老工业基地的经开区亦适用；中西部外贸发展基金、国际援助资金可用于中西部经济技术开发区发展。

（2）推进城乡统筹发展，妥善保障农民权益。随着开发区的滚动开发、快速发展和复制推广，辐射带动区域发展效果更加明显，国家级开发区经济基础更加雄厚，一些开发早、规模大的国家级开发区功能不断完善，从早期纯粹的工业园区，变为兼具居住、服务等多种功能的城市新区。同时，原居住的农民失地后的就业、社保、户籍等问题迎面而来。为此，开发区因地制宜，在推进开发区建设和城市化的过程中，完善失地补偿制度，完善就业服务体系，探索构建失地农民社会保障体系，初步摸索出一条“经济补偿、就业扶持、居住安置、社会保障”的发展型失地补偿路径。如，苏州市的《征地补偿和被征地农民基本生活保障试行办法》（苏府〔2004〕73号），创新地在全市范围内全面实行土地换保障政策，以做到失地农民去“三失”（不失业、不失利、不失财），推进农民向市民的转型；广州开发区开展职业技能培训，以提升农民的发展能力。

（3）构建特色产业园区，精准发展专业型产业集群。开发区创业之初，敞开大门招商引资，对产业和入驻企业不加选择，“企业扎堆”现象比较严重，相互之间缺少产业关联性，形成不了竞争和合作的协同关系，反而造成了企业空间逐利的候鸟现象，缺失植根性，并且小企业较多。随着，中国改革开放政策的推进、经济的发展和开发区自身的不断试错，开发区的建设者开始从单纯注重“企业扎堆”的招商引资政策转向“产业链条”招商的产业集群引资政策，实施龙头带动策略，推进产业集群化发展。跨国公司开始取代了中小资本的主体地位，美国摩托罗拉、法国太平洋炼油、美国宝洁、韩国三星等一大批投资数亿美元甚至数十亿美元的大项目纷纷进入国家级开发区，引进项目的技术含量和技术水平明显提升，开发区产业结构从单一的轻加工业，转变为汽车、电子信息、化工、装备制造、临港经济等产业。如青岛经济技术开发区的“以港兴区”战略，引进了马士基、伊藤忠等国际知名物流企业，发展港航服务业；天津开发区引进了摩托罗拉等龙头企业，发展电子信息产业。2002 年 54 个国家级经开区实现工业总产值 8706.57 亿元，是 1992 年的 30 倍，实现工业增加值 2313.84 亿元，占全国工业增加值的比重为 5%。与此同时，物流、信息、金融、专业服务等生产性服务业也形成了一定的规模。

（4）推进服务型政府建设，完善区域创新体系。此时开发区进入快速发展阶段，开发区的政策红利逐步消解和趋同，面临的竞争更加激烈，企业对综合性的营商环境愈加重视。鉴此，开发区开始注重综合营商环境的制度创新。如天津经济技术开发区构建“仿真的国际投资环境”；苏州工业园区构建招商引资的“全过程”服务机制；青岛经济技术开发区构建“人人都是投资环境，事事关系招商引资”的服务和责任机制；上海浦东新区实行审批标准公开、办公程序公开、收费标准公开的政务“三公开”制度。同时，推进政、产、学、研结合和引进民营企业，减少外资的候鸟性、经济依赖性、被动性影响，推进高新技术产业发展。

（5）探索开发区国际化路径，试错开发区外交。开发区是我国改革创新和对外开放的试验田，是我国国际化程度最高和国际交流合作最活跃的区域。鉴此，国家开始探索开发区国际化的路径，尝试“开发区外交”，向海外复制推广中国开发区模式。1996 年，江泽民同志在亚太经合组织第四次领导人会议上就科技合作发表重要讲话，指出科技工业园区是 20 世纪的科技产业化最重要的创举，并表示中国愿意在现有的 52 个国家级高新区中，开放若干代表性园区，用以扩大同亚太经合组织成员间的合作。1998 年和 2000 年，国家先后确定北京、苏州、合肥、西安、烟台、武汉、上海、深圳、杨凌、成都等高新区为中国亚太经合组织科技工业园区。1994 年 2 月，经国务院批准设立苏州工业园区，于同年 5 月实施启动，行政区划 288 平方公里，其中，中新合作区 80 平方公里。

在此，值得一提的是国家旅游度假区。为发展旅游业，创收外汇，1992 年，国家在旅游服务业复制推广经开区模式，发展外向型旅游业，批复了 12 个国家旅游度假区，明确以接待海外旅游者为主，并出台了相关优惠政策。国务院发布的《关于试办国家旅游度假区有关问题的通知》（国函〔1992〕第 46 号）规定了经营 10 年以上外资企业的“两免三减半”企业所得税优惠、生产设备和基建材料等进口环节的税务免除、5 年内的土地出让金和外汇创收留存等一系列鼓励性制度安排。

（三）第三阶段：外循环为主兼顾内循环的优化提升期（2003—2013 年）

党的十六大后，我国进入科学发展的探索期，构建和谐社会。开发区经过近 20 年的发展，进入优化提升期。在这个阶段，科学发展观提出和实践，国际国内形势发生了重大变化，中国加入世界贸易组织（WTO）不久，进一步享受全球化红利的同时也面临着更激烈的竞争；主体功能区规划的实施，区域经济发展理念和路径发生了重大变化；中国经济体制改革更加注重综合配套改革，强调产业转型升级，走资源节约型和环境友好型的新型工业化道路；2008 年发生了国际金融危机，产业转型升级和扩大内需迫不及待等促使和倒逼开发区不断提质增效、优化提升，同时开展实施开发区经济外交战略，进行“二次创业”。自2006年起，《国家级经济技术开发区经济社会发展“十一五”规划纲要》（商资发〔2006〕257号）和《国家级经济技术开发区和边境合作区“十二五”发展规划（2011—2015年）》被纳入同期国家五年规划纲要体系，国家级经开区的发展由部委规划指导正式上升为国家战略纲要指导，其在全国的引领地位得到进一步提升，如在2013年，国家经开区和国家高新区两类开发区的GDP占全国GDP的22%以上。深圳前海、珠海横琴、福建平潭等一国两制定制型的开发区也进入国家“十二五”规划。2013年，国家开始了探索自贸试验区战略，提出建设中国（上海）自贸试验区。同年年底，召开了党的十八届三中全会，我国进入全面深入改革和对外开放的新阶段，至此开发区的优化提升期告一段落，进入全面健康发展的新时期。

1. 经济技术开发区正式迈入“二次创业”和发展定位。从1984年到21世纪之交，经开区属于“一次创业”的开创时期，主要以开发区的空间规划建设、筑巢引凤、产业布局为主。进入21世纪之后，经开区开启“二次创业”，重点在完善上下游产业链，构建先进制造和现代服务业体系，完善经开区的创新体系。经开区“二次创业”的初步构想于1999年经开区15周年纪念大会上提出。2004年，在经开区设立20周年之际，温家宝指出：“建立国家级经济技术开发区，是党中央、国务院作出的重要决策。20年来，国家级经济技术开发区发挥了窗口、示范、辐射和带动作用。”“在新的发展阶段，国家级技术开发区建设必须贯彻落实科学发展观，努力实现经济体制改革和经济增长方式的转变。要严格执行国家关于经济技术开发区的各项政策，认真总结经验，更加注重结构调整和优化升级，更加注重引进技术和开发创新，更加珍惜和合理利用土地，防止盲目追求数量和规模，努力提高国家级经济技术开发区的发展水平。”〔1〕2004年，是开发区设立20周年。2004年12月14日，由商务部、原国土资源部和原建设部联合召开的全国国家级经济技术开发区工作会议上，吴仪系统提出了“二次创业”的方向和路径，之后在《国家级经济技术开发区和边境合作区“十二五”发展规划（2011—2015

〔1〕 张毅：“温家宝：努力提高国家级经济开发区发展水平”，载http://news.sohu.com/20041214/n223494795.shtml，最后访问日期：2021年6月30日。

年）》和《关于促进国家级经济技术开发区进一步提高发展水平若干意见的通知》（国办发〔2005〕15 号，已失效）进一步深化：①“三为主、二致力、一促进”即以提高吸收外资质量为主、以发展现代制造业为主、以优化出口结构为主，致力于发展高新技术产业，致力于发展高附加值服务业，促进国家级经济技术开发区向多功能综合性产业区发展；②“三并重、二致力、一促进。”经开区“十二五”规划将发展方针进一步深化，提出先进制造业和现代服务业并重、经济发展和社会和谐并重、利用境外投资和境内投资并重、经济发展和社会和谐并重，致力于提高发展质量、致力于增加体制机制活力，促进国家经开区向以产业主导的多功能综合性区域转变；③“六个成为”即建设成为促进国内发展和扩大对外开放的结合体，跨国公司转移高科技高附加值加工制造环节、研发中心和服务外包业务的重要承接基地，高新技术产业、现代服务业和高素质人才的聚集区，促进经济结构调整和区域经济协调发展的重要支撑点，推进所在地区城市化和新型工业化进程的重要力量，体制改革、科技创新和发展循环经济的排头兵；④“四个转变”即从单纯发展现代制造业为主向发展现代制造业和承接国际服务外包并举的转变，从注重规模效益向注重质量效益的转变，从偏重引进向注重吸收创新的转变，从依靠政策优势向依靠体制优势和综合环境优势的转变。经济总量超过全国的1/10。在这一阶段，国家级经开区数量迅猛增长，由 2002 年底的 54 个增至 2013 年底的 210 个，共增加了 156 个，规划面积大幅增长。2013 年，全国 210 个国家级经开区实现地区生产总值 6.9 万亿元，占全国 GDP 的比重达 12.1%。

2. 国家高新区正式迈入“二次创业”的发展定位。国家高新区“二次创业”构想最早产生于 2001 年，成文于 2002 年的科技部文件。随着国家实施自主创新战略的深入，建设创新型国家，进一步明确了国家高新区“二次创业”的方向和路径。①“四位一体”。2005 年，温家宝同志强调国家高新区“四位一体”的定位；2006 年 2 月国务院发布的《关于印发实施〈国家中长期科学和技术发展规划纲要（2006—2020 年）〉若干配套政策的通知》（国发〔2006〕6 号）进一步明确国家高新区的“四位一体”定位：国家高新区要成为促进技术进步和增强自主创新能力的重要载体，带动区域经济结构调整和经济增长方式转变的强大引擎，高新技术企业“走出去”参与国际竞争的重要服务平台，抢占世界高技术产业制高点的前沿阵地；2007 年 3 月，科技部等发布《关于印发促进国家高新技术产业开发区进一步发展增强自主创新能力的若干意见的通知》（国科发高字〔2007〕152号）强调："推动国家高新区实施以增强自主创新能力为核心的'二次创业'发展战略，充分发挥国家高新区自主创新重要基地的优势，促进国家高新区发展并带动周边地区发展，为建设创新型国家做出新的贡献。"②"五个转变"。高新区"十一五"规划提出"二次创业"，目标是实现"五个转变"，即高新区的发展模式要从要素驱动向技术创新驱动转变，从外生动力向内生动力转变，从"大而全、小而全"向集中特色优势产业转变，从硬环境向软环境转变，从针对国内市场的引进向重进出结合、开拓国际市场转变。在2008年全球金融危机之后，由于高新区的自主创新功能对经济和社会的稳定作用，高新区进入飞速发展阶段，2009年批复了2个，2010年批复了27个，2011年批复了6个，2012年批复了17个，2013年批复了8个。至2013年底，国家高新区达到114个。在2013年，114个国家高新区共实现工业总产值19.7万亿元，占全国GDP比重达10%以上，出口创汇占同期全国外贸出口总额的16.9%，上交税额1.1万亿元，出口总额3700亿美元。同时，自2009年起至2013年，国家批复北京中关村、上海张江、武汉东湖创建国家自主创新示范区。

3. 其他各类开发区的创新发展。在这一阶段，承担着新战略使命的开发区蓬勃发展。2005年6月，国家批准设立了中国首个保税港区——上海保税港区；2007年11月，国家批准设立中国首个综合保税区——苏州工业园综合保税区，属于内陆型的保税港区即无水港，具有保税物流、保税加工、国际贸易和口岸作业的功能。国家先后批复了重庆两江新区、浙江舟山群岛新区、甘肃兰州新区、广州南沙新区、郑州郑东新区、陕西西咸新区、贵州贵安新区等多个国家新区，加上之前批复的上海浦东新区、天津滨海新区，至2013年年底达9个新区，实施综合改革试验。2012年8月，国家设立广西东兴、云南瑞丽、内蒙古满洲里三个国家重点开发开放试验区。为建设"一国两制"国策的抓手，量身定制了深圳前海深港现代服务业合作区、珠海横琴新区、福建平潭综合实验区。

4. 主要可复制可推广的创新经验。2002年到2013年，是我国开发区"二次创业"、探索科学发展的新阶段，着重探索处理"四大关系"：规模、速度和效益之间的关系，开发区与周边区域统筹发展之间的关系，开发建设与保护土地及环境之间的关系，参与国际治理和区域发展之间的关系。

（1）推动开发区模式走出去，参与国际合作。以境外开发区的方式探索中国企业在海外的生存和发展之路，早在20世纪90年代末期由民营企业开始推动，如1998年，福建华侨实业公司在古巴探索建设境外加工贸易小区、2000年3月海尔在美国设立工业园，当时，境外开发区的作用和地位仅仅是概念性的。后来，由于中国面临的贸易环境、贸易冲突日益严重。中央政府对设立境外开发区的认识也在不断深化，为减少贸易摩擦，推动外贸转型，自2006年以来，国家推动的境外经贸合作区建设逐步升温，2006年11月4日“中非合作论坛”高峰会上，时任国家主席胡锦涛宣布“在今后3年内，在非洲地区建设3至5个境外经济贸易合作区”；2006年11月26日，时任国家主席胡锦涛在访问巴基斯坦期间，与巴基斯坦时任总理阿齐兹共同为巴基斯坦海尔-鲁巴经济区揭牌；2007年2月4日，胡锦涛在赞比亚访问期间与赞比亚总统姆瓦纳瓦萨为赞比亚-中国经济贸易合作区揭牌；2009年11月7日，国务院时任总理温家宝在埃及访问期间参加中国埃及苏伊士经贸合作区揭牌仪式。截至2013年，我国在全球共有71个境外园区，主要分为加工制造型、资源利用型、农业加工型以及商贸物流型四类，分布在亚洲、欧洲、美洲、非洲地区，其中国家级的经贸合作区共有19个，占总数的27%，多数分布在亚洲、非洲及东欧等地，总投资规模达600亿元人民币。

（2）推动开发区模式跨区域合作，参与区域合作。资源的稀缺性和大国体制，区域发展差异难以避免。为缩小区域发展差距，通过政府间行政协作、政府与市场间的公私合作，开发区共建或合作已成为区域治理的重要现象，最为典型的是广东、江苏规模化发展区域共建开发区。为统筹区域发展，加快苏北振兴，推动产业转移和区域优势互补，广东于2005年3月制定出台了《关于我省山区及东西两翼与珠江三角洲联手推进产业转移的意见（试行）》（粤府〔2005〕22号），开始探索区域共建开发区，正式推动珠三角地区和粤东、粤西地区的产业转移园35个；江苏于2005年4月出台《关于加快苏北振兴的意见》（苏发〔2005〕10号），明确提出加快产业转移和南北挂钩共建产业园区，截至2013年，南北共建开发区达40个；安徽自2011年起学习江苏经验，也开始了皖南皖北合作共建的探索；上海与周边区域合作共建的开发区达30多个；2010年1月17日，黄河三角洲对接天津滨海新区首个异地共建开发区——山东德州红云高新技术产业园揭牌。2010年11月19日，上海漕河泾开发区、上海虹桥经济技术开发区、上海张江高科技园区、苏州工业园区、无锡国家高新区、合肥高新技术产业开发区及宝钢集团等30多个园区和大型企业集团在合肥发起成立了“长三角园区共建联盟”。

（3）治理开发区热，动态管控开发区健康发展。由于开发区的区域增长极作用明显，各地一哄而上，不顾客观实际情况，出现了“开发区热”。开发区越办越多，范围越划越大，占用了大量的耕地和资金，明显地超出了实际需求和经济承受能力，甚至有的不惜违法，侵占耕地，侵犯农民权益，盲目圈地建设，超越权限擅自制订发布税费减免办法。鉴此，2003年，国务院办公厅发布《关于暂停审批各类开发区的紧急通知》（国办发明电〔2003〕30号）、《关于清理整顿各类开发区加强建设用地管理的通知》（国办发〔2003〕70号），原国土资源部牵头会同国务院有关部门对各类开发区进行了清理整顿。2005年，国家发改委等制定了《清理整顿开发区的审核原则和标准》（发改外资〔2005〕1521号）并经国务院批准。经过清理整顿，截至2007年，全国开发区数量由6866个减少到1568个，减少77.2%，规划面积由3.86万平方公里压缩到9949平方公里，减少74.0%。其中，国务院批准的国家级开发区222个（包括经济技术开发区49个、高新技术产业开发区53个、保税区15个、出口加工区58个、边境经济合作区14个、其他类型开发区33个），总面积2323.42平方公里；各省级人民政府批准的省级开发区1346个，核准面积7625.85平方公里〔1〕。

（4）进一步优化产业结构，加快发展现代服务业。国际方面，随着经济全球化的进一步深入，制造业服务化趋势明显，全球发生了以现代服务业、高端制造业和研发设计转移为特征的世界新一轮产业转移。国内方面，要素驱动的粗放型经济发展模式亟待转变，土地、劳动力、环境等要素成本增加，产业国际竞争力亟待提升，产业转型升级刻不容缓，同时开发区正从单一的经济功能区向多功能的综合型城区转变。相应，开发区的功能定位、发展方针、规划建设、生态环境等方面也进行了调整，国务院先后出台了《关于加快发展服务业的若干意见》（国发〔2007〕7号）等相关政策文件。开发区开始根据自身情况，大力完善开发区的城市配套功能，大力发展金融、专业服

〔1〕 参见国家发展和改革委员会、原国土资源部、原建设部《关于全国各类开发区清理整顿工作总结报告》。

务业、物流、商贸、信息、创意产业等现代服务业，如软件园的建设、设立公共技术服务中心和研究院、建设孵化产业园。尤其在2008年国际金融危机之后，国家为了充分增强产业的国际话语权和推动人民币国际化量身定制了聚焦于发展现代服务业的功能区，2010年，国务院在深圳经济特区建立30周年之际，批复了“特区中特区”——深圳前海深港现代服务业合作区，2013年，国务院通知建设中国（上海）自由贸易试验区。

（5）推进集约发展，构建生态型开发区。大力发展循环经济，改变传统的高消耗、高污染、末端治理的生产方式，推行清洁生产、循环经济方向的前端治理模式。2003年以来，原国家环保总局依托国家经济技术开发区、高新技术产业开发区等基础较好、示范效应明显的区域开展循环经济试点，推行ISO4000国际环境管理认证工作，建设生态工业园区。生态工业园区是继经济技术开发区、高新技术开发区之后中国的第三代产业园区。它与前两代的最大区别是：以生态工业理论为指导，着力于园区内生态链和生态网的建设，最大限度地提高资源利用率，从工业源头上将污染物排放量减至最低，实现区域清洁生产。与传统的“设计—生产—使用—废弃”的生产方式不同，生态工业园区遵循的是“回收—再利用—设计—生产”的循环经济模式。截至2013年年底，通过验收批准命名的国家生态工业示范园区22个，批准建设的国家生态工业示范园区59个。同时，开发区推动集约化发展，转变经济发展方式。

（四）第四阶段：双循环逐步确立的全面深化改革开放的“三次创业”期（2014年至今）

在这个阶段，国际国内形势发生了深刻变化。国际方面，国际经济旧秩序未得以根本改变；美国加速重返亚太，主导《跨太平洋伙伴关系协定》（TPP），试图孤立中国；日本军国主义抬头；南海问题时隐时发；周边环境愈加复杂多变。但是，经济全球化、政治多极化、文化多元化、区域一体化为大势所趋，和平、发展、合作是时代主题。同时，2008年，国际金融危机之后，美欧经济复苏缓慢，经济去杠杆化，消费能力逐步萎缩。在国内，要素成本不断提高和全球需求萎缩，产业转型升级压力增大；产能过剩与有效需求不足矛盾日趋严重；低成本学习模仿、技术进步的优势效用递减，后发劣势开始显现等。当前，中国经济进入结构性调整阶段，改革进入攻坚期、深水区，经济进入新常态的历史时刻，2013年11月，党的十八届三中全会召开，明确了全面深化改革新时期的方针和路径。开发区再一次担任改革开放的试验区和排头兵的使命，自身也开始转型升级和创新发展，开始第三次创业，主动对接“一带一路”“京津冀协同发展”“长江经济带”“粤港澳大湾区”“成渝地区双城经济圈”等国家发展布局，积极响应“大众创业、万众创新”“互联网+”“中国制造2025”“国内国际双循环”“制度型开放”等国家重大战略部署。尤其是当下，世界正经历百年未有之大变局，国际新一轮科技和产业革命深入推进，美国等守成大国推行贸易保护主义和新兴经济体深入参与国际经济秩序治理，2020年初的新冠病毒尚未得到根本有效控制仍在全面蔓延。同时，我国在全面建成小康社会、实现第一个百年奋斗目标之后，正乘势而上开启全面建设社会主义现代化国家新征程，向第二个百年奋斗目标进军，进入了一个新发展阶段，并且坚持创新、协调、绿色、开放、共享的发展理念，加快构建以国内大循环为主体、国内国际双循环相互促进的新发展格局。在这一阶段，国家不但对经济技术开发区、高新技术产业开发区、海关特殊监管区域等国家级开发区统一进行了部署，国务院出台了《关于促进开发区改革和创新发展的若干意见》（国办发〔2017〕7号），还分门别类对各类型开发区进行了精准特色化的安排，出台了《关于推进国家级经济技术开发区创新提升打造改革开放新高地的意见》（国发〔2019〕11号）、《关于促进国家高新技术产业开发区高质量发展的若干意见》（国发〔2020〕7号）、《关于促进综合保税区高水平开放高质量发展的若干意见》（国发〔2019〕3号）等，尤其对于引领性的自贸试验区（港）出台了一系列的政策和法律。

1. 国家经济技术开发区的转型升级。2014年是经济技术开发区设立30周年。2014年9月4日，汪洋同志在北京召开的全国国家级经济技术开发区工作会议时强调，要以党的十八届三中全会精神为指导，适应全面深化改革、扩大开放的新形势，使开发区成为构建开放型经济新体制的“探路者”和培育产业竞争新优势的“顶梁柱”。2014年10月30日，国务院办公厅发布的《关于促进国家级经济技术开发区转型升级创新发展的若干意见》（国办发〔2014〕54号）进一步明确了经济开发区的定位、发展方式、路径。①发展定位“三个成为”。努力把国家级经开区建设成为带动地区经济发展和实施区域发展战略的重要载体，成为构建开放型经济新体制和培育吸引外资新优势的排头兵，成为科技创新驱动和绿色集约发展的示范区。②发展方式“四个转变”。由追求速度向追求质量转变，由政府主导向市场主导转变，由同质化竞争向差异化发展转变，由硬环境见长向软环境取胜转变。③路径。推进体制机制创新、促进开放型经济发展、推动产业转型升级、坚持绿色集约发展、优化营商环境。2019 年，国务院发布的《关于推进国家级经济技术开发区创新提升打造改革开放新高地的意见》（国发〔2019〕11 号）要求：“着力推进国家级经开区开放创新、科技创新、制度创新，提升对外合作水平、提升经济发展质量，打造改革开放新高地。”并在提升开放型经济质量、赋予更大改革自主权、打造现代产业体系、完善对内对外合作平台功能、加强要素保障和资源集约利用等方面进行了部署和安排。

2. 国家高新技术产业开发区的转型升级。当前，国家高新区的发展正迈入新的重要战略机遇期。2015 年 6 月 13 日，科技部火炬中心率北京中关村、上海张江、武汉东湖、深圳高新、成都高新、西安高新、杭州高新、苏州工业园区等七大国家级高新区齐聚武汉光谷，召开建设世界一流高科技园区工作座谈会。在新常态、新机遇、新挑战的重要战略时期，为当好创新驱动发展和国家战略的先锋，科技部和与会高新区就加快创新驱动、建设世界一流高科技园区达成“武汉共识”。“共识”认为：冲刺世界一流高科技园区，体制机制改革是关键，驱动力则靠技术、管理、组织和商业模式上持续不断的创新；作为抓手，大力发展众创空间、激励大众创新创业，将为高新区注入全新的经济生态和活力；高新区历来是新产业、新业态的发源地，要加快互联网与实体经济的跨界融合，大力发展科技服务业，积极参与全球科技合作与竞争；国家级高新区的一系列改革创新与先行先试举措，将最终辐射带动全国。为推进国家高新区创新发展，至 2021 年 6 月，国家先后批复了 17 个国家自主创新示范区。2009 年 3 月，北京中关村国家自主创新示范区成为第一个国家自主创新示范区。2014 年 6 月，深圳国家自主创新示范区成为第四个建设的国家自主创新示范区，也是十八大后第一个以城市为基本单位的国家自主创新示范区。2014 年 10 月，苏南自主创新示范区成为第五个国家自主创新示范区，是中国首个以城市群为基本单元的国家自主创新示范区。2015 年 6 月，同意成都高新技术产业开发区建设国家自主创新示范区，是国家批复的第八个、西部首个国家自主创新示范区。2019 年国家批复了南昌、新余、景德镇、鹰潭、抚州、吉安、赣州高新技术产业开发区建设国家自主创新示范区。之后，未有新增。2020 年，国务院发布《关于促进国家高新技术产业开发区高质量发展的若干意见》（国发〔2020〕7号）要求“将国家高新区建设成为创新驱动发展示范区和高质量发展先行区”，并在着力提升自主创新能力、进一步激发企业创新发展活力、推进产业迈向中高端、加大开放创新力度和营造高质量发展环境等方面进行了部署。

3. 自由贸易试验区（港）的创新发展和复制推广。自由贸易试验区是我国制度型开放的引领区、高标准国际经贸规则的超压测试区，重点在于政府职能转变、管理模式创新、贸易和投资自由化便利化、金融改革创新，试错高标准的国际经济规则，为改革创新探索新模式、积累新经验[1]。2015年12月6日，国务院发布的《关于加快实施自由贸易区战略的若干意见》（国发〔2015〕69号）强调继续深化自由贸易试验区试点，指出自由贸易试验区是我国主动适应经济发展新趋势和国际经贸规则新变化、以开放促改革促发展的试验田。可把对外自由贸易区谈判中具有共性的难点、焦点问题，在上海等自由贸易试验区内先行先试，通过在局部地区进行压力测试，积累防控和化解风险的经验，探索最佳开放模式，为对外谈判提供实践依据。2020年，国家印发《海南自由贸易港建设总体方案》，这意味着我国开发区建设开始突破性发展，自贸港的独特性决定了其建设的重点不在于可复制、可推广，而是强调对标国际最高标准，开放领域更广、开放程度更高。自贸试验区和其他类型开放的功能定位更多在于其为改革开放“试验田”，旨在形成可复制、可推广的经验做法。目前，自贸试验区已呈现出如下几个特点：①数量递增和布局不断优化。在2013年，我国自贸试验区从0到1，设立了上海自贸试验区。之后，数量不断增多，布局不断优化，“十三五”期间新设了17个自贸试验区，到2020年年底总数达到21个，覆盖东中西部和东北地区，还对上海、浙江自贸试验区进行了扩区。②改革创新不断加强。赋予其更大的改革自主权，印发了23个总体方案，商务部公开数据显示，共有2800多项改革试点任务；外商投资准入负面清单历经6次迭代，从第一版即2013年版的190项到2020年版压减至30项，首张海南版外商投资准入负面清单27项。③制度红利持续释放。据商务部统计，截至2020年年底，前18个自贸试验

〔1〕 中央印发的各大自由贸易试验区总体方案中，均开宗明义强调自由贸易试验区试错政府职能转变、管理模式创新、贸易和投资便利化的改革创新，为全面深化改革和扩大开放探索新途径、积累新经验的重要意义。

区（不含北京、安徽、湖南）共新设企业 39. 3 万家，实际使用外资 1763. 8 亿元，实现进出口总额 4. 7 万亿元，以不到全国 4‰的国土面积，实现了占全国 17. 6%的外商投资和 14. 7%的进出口。2011 年上半年，21 个自贸试验区实际使用外资 1008. 8 亿元，以不到全国 4‰的国土面积吸引了全国近 17%的外资。

在“十四五”期间，自由贸易试验区（港）将持续强开放引领的功能：①首位度不断强化。在 2018 年即在自贸试验区建设五周年的时候，习近平总书记就指出，建设自由贸易试验区是党中央在新时代推进改革开放的一项战略举措，在我国改革开放进程中具有里程碑意义，要把自由贸易试验区建设成为新时代改革开放的新高地。李克强总理也提出，要进一步发挥自由贸易试验区改革开放“排头兵”的示范引领作用。2020 年，习近平总书记强调，要把构建新发展格局同建设自由贸易试验区等衔接起来，打造改革开放新高地，并且在第三届中国国际进口博览会的主旨演讲中指出，中国将有效发挥自贸试验区、自由贸易港的引领作用。②顶层部署指向清晰。李克强总理作 2021 年政府工作报告时强调，推进海南自由贸易港建设，加强自贸试验区改革开放创新，推动海关特殊监管区域与自贸试验区融合发展。《国家“十四五”规划纲要》在“提升对外开放平台功能”一节中，突出自贸试验区在对外开放平台中首位度的同时，在布局、赋权、制度创新等方面进行了较为具体的部署。③自贸试验区发展趋势。一是数量越来越多和规模越来越大。为统筹发展与安全，中国改革开放模式具有渐进性、边际性，通过选点试错—总结经验—复制推广，未来将不断复制推广，从 1 到 N，扩大规模和增加数量。《国家“十四五”规划纲要》也提出要完善自由贸易试验区布局。二是改革自主权将越来越大和系统性集成性越来越强。历经七年发展，自贸试验区改革事项将更加触及中央事权，一事一报、碎片化创新、微创新等路径依赖亟待突破，出现了“改革三多与三少”的现象，即“小修小补”式改革多和重大突破性改革少、“碎片化”改革多和系统性集成性改革少、“相互借鉴”式改革多和独创性引领性改革少。鉴此，《国家“十四五”规划纲要》要求赋予其更大改革自主权，深化首创性、集成化、差别化改革探索，积极复制推广制度创新成果。政府工作报告要求，“推动海关特殊监管区域与自贸试验区融合发展”。三是改革力度越来越大和开放程度越来越高。“十四五”时期，我国进入全面建设社会主义现代化国家新征程、向第二个百年奋斗目标进军的新发展阶段，要构建以国内大循环为主、国内国际双循环相互促进的新发展格局。习近平总书记提出要以深化改革激发新发展活力、以高水平对外开放打造国际合作和竞争新优势。这要发挥好自贸试验区在改革开放的引领性功能，统筹发展和安全，先行在自贸试验区尤其在自贸港在投资自由化、贸易自由化、资金自由化、人才自由化、数据自由化等五个领域进行压力测试、快速迭代。因此，《国家“十四五”规划纲要》提出，深化首创新改革探索，稳步推进海南自由贸易港建设，以货物贸易“零关税”、服务贸易“既准入又准营”为方向推进贸易自由化便利化，大幅放宽市场准入，全面推行“极简审批”投资制度，开展跨境证券投融资改革试点和数据跨境传输安全管理试点，实施更加开放的人才、出入境、运输等政策，制定出台《海南自由贸易港法》〔1〕，初步建立中国特色自由贸易港政策和制度体系。

4. 其他各类开发区的创新发展。2013 年，温州市提出创建海峡两岸（温州）民营经济创新发展示范区。2015 年 2 月，国家发改委、国台办、原国土资源部、住房和城乡建设部联合发布了《关于支持海峡两岸（温州）民营经济创新发展示范区建设的复函》（发改地区〔2015〕328 号）支持示范区建设。2014 年 6 月，深圳国家自主创新示范区获批，这也是十八大后第一个以城市为基本单位的国家自主创新示范区。2015 年，国家发改委密集出台文件，直指转型升级、区域合作、创新发展，先后发布了《关于建设长江经济带国家级转型升级示范开发区的实施意见》（发改外资〔2015〕1294 号）、《关于进一步加强区域合作工作的指导意见》（发改地区〔2015〕3107 号）、《关于推进开发性金融支持国家级新区健康发展有关工作的通知》（发改地区〔2015〕1584 号）、《关于开展产城融合示范区建设有关工作的通知》（发改办地区〔2015〕1710 号）、《关于推动国家级新区深化重点领域体制机制创新的通知》（发改地区〔2015〕1573 号）。2019 年 12 月 31 日，国务院办公厅发布《关于支持国家级新区深化改革创新加快推动高质量发展的指导意见》（国办发〔2019〕58 号）。2020 年，国家同意扩大昆山深化两岸产业合作试验区范围至昆山全市。

---

〔1〕 本书涉及中国法律，直接使用简称，省去“中华人民共和国”字样，全书统一，后不赘述。

四、开发区的多样类型及本书研究样本选定

广义上讲，开发区与特定政策区域或特殊经济功能区雷同，外延甚广，包括经济特区、经济技术开发区、高新技术产业开发区、出口加工区，保税区、保税物流区及保税港区、边境经济合作区、国家旅游度假区、自贸试验区、新特区、经济区、生态工业园区、循环经济园区等。在我国开发区两级审批的框架下，可分为国家级开发区和省级开发区。国家级开发区400多家，省级开发区有上千家。还有地方各级政府设立的、数以千计的市级、县级、镇级开发区。鉴于国家级经济技术开发区和国家级高新技术产业园区数量多、起步早、规模大、认知度高，且是其他开发区如自主创新示范区、自由贸易试验区、生态工业示范区等园区的依托载体，以及自由贸易试验区在全面深入改革时期的关注度、创新性，为了集中笔力，本书以国家级经济技术开发区、国家级高新技术产业园区、自由贸易试验区（港）为主要研究样本，以少数区域合作共建的开发区作辅助样本，进行研究。在此，为了进一步说明本书的研究样本，笔者将国内相关特定政策区域做一简单介绍，从而明确本书的研究对象。

1. 经济特区。经济特区是我国改革开放初期，在全国完全空白的市场规则初始条件下，凭空走出一条迥异于计划体制，并率先对外开放、实施特殊政策的特定区域。1980年8月26日，国家在广东深圳、珠海、汕头和福建厦门设立经济特区，并批准《广东省经济特区条例》。1988年4月，在海南设立经济特区。

2. 经济技术开发区。经济技术开发区是中国经济体制转型期间，最早模仿特区，在沿海开放城市设立的，通过特殊政策安排，客户对象是海外顾客，以利用外资、发展工业为主，发展外向型经济的特定区域，之后随着国家区域发展战略从非均衡走向均衡，逐渐在全国推广。经济技术开发区的宏观政策最初为1984年5月4日，《沿海部分城市座谈会纪要》（中发〔1984〕13号）。该文件允许继特区之后，进一步开放14个沿海港口城市，兴办经济技术开发区，实行部分特区政策。经开区归口管理部门为商务部门，截至2021年6月，国家级经开区有230个（含实行经开区政策的苏州工业园区、上海金桥出口加工区、宁波大榭经济技术开发区、厦门海沧台商投资区、海南洋浦经济开发区）。

3. 高新技术产业开发区。高新技术产业开发区类似于国外的科技工业园区，是国家自主创新战略的重要平台，主要依靠国内的科技和经济力量，“以我为主”，不同于经开区的“以外为主”，对国外只是吸收或借鉴，为高新技术产业发展量身打造支持性政策，促进科技成果产业化的特殊区域。高新区的宏观政策最初源于1988年5月10日国务院批复的《北京市高新技术产业开发试验区暂行条例》（通称“18条”），正式成型于1991年3月6日国务院批准的国家高新技术产业开发区和有关的政策规定（通称“12号文件”）。高新技术产业开发区归口管理部门为科技部门，截至2021年6月，国务院批准设立的高新技术产业开发区有169个，并批复了（高新区的升级版）17个国家自主创新示范区。

4. 自由贸易试验区。自由贸易试验区是指在全面深入改革开放新时期，探索改革新路径、开放新模式，参与国际经济治理的新型功能区。自2013年，上海自由贸易试验区成立以来至2021年6月，先后设立广东、天津、福建、辽宁、浙江、河南、湖北、重庆、四川、陕西、海南、山东、江苏、广西、河北、云南、黑龙江、北京、湖南、安徽、浙江等自由贸易试验区，共有21个，其中海南自贸试验区升格为自由贸易港。归口管理单位主要是商务部。

5. 海关特殊监管区。海关特殊监管区是经国务院批准，对标境内关外，发挥连接国内国际两个市场的特殊功能和政策，由海关为主实施封闭监管的特定经济功能区域。截至2021年6月，全国31个省、市、自治区共设立海关特殊监管区163个，其中，综合保税区150个、保税区9个、保税港区2个、出口加工区1个、珠澳跨境工业区（珠海园区）1个。全国海关特殊监管区域总规划面积约448平方公里。归口管理单位是海关总署。

6. 边境经济合作区和跨境经济合作区。边境经济合作区是沿边开放城市发展边境贸易和加工出口的区域。自1992年至2021年6月，经国务院批准，目前已在7个沿边省区设立17个边境经济合作区、2个跨境经济合作区，已成为沿边开放的重要平台、沿边地区经济社会发展的重要支撑。归口管理单位是商务部。

7. 重点开发开放试验区。这是边境经济合作区的升级版，但归口管理单位是国家发改委。自2012年起至2021年6月，以来，国务院先后批准在沿边地区设立广西东兴、云南勐腊（磨憨）、云南瑞丽、内蒙古二连浩特、内蒙古满洲里、黑龙江绥芬河-东宁、广西凭祥、广西百色、新疆塔城等 9 个重点开发试验区。归口管理单位是商务部。

8. 国家旅游度假区。截至 2020 年 12 月，共设国家级旅游度假区 45 个，分布在全国 23 个省区市。早年设立国家旅游度假区的初衷是创汇，发展外向型经济，所以接待海外旅游者为主的综合性旅游区，与国家级风景名胜区等自然保护区不同的是国家旅游度假区属国家级开发区。当下，国家旅游度假区的发展宗旨已发生变化，成为国家发展旅游业的重要抓手。

9. 国家新区。国家级新区，是指总体发展目标、发展定位、开发建设、政策安排等由国务院统一进行规划和审批，进行各项制度改革与创新探索工作的特定区域。自 1992 年的上海浦东新区起，至 2021 年 6 月，我国共有 19 个国家级新区，分别是上海浦东新区、天津滨海新区、重庆两江新区、浙江舟山群岛新区、甘肃兰州新区、广州南沙新区、郑州郑东新区、陕西西咸新区、贵州贵安新区、青岛西海岸新区、大连金普新区、四川天府新区、湖南湘江新区、南京江北新区、福州新区、云南滇中新区、哈尔滨新区、长春新区、赣江新区、雄安新区等 19 个，其中，福州新区是全国首个集国家级新区、自由贸易试验区、21 世纪海上丝绸之路核心区、两岸经济合作示范区“四区叠加”的重点开发区域。

10. 其他类型的开发区。如综合配套改革试验区、跨境电子商务综合试验区、金融改革试验区、临空经济示范区、汕头经济特区建设华侨经济文化合作试验区、昆山深化两岸产业合作试验区、江苏连云港的国家东中西区域合作示范区、郑州航空港经济综合实验区、海峡两岸（温州）民营经济创新发展示范区、海洋经济发展示范区等。

第二节 新制度经济学的解释

中国开发区是中国经验、模式的重要组成部分，创造了经济增长的奇迹。新制度经济学认为制度在经济增长中起关键作用，并以经济学的方法研究制度，以人、制度、经济活动及它们之间相互关系为研究对象，以制度成本为范式，构建了产权理论、企业理论、制度变迁理论、国家理论、意识形态理论、契约理论等理论体系，分析权利等制度安排对绩效的重要影响，指出经济增长的原因在于权利结构安排引起了对经济组织的有效激励，论证了国家在所有权结构的安排和变迁中的最终责任人角色，提出制度变迁方式是边际渐进式等。新制度经济学既强调权利结构的重要性，又强调国家在所有权结构安排中的重要角色。所以说，对于开发区经济增长之谜的解释，新制度经济学的理论供给可作为一个不错的视角。

一、制度创新是开发区增长的根本

（一）制度是增长的根本

新制度经济学这个概念最早由奥利弗·E. 威廉姆森（Oliver E. Williamson）提出，研究对象是“从人的实际出发来研究人，实际的人在由现实制度所赋予的制约条件中活动”。〔1〕新制度经济学学派，将制度视为经济增长的内生变量，制度在长期的经济增长中起着关键作用。制度核心是长期成功的经济发展的根本。“制度在社会中具有更为基础性的作用，它们是决定长期经济绩效的根本因素。”“制度是理解政治与经济之间的关系以及相互关系对经济成长（或停滞、衰退）之影响的关键。”〔2〕经济转轨与制度转轨实为一个硬币的两面，中国大转型没有全盘否定过去，而是在既有约束下的“摸着石头过河”，开发区是中国经济转轨的先行者、差异化试验场、示范辐射区，降低制度性成本的重大制度创新。大国治理的行政区和功能区体制并存，正式与非正式制度的系统互动叠加的有效实施，节约了大国改革开放的试错成本，有效供给了适应性效率，所以，科斯等认为开发区是中国经济体制转型的先锋力量和“边缘革命”。2020 年 10 月 30 日，由商务部投资促进事务局等主办第三届 CDI 中国开发区创新发展大会显示：“截至目前，各级政府批准设立的各类开发区共 2699 家，219 个国家级经开区和 169 个国家高新区创造的 GDP 就占了中国 GDP 的 1/5，开发区已经成为我国经济发展的重要引擎，产业成长的重要平台。”〔3〕1971 年，美国发展经济学家西蒙·库兹涅茨在其诺贝尔经济学奖获奖演讲中指出，经济增长应该是由于应用各种先进的现代化技术实现的，

---

〔1〕［美］罗纳德·哈里·科斯：《企业、市场与法律》，盛洪、陈郁译校，格致出版社、上海三联书店、上海人民出版社 2009 年版，第 255 页。

〔2〕参见［美］道格拉斯·C. 诺思：《制度、制度变迁与经济绩效》，杭行译，格致出版社、上海三联书店、上海人民出版社 2008 年版，第 147、162 页。

〔3〕参见“2020 第三届 CDI 中国开发区创新发展大会在上海顺利举办”，载 http://life.china.com.cn/2020-11/02/content_41345628.html，最后访问日期：2021 年 6 月 28 日。

但是先进技术只是潜在和必要的条件，而不是充分条件，必须要有相应的制度和意识形态的调整。[1]美国学者安纳利·萨克森宁研究美国东部的波士顿128公路地区和西部硅谷地区发展高新技术产业经历的路径差异性，得出一个重要结论是：决定一个地区高新技术产业发展状况的主要因素不在于技术，而在于制度环境是否有利于激励专业人员的积极性和创造性的发挥。[2]

（二）开发区是制度空间

模式化的开发区是中国大转型的重要制度安排，这意味着开发区不仅是个地理的空间区域，更是一个特殊的制度空间。城市社会学把城市空间作为社会关系的产物，蕴含着资本和权力的运作逻辑。亨利·列菲弗尔认为，空间里弥漫着社会关系，空间不仅被社会关系所支持，还生产社会关系和被社会关系所生产。空间是社会关系的产物，空间中的移动和位置也是社会关系的再现。因此，空间是政治的，是一种充斥着各种意识形态的产物。福柯认为，空间本身是权力的展现。[3]中国开发区模式诞生于中国从计划经济体制向市场经济体制大转型的浪潮中，在改革创新和对外开放的各个阶段（计划经济为主、市场经济为辅，社会主义有计划的商品经济，计划经济与商品经济相结合，建立社会主义市场经济体制，市场起基础性作用，市场在资源配置中起决定性作用），发挥着先行先试的作用，试错总结、复制推广，开发区承载着社会主义和商品经济的社会关系、对外开放与改革创新的社会关系和政府、市场和社会之间的社会关系。“开发区的发展，在相当程度上可以被理解为以一定的地理空间为载体，通过制度上的空间构建与突破，实现对经济要素的导引和吸纳，从而创造出不同于其他区域的特殊的生产力提高与释放的工程。其中，政策、法规、信息、预期等软性要素对资本、人力、产品等实体要素的引导与吸引是其最核心的表现形式。开发区由此表现出完全不同

---

〔1〕 参见［美］西蒙·库兹涅茨：“现代经济增长的现实与思考”，载柳适等编译：《诺贝尔经济学奖得主演讲集1969~1997》，内蒙古人民出版社1998年版，第66~67页。

〔2〕 参见［美］安纳利·萨克森宁：《地区优势：硅谷和128公路地区的文化与竞争》，曹蓬等译，上海远东出版社1999年版。

〔3〕 参见强乃社：“城市空间问题的资本逻辑”，载《苏州大学学报（哲学社会科学版）》2011年第4期；马学广、王爱民、闫小培：“权力视角下的城市空间资源配置研究”，载《规划师》2008年第1期；汪民安：“空间生产的政治经济学”，载《国外理论动态》2006年第1期；张应祥：“资本主义城市空间的政治经济学分析——西方城市社会学理论的一种视角”，载《广东社会科学》2005年第5期。

于一般地区的发展逻辑和产业轨迹，并且日益表现出制度性的‘空间’规定地理性的‘空间’，制度性的突破推动地理性的优势发挥，制度性的创新改变着地理空间内经济要素的含量与构成方式的局面，制度空间成为地理空间发展的核心内容。空间内的制度构建成为经济发展的关键机制。”〔1〕所以，中国开发区不仅是个地理空间、产业空间，更是一个制度空间，而开发区的法定代表人即管委会作为开发区社会关系的构建主体无疑是这个制度空间中的关键一环。

（三）从制度变迁模式看开发区

中国的伟大转型是一个不断降低体制成本的制度变迁过程，推动着中国从农业大国走向工业大国、从计划经济走向政府和市场相得益彰的市场经济、从片面理解自力更生的封闭性内循环到参与国际大循环再到走向左右逢源的国内国际双循环。

1. 旨在降低体制成本的开发区是中国渐进式制度变迁模式的重要实践。中国改革开放采取了渐进式的边际革命，构建了开发区进行差异化的制度试错，进而复制推广，引爆经济增长。①激进式的制度变迁对过去全盘否定，在短时间内、不考虑约束条件、武断推行私有化自由化的制度变迁方式。中国改革开放没有采纳“市场原教旨主义”的“华盛度共识”，自然也不会采取苏联和东欧短平快的“休克疗法”。②新制度经济学认为，制度变迁通常是从边际上开始的、渐进式的，制度变迁要充分考虑到边界条件和初始条件、可行性和目标，在保持稳定、安全的基础上，宜采取稳妥推进、边际试错、分散试验的制度变迁方式。中国转轨发展是在保持国家强大建构能力基础上，不断调适政府与市场的关系，实行双轨制，在特定区域、特定领域进行分散试错包容性增长制度，以点带面、渐进打破权利限制秩序向权利开放秩序转型的阻梗。因此，为突破改革创新的禁区，减少改革摩擦力，在传统行政区体制之外，对特定地理空间适用特定制度安排特殊体制实现特定功能的“四特”安排，试错示范，追求边际增量，倒逼存量优化，创造适应性效率，演化生成了中国开发区模式。中国开发区作为改革开放的试验场，突破单纯的内循环，引进外资，先行先试市场经济生产方式，从市场微观运行主体、行政管理和公共服务体系到内部运行规则、政策体系、经济运行体制等方面都在不同程度上异于一般行政区。

---

〔1〕 冷希炎：“中国开发区制度空间研究”，东北师范大学 2006 年博士学位论文，第 1~2 页。

2. 开发区呈现出自上而下、自下而上和上下互动的多种制度变迁模式。开发区历经近40年的发展，已经出现多种制度模式，包括政府主导、市场主导和混合型模式，制度变迁模式丰富多样，不断丰富着制度变迁理论和试验场。难以单一从纯粹的逻辑上进行归类。①强制性制度创新，也称为自上而下的制度变迁，是依托权力强制性推行的制度变迁，尤其是当利益格局盘根错节、改革共识难以达成、改革风险和不确定性较大的情况下，降低制度交易成本的强制性制度变迁尤为重要。开发区建设之初，对于开发区试错市场经济存在意识形态的障碍，即使在蛇口工业园区已建设10年时，对开发区建设还存在意识形态的误区，这从1988年1月一场座谈会引发的“蛇口风波”即可知。[1]对此，需要自上而下的一锤定音，强制性推进开发区制度创新。②诱致性制度创新，也称为自下而上的制度变迁，是指为获取潜在收益，对现行制度结构进行变动，创造新的制度结构的自发性制度变迁。这在市场主导型的开发区建设模式中体现得尤为明显，开发区建设已成为一种企业的重要发展战略和商业模式。③上下互动的模式。杨瑞龙以昆山经济技术开发区为例，认为地方政府主导的制度创新是不同于自上而下和自下而上制度创新模式的中间扩散型制度变迁。[2]开发区发展至今，已形成发展共识，制度创新的行动主体多元化，包括个人、企业、商业协会、央地政府乃至国际组织纷纷参与到开发区的建设当中。

（四）从制度结构看开发区

1. 开发区的正式与非正式制度及有效的实施机制。诺思将制度分为正式约束和非正式约束，“产权的安全性的增加，来源于一系列正式与非正式制度约束之间的有效互动”。[3]“正式规则包括政治（和司法）规则、经济规则和契约。这些不同层次的规则——从宪法到成文法、普通法，到具体的内部章程，再到个人契约——界定了约束，从一般性规则到特别的界定。”“正式制度安排指的是这样一种制度安排：在这种制度安排中规则的变动或修改，

---

〔1〕 1988年1月13日，在蛇口招商大厦一场“青年教育专家与蛇口青年座谈会”上，专家面对开放现象阐述了“左”的观念，引起了座谈青年的反驳和辩论，通过媒体传播，在全国掀起一场有关新时期青年思想工作的大讨论，讨论的实质甚至触及意识形态改革层面。

〔2〕 杨瑞龙：“我国制度变迁方式转换的三阶段论——兼论地方政府的制度创新行为”，载《经济研究》1988年第1期。

〔3〕 ［美］道格拉斯·C. 诺思：《制度、制度变迁与经济绩效》，杭行译，格致出版社、上海三联书店、上海人民出版社2008年版，第60页。

需要得到其行为受这一制度安排管束的一群（个）人的准许。也就是说，无异议是一个自发的、正式的制度安排创新的前提条件。”并进一步指出在正式的制度安排中，规则的变动或修改，需要得到其行为受这一制度安排管束的一群（个）人的准许。非正式制度包括习惯、意识形态、文化。“在我们与他人的日常互动中，无论是在家庭内部，还是在外部的社会交往中，还是事业活动中，支配结构的绝大部分是由行为准则（code of conduct）、行为规范（norms of behavior），以及惯例（conventions）来界定的。”〔1〕“非正式制度安排制是另一种制度安排：在这种制度安排规则的变动和修改纯粹由个人完成，它用不着也不可能由群体行动完成。”〔2〕同时，无论是正式制度还是非正式制度都不能束之高阁，而需要得到有效的实施方能产生绩效。中国开发区是中国主动融入全球化浪潮，参与国际分工的先锋和试验者，有特定的功能性，已形成了发展的共识，在资源配置上尤其是在制度资源配置上迥异于传统行政区，涉及中央与地方之间的关系，国际化与本土化之间的关系，政府、市场、社会之间的关系。开发区不但有中央政府和地方政府的正式制度配置，如财税安排、规范性文件，也有自发形成推进产业集群健康发展的非正式制度，如区域惯例、声誉机制、交易习惯、独特文化、行规。这些制度安排得到了有效的实施，发挥了很好的产权保护和激励功能。

2. 开发区的制度体系。戴维·菲尼将制度分为三种类型：一是宪法秩序。规定和确立集体选择的条件和基本规则，这些属于规则的规则，调整包括确立生产、交换和分配等基础性问题；二是制度安排。是在宪法秩序框架内的法律、规章、组织和合同；三是规范性行为规则，即各项公共政策。〔3〕开发区作为一个区域，大国制度变迁的重要试验场，从制度理念到制度规范内容再到制度形式等进行系统性的构建，如在制度理念上强调法律下的开发区，实现重大改革于法有据；在制度内容上，规范开发区的基本问题，完善顶层设计，包括法律地位、选择性适用法律、准入变更退出条件、基本运行规则、中央责

〔1〕［美］道格拉斯·C. 诺思：《制度、制度变迁与经济绩效》，杭行译，格致出版社、上海三联书店、上海人民出版社 2008 年版，第 50~51 页。

〔2〕［美］R. 科斯等：《财产权利与制度变迁——产权学派与新制度学派译文集》，刘守英等译，上海三联书店、上海人民出版社 1994 年版，第 390 页。

〔3〕参见［美］戴维·菲尼：“制度安排的需求与供给”，载［美］V. 奥斯特罗姆、D. 菲尼、H. 皮希特编：《制度分析与发展的反思——问题与抉择》，王诚等译，商务印书馆 1992 年版，第 126~130 页。

任主体、容错机制、法律责任等问题；在制度形式上，构建中央统一立法、政策与地方配套法规、政策的制度体系和培育区域诚信文化和自治性行业规则。

二、市场竞争规则是最有比较优势的生产性规则

（一）市场规则是财富增长最快的规则

新制度经济学认为与等级、行政、身份等竞争规则相比，市场竞争规则是最具生产激励性的规则。党的十一届三中全会后，中国开始了改革开放之旅，提出“发展是硬道理”，转变界定资产的竞争规则，创新做对激励的制度装置，从身份走向契约、从人治走向法治、从全能走向有限、从计划走向市场。张五常教授创造的价值管制理论，认为价格管制造成资产价值未能有效发挥，存在潜在的价值，但又不能索取，这是一种浪费，可称为租值消散。为了减少租值消散，最大化的理性人必将千方百计谋求潜在收益，推动边际创新制度。有稀缺必然有竞争，只是竞争的规则不一样，有市场性准则如价优者胜，有非市价准则包括有排队、权力等级、论资排辈、走关系、贿赂等。张五常认为，市价准则或产权是财富最大化或租值最小化的竞争规则，中国改革开放是竞争规则从非市规则或等级身份规则向市价规则或产权定价规则的大转型。[1]人的理性诉求，对利益最大化的追索，虽然短期会受到某种社会思想的影响，但从长期来看，必将改变竞争准则，追求潜在利益。有人将“市价准则是财富增长最快的竞争准则”“竞争准则的转变导致财富增长的变化”分别称作张五常财富增长理论的第一定律、第二定律。[2]

（二）开发区面临的三重竞争

全球化、市场化、分权化型塑了中国区域竞争的伟大制度，鉴于开发区在区域经济发展的重要权重，可以说中国区域竞争最集中体现于开发区竞争，并且在多个层面面临竞争约束。

---

〔1〕 张五常：“合约一般理论的基础”，载 http://blog. sina. com. cn/s/blog_ 47841af70102dxuj. html，最后访问日期：2015 年 10 月 8 日。

〔2〕 姜建强：“张五常的财富增长理论——兼评‘主流经济学’的尴尬处境”，载 http://blog. sina. com. cn/s/blog_ 47841af701017akk. html，最后访问日期：2015 年 2 月 5 日。关于中国大转型竞争规则的转换，张五常在《中国会走向资本主义的道路吗?》和《中国的经济制度》两本书中进行了系统的阐述，其新浪博客也有刊载。

1. 全球化竞争。中国“边际革命”的重要战略是以开放促改革、促创新、促发展，形成可复制、可推广的模式，这是中国开发区的核心战略使命。开发区参与国际竞争吸引全球发展要素，无论是经济技术开发区、高新技术开发区，还是当下的自由贸易试验区、跨境合作产业区、边境经济合作区、重点开发开放试验区都强调参与国际竞争和经济秩序治理，都在不同程度上处理对外开放和内部改革的双循环命题。当下，国际经济秩序加速调整，但守成大国企图维系传统国际秩序格局，在贸易领域选择性利用世界贸易组织（WTO）主导新一代国际经贸规则；在货币金融领域利用世界银行、国际货币基金组织，遏制中国等发展中国家合理化国际秩序的诉求和努力。为参与国际经济治理，强占新一代贸易规则的话语权，党的十八届三中全会《中共中央关于全面深化改革若干重大问题的决定》强调：“建立中国上海自由贸易试验区是党中央在新形势下推进改革开放的重大举措，要切实建设好、管理好，为全面深化改革和扩大开放探索新途径、积累新经验。在推进现有试点基础上，选择若干具备条件地方发展自由贸易园（港）区。”国务院发布的《关于加快实施自由贸易区战略的若干意见》（国发〔2015〕69号）先后强调了自由贸易试验区的战略使命和任务，“继续深化自由贸易试验区试点。上海等自由贸易试验区是我国主动适应经济发展新趋势和国际经贸规则新变化、以开放促改革促发展的试验田。可把对外自由贸易区谈判中具有共性的难点、焦点问题，在上海等自由贸易试验区内先行先试，通过在局部地区进行压力测试，积累防控和化解风险的经验，探索最佳开放模式，为对外谈判提供实践依据”。还如2015年6月13日的国家高新区“武汉共识”强调，国家高新区要进一步扩大开放，积极参与全球科技合作与竞争，确立中国在世界高科技领域的竞争优势。要主动参与国际经济与产业竞争，加强国际科技、经济合作，积极对接国际高端人才、先进技术、资本和研发资源，强化产能输出、技术溢出和成熟模式的国际辐射，不断提升整合利用全球创新创业资源的能力。

2. 参与区域竞争。开发区的经济发展对区域贡献率越来越大，已成为城市经济发展的重大平台和区域经济发展的强大引擎，成为衡量区域或城市经济竞争力的重要指标。据《国家高新技术产业开发区“十二五”发展规划纲要》数据显示，“十一五”期间，多个国家高新区的工业增加值已占到了所在城市工业增加值的30%以上。国家经开区“十二五”规划中的数据显示，国家经开区GDP占所在城市的比重超过13%，其中，东部开发区达到16%，中西部达到9%以上。据商务部数据统计，2019年，218个国家级经开区地区生产总值占所在地级市比重为14.1%，较上年提高0.8个百分点；税收收入占所在地级市比重为15.7%，较上年提高1.5个百分点。还如江苏将园区经验作为高质量发展的三大法宝之一；2020年，广东自贸试验区以全省万分之六的土地面积贡献了全省1/4的外资企业和1/3的实际外资，其中前海蛇口自贸片区实际使用外资46.26亿美元，占深圳的53.3%、占广东的19.7%、占全国的3.2%；武汉东湖高新区GDP占武汉市GDP的1/7，苏州工业园区GDP占苏州GDP的1/9。

3. 开发区之间竞争。最新的《中国开发区审核公告目录》（2018年版）显示，全国开发区数量增至2543个，其中国家级开发区552个，省级开发区1991个。除此之外，还有数以千计未纳入公告目录的开发区清单。这说明，开发区类型多样化，数量倍数增长，竞争异常激烈。在开发区有序竞争的同时，也产生了恶性竞争、同质竞争的情况。对此，2017年，国务院办公厅正式发布《关于促进开发区改革和创新发展的若干意见》（国办发〔2017〕7号），这是我国第一个关于各类开发区的总体指导文件，鼓励以国家级和发展水平高的省级开发区为主体，整合区位相邻、相近的开发区，对小而散的各类开发区加以清理、整合、撤销，建立统一的管理机构。

三、"做对激励"的开发区

在"为地方而增长"的分权化、市场化、国际化的中国经济增长模式下，开发区管理机构的超自主体制的安排，率先营造了法治化、国际化、市场化的营商环境，做对了生产的激励，与辖区生产者一荣俱荣、一损俱损，形成了共容利益。

1. 新制度经济学的"做对激励"观。新制度经济学认为，"决定经济绩效和知识技术增长率的是政治经济组织结构"，〔1〕"有效率的经济组织是经济增长的关键"〔2〕。政治和经济的组织体都需要"做对激励"。组织是节约制度运行成本，促进财富最大化的制度装置，但组织是由一个个具体的人来运作的，所以，组织的有效性需要一套有效的激励机制安排。在新制度经济学

〔1〕［美］道格拉斯·C. 诺思：《经济史上的结构和变革》，厉以平译，商务印书馆1992年版，第18页。

〔2〕［美］道格拉斯·诺斯、罗伯斯·托马斯：《西方世界的兴起》，厉以平、蔡磊译，华夏出版社2009年版，第6页。

看来，为了节约制度运行成本，追求财富最大化，组织是对市场的替代。诺思等人进一步认为，“有效率的经济组织是经济增长的关键，一个有效率的经济组织在西欧的发展正是西方兴起的原因所在”。“有效率的经济组织需要在制度上作出安排和确立所有权以便造成一种刺激，将个人的经济努力变成私人收益率接近社会收益率的活动。”因为，如果社会没有刺激个人去从事能引起经济增长的那些活动，便会导致社会的停滞状态。如果一个社会没有经济增长，那是因为没有为经济创新提供刺激。〔1〕虽然，诺思和托马斯所指的是“经济组织”，但是另外一种“组织”即政府也是一种节约交易成本的制度安排，因为政府作为合法暴力垄断性组织，在界定、保护产权和实施契约方面有规模经济的比较优势。

在政府组织维度，也需要“做对激励”？威廉指出：“增长需要提供合适的激励才会发生，因为人们确实对激励做出反应……‘把激励搞对’是发展中国家经济起飞的关键，而其中尤其政府的激励非常重要。”〔2〕政府是个人相互作用基础上的一种制度安排，政治活动和经济活动的人都是经济人，追求效益最大化，政府行为只是官员个体行为的“加总”。民主政府中的官僚与追求经济活动的企业主是类似的，制定的政策会夹带私货，犹如企业主生产能最求最大利润的产品一样。〔3〕在经济和政府之间或在市场和政府之间，私人部门和公共部门之间，并未划出任何界线。经济学家不必只限于研究市场中各个人的行为（例如，买卖活动）。通过交易经济学方法或多或少地自然延伸，经济学可以根据交易范例来观察政府和政府过程。〔4〕徐现祥、王贤彬认为：“官员是国家和政府组织中最基本的微观单元，由于成功的激励对经济增长的重要性，对于中国这样一个处于转型阶段的发展中国家来说，执政党和政府对其自身内部成员的激励尤其不可忽视。”〔5〕为了实现他们的个人目的（物质需求或精神需求），所以，要打开政府“黑箱”，了解政府行为背后的

〔1〕［美］道格拉斯·诺斯、罗伯特·托马斯：《西方世界的兴起》，厉以平、蔡磊译，华夏出版社2009年版，第4~5页。

〔2〕See Easterly, William, *The Elusive Quest for Growth: Economists' Adventures and Misadventures in the Tropics*, The MIT Press, 2005, p. 16.

〔3〕See Downs, A. An Economic Theory of Democracy, New York: Harper & Row, 1957, p. 295.

〔4〕［美］詹姆斯·M. 布坎南：《自由、市场与国家——80年代的政治经济学》，平新乔、莫扶民译，生活·读书·新知三联书店上海分店1989年版，第31页。

〔5〕徐现祥、王贤彬：《中国地方官员治理的增长绩效》，科学出版社2011年版，第3页。

激励约束机制。

2. 中国转型是“做对激励”的变迁史。十一届三中全会之前，传统计划经济体制全面掌控了政治经济社会运行方式，意识形态的非正式制度“以阶级斗争为纲”，正式制度安排是一切尽在掌控之中的全能型政府，官员的激励更多是来自非生产性的政治回报。计划经济体制的制度激励是分配性的、反向的，因为这些制度造成的机会是再分配、垄断性的，而不是生产性、竞争性的，以身份作为资源分配和竞争的标准、以等级作为资源配置的手段。实践证明，这必然是低效的。实践是检验真理的唯一标准，传统计划经济体制之路不可行，做错了激励，那就得换道、纠正补救，所以，才有改革开放，“多个轮子一起转”，走分权化道路，做对激励。改革之初，邓小平同志指出：“现在我国的经济管理体制权力过于集中，应该有计划地大胆放下，否则不利于充分发挥国家、地方、企业和劳动者个人四方面的积极性，也不利于实行现代化的经济管理和提高劳动生产率。”〔1〕

3. 做对开发区管理机构的“激励”：“为增长而竞争”的宏观体制和超自主的开发区微观体制。当下，中国式增长市场的宏观制度安排创造了城市、区域竞争需求，开发区超自主体制安排供给了超强竞争资源。宏观和微观的双重制度安排和互动精准匹配了地方竞争需求和开发区竞争资源供给的供需关系，做对了“激励”，形成了地方争先恐后谋发展、多轮驱动的大国经济发展格局。

（1）“做对激励”的共容利益模型。面对竞争，开发区率先构建法治化、国际化、市场化的优质营商环境，与辖区生产者和居民利益形成唇齿相依的命运共同体。新制度经济学以共容利益模型解释了“做对激励”，奥尔森根据其集体行动理论认为，由于搭便车的存在，交易成本过高，较大的组织则不能以自发的集体行动达成共同的目标，在人口众多的社会中很难产生社会契约以获得法和秩序的利益。〔2〕同时，由于尊重和保护产权将企业家精神、人的精力、创造性和竞争性导入建设性的、和平的方向。战争或盗窃只能使企业家精神引入零和博弈或负和博弈，而保护私人产权则促进了大量正和博弈

〔1〕《邓小平文选》（第2卷），人民出版社1994年版，第145页。

〔2〕参见［美］曼瑟·奥尔森：“独裁、民主和发展”，载盛洪主编：《现代制度经济学》（第2版）（上卷），中国发展出版社2009年版，第393~401页；［美］曼瑟·奥尔森：《权力与繁荣》，苏长和、嵇飞译，上海世纪出版集团2005年版，第6~7页。

的产生。这些正和博弈将汇入总的经济增长，并使社会成员更易于实现自己的愿望。[1]

（2）"为增长而竞争"的地方竞争：中国式增长市场的宏观制度安排。"发展是硬道理""用发展的办法解决发展中的问题"，这是中国业已形成的发展共识。约翰逊在《通产省与日本奇迹——产业政策的成长（1925—1975）》中通过对日本通产省制定积极干预产业政策和经济增长绩效分析，率先提出了"发展型政府"的概念，这种政府既不同于苏联式计划体制，也不同于美国市场经济体制，而是在市场的基础上，强调政府的积极干预和发挥动员能力。发展型政府的特点：一是持续的经济发展意愿，集体动员和行动共谋发展；二是具有高度自主性的核心经济官僚机构；三是紧密的政商合作和社会网络；四是选择性或非均等性产业政策；五是极强动员能力和资源掌控能力。[2]中国四十多年来的"增长之谜"在于做对了地方政府的激励，创造了地方竞争，形成了地方政府发展主义。改革开放以来，立法、行政及经济分权，层层承包的合约安排等分权化改革，以及发展共识、士大夫精神等一系列正式、非正式制度安排，条块体制构建的M型组织结构，创造了"中国特色的维护市场的经济体制"，使地方政府成了独立的主体，对辖区有了产权利益或共容利益，有了精心经营辖区的政治和经济激励，制造了地方竞争，制造了"增长市场"。[3]殷存毅、汤志林将经济激励和政治激励所形成的地方竞争现象解释为"中国经济增长市场"，并明确了市场角色、主体及其条件、交换对象、衡量尺度等要素。[4]

（3）开发区的微观超自主体制安排：超强竞争资源供给。由于地方竞争的增长市场安排，获取竞争资源，则是城市经营者的必要工作。开发区是国家重大战略，国家对其超强资源配置所形成的超自主体制结构满足了地方竞

---

〔1〕［德］柯武刚、史漫飞：《制度经济学：社会秩序与公共政策》，韩朝华译，商务印书馆2000年版，第252页。

〔2〕［美］查默斯·约翰逊：《通产省与日本奇迹——产业政策的成长（1925—1975）》，金毅、许鸿艳、唐吉洪译，吉林出版集团有限责任公司2010年版。

〔3〕参见张军、周黎安编：《为增长而竞争：中国增长的政治经济学》，格致出版社、上海人民出版社2008年版；张五常：《中国的经济制度》（神州大地增订版），中信出版社2009年版。

〔4〕殷存毅、汤志林："增长市场、选择性政策与区域租金——以国家级经济技术开发区为例"，载巫永平、吴德荣主编：《寻租与中国产业发展》，商务印书馆2010年版，第233页。

争需求。[1]超自主体制是指，为增加外部体制对开发区的正能量输送，减少负面影响，构建“封闭运行”的小环境，保障小范围的试错，安排的极强自主体制，创造了极强的政治和经济激励。第一，政治激励安排。特殊的政策安排。对开发区进行非均衡的选择性、排他性政策资源配置，不断试错，以形成可复制可推广的经验。干部高配。开发区体制的行政级别高于横向协调的周边区域和所在市的有关部门，一把手由所在地省市领导担任。鉴于开发区的国家战略意义，构建了直通车机制，如副总理牵头的协调机制、各省市主要领导牵头的领导小组等。同时，各级领导非常关注。决策自主化。中央省市充分放权，中央事权尤其是金融、财税、海关，将改革创新举措优先在开发区试点；地方事权，如赋予自贸试验区省一级的经济管理权限；党工委、管委会、国资公司“三位一体”。第二，经济激励绩效。得益于超自主体制的特殊安排，开发区获得不一样的发展机会，成为地方经济发展的明星，这从前述的数据即可得知，在此不再赘述。

四、国家构建开发区减少了制度性运行成本和供给了适应性效率

新制度经济学将国家视为一种制度安排，认为国家是经济绩效和制度变迁的内生变量，强调了国家对减少制度性运行成本的规模优势和比较优势，明确了“政府有形之手”的关键作用。国家是一个具有合法垄断使用暴力和强制提供法律、秩序的组织，最终要对造成经济的增长、衰退或停滞的产权结构的效率负责制度安排。[2]面对改革的不确定性，需要创新鼓励分散试错的制度结构，提升应对不确定的能力，获得适应效率的制度绩效。试行市场经济的开发区是舶来品，通过权力强制推行、分级试错、差异试验，提升了适应改革不确定性的能力，保障了国家总体制度的安全，减少了制度交易成本和创造了适应性效率，具有鲜明的权力构建性。

（一）从权力先于繁荣的国家理论看开发区的建构性

1. 国家能力建设是发展的关键。新制度经济学认为国家是具有暴力潜能的垄断性组织和第三方实施的暴力机制，进而分析国家在界定产权和实施契

〔1〕 超自主体制模型，最早由鲍克在研究中国开发区微观体制设计时提出。随着第一轮改革开放进入尾声，传统开发区制度红利消怠，传统超自主性安排已经逐步消解。但随着新一轮改革开放开始，亟需自贸试验区的超自主体制配置。

〔2〕 参见卢现祥、朱巧玲主编：《新制度经济学》，北京大学出版社 2007 年版。

约上的比较优势。国家对正式规则的暴力垄断权，使国家在第三方实施上有规模优势和比较优势，是暴力强制实施的最终第三方。[1]“国家是一种行使暴力上有计较利益的组织，它对纳税选民拥有的权力决定其地理疆域的延伸。所有权实质是排他的权力。而一个享有行使暴力的比较利益的组织便处于规定和强制实施所有权的地位……理解国家的关键在于，潜在地利用暴力来实现对资源的控制。离开所有权便不能提出一种有用的国家的分析。”[2]凡是能处理好政府权力和个人权利之间关系的国度必然会走向繁荣，经济繁荣与否的问题也是政治权力形成和应用得当与否的问题。全能型的政府是改革开放的初始条件，在当时中国那样一个市场经济基础薄弱、法治淡薄、民间组织发育不全的情况，改革开放只能依托业已形成并占据绝对主导控制地位的组织架构，利用现成组织资源。所以，中国改革开放基本特征是自上而下的顶层设计。

2. 开发区具有鲜明的构建性。“显然，政府有能力以低于私人组织（或至少是没有特别的政府力量的组织）的成本进行某些活动。”[3]开发区作为试验场，是在传统区域经济地理空间中植入一个新的空间，并配置以特殊的制度安排，建构性的特点明显。“经济园区是缩小或简化的城市经济，园区的形成过程实质上就是资源和经济要素进行特殊化聚集、配置的过程。”[4]在建构开发区和进行特殊制度安排，需要发挥权力进行制度设计和实施的比较优势。换言之，政府在开发区制度创新中发挥着极其关键的作用，减少了开发区的制度运行成本。正是国家强大的构建能力，通过在特定的区域、实施特别的超自主管理体制、试行降低体制成本的特别制度，富有效率地构建了开发区，引领了中国的增长奇迹。

（二）开发区供给了适应性效率

适应性效率与新制度经济学认为制度变迁是边际的一脉相承，认为效率

---

〔1〕 参见［美］约哈姆·巴泽尔：“国家与第三方强制实施者的多样性”，载［美］科斯等著，［法］克劳德·梅纳尔编：《制度、契约与组织——从新制度经济学角度的透视》，刘刚等译，经济科学出版社 2003 年版，第 246~272 页。

〔2〕 参见［美］约哈姆·巴泽尔：“国家与第三方强制实施者的多样性”，载［美］科斯等著，［法］克劳德·梅纳尔编：《制度、契约与组织——从新制度经济学角度的透视》，刘刚等译，经济科学出版社 2003 年版，第 22 页。

〔3〕 ［美］罗纳德·科斯：“社会成本问题”，载盛洪主编：《现代制度经济学》（第 2 版）（上卷），中国发展出版社 2009 年版。

〔4〕 阎兆万等：《经济园区发展论》，经济科学出版社 2009 年版，第 53 页。

是边际性的，是通过试错性、边际性、分散化的制度创新实现的。所以说，新制度经济学是更加强调利益平衡、逐步形成共识的改革派，而不是“休克疗法”及推倒重来的革命派。

1. 只有鼓励试错的制度安排才能创造适应性效率。张五常认为，凡有社会，必有交易，必有制度，必有成本，交易费用与制度费用是同一的，指的是社会运行的成本和摩擦力。〔1〕制度创新就是如何减少交易成本，供给适应性效率的过程。诺思认为：“内置于制度框架中的各种激励在型塑有效的技能和知识方面，起着决定性的作用。” “制度框架将型塑获取知识与技能的方向。”“制度框架限定了组织的最大化机会。”“整体的制度结构在决定一个社会或经济体系在多大程度上能鼓励试验、实验和创新——我们可以将这些归结为适应性效率——方面，起着关键性的作用。” “适应性效率为分散化决策过程的发展提供了激励，而分散化决策过程可以让社会尽力去发掘各种解决问题的办法。我们必须能在失败中学习，这样变迁就包括组织试验的发生以及组织错误的淘汰。”〔2〕

2. 开发区是鼓励试错的制度安排进而有效供给了适应性效率。开发区制度设计有效统筹了发展与安全，妥当处理好了改革、发展和稳定之间的关系，既满足了国家对从计划经济迈向分权市场经济的改革风险担忧，又满足了先行先试打破计划经济内向单循环以融入国际大循环的战略诉求。开发区制度设计鼓励试错，强调边际创新减少改革整体摩擦力，最大限度降低改革成本，尽可能地不损害或触动原有利益格局与制度框架，通过注入新的资源培育和壮大增量，通过增量优化存量，进行局部市场、局部开放、局部改革的边缘革命。“试验—推广—趋同”，由点到面进行渐进式改革，实行边际创新，实现体制内外互动和双向突破，而不是如苏联、东欧国家快速市场化、私有化的“休克疗法”，这是中国渐进式改革的特点。党的十一届三中全会之后，在我国的大国发展道路上，“摸着石头过河”，生成了城市竞争的宏观制度安排和超强竞争资源配置的开发区微观体制安排的“双重制度创新”。宏观上，中国的分权化、职能下属化改革及本土文化的士大夫精神等一系列正式、非正

〔1〕 参见张五常：“从交易费用到制度费用”，载 http://blog.sina.com.cn/s/blog_47841af701017aig.html，最后访问日期：2014 年 2 月 3 日。

〔2〕［美］道格拉斯·C. 诺思：《制度、制度变迁与经济绩效》，杭行译，格致出版社、上海三联书店、上海人民出版社 2008 年版，第 107、108、111 页。

式制度安排，使地方政府成了独立的主体，对辖区有了产权利益或共容利益，有了精心经营辖区的政治和经济激励，制造了“增长市场”。微观上，开发区特殊的政策安排、高层关注、决策自主化、干部高配等一系列超自主体制安排，屏蔽了传统体制的负面影响，营造了助益适应性试错、封闭运行的小环境。开发区设立之初的选址基本上是经济不发达的边缘区，没有所谓的历史负担，设立之初有个发展目标或定位，在实际运行中“摸着石头过河”。开发区超自主的制度安排供给“封闭运行”，分散决策，有效地激励了管委会及其政治企业家的创新精神，大胆地进行“试错”，减少市场活动的不确定性、降低交易成本，创造了适应性效率。

第二章

规则“表达”：从政策主导走向法律主导

有学者把我国改革开放称为政策主导型的渐进式改革，即先政策试点，再法律规范的经验式模式。[1]开发区作为中国社会主义市场经济体制转型过程中重要一环，本身就是制度的产物，是个制度空间，区内先行先试市场制度，探索各种改革开放措施，尝试各项制度创新，正式制度和非正式制度及有效实施交互推动着开发区的变迁。可以说，开发区演进史就是中国体制转型变迁史，但是在我国开发区的制度安排或“表达”中，政策居于主导，法治相对滞后。当下，更多文献和场合提到改革创新，打造法治化、国际化、市场化的营商环境，这也属于政策化的表述，实则三者不是并列关系，法治化属于上位阶，逻辑关系应是法治下的国际化、市场化。

第一节　开发区制度实然“表达”：政策主导

在法治建设尚在推进的当下，政策主导型的渐进式改革形成了路径依赖，开发区的制度配置方式也体现为政策居于主导、立法相对滞后，现实的整体规则表达上政策化，不但在全国层面缺少统一立法，而且长期以来缺少最高权力机关的直接立法，更多表现为决定，如 1980 年的第五届全国人民代表大会常务委员会第十五次会议决定批准国务院提出的《广东省经济特区条例》和几次对授权国务院调整在自由贸易试验区适用法律的决定。换言之，当下最热门的自由贸易试验区，法律安排亦寥寥无几，更多是政策性安排。深圳前海是国家唯一定位为社会主义法治示范区的战略功能区，但在立法上亦主要是一个特区立法、两个政府规章，即《深圳经济特区前海深港现代服务业

[1] 参见史卫民：《“政策主导型”的渐进式改革——改革开放以来中国政治发展的因素分析》，中国社会科学出版社 2011 年版。

合作区条例》《深圳市前海深港现代服务业合作区管理局暂行办法》和《深圳前海湾保税港区管理暂行办法》。2021 年，开发区的最高立法实现了突破。2021 年 6 月 10 日，第十三届全国人大常委会第二十九次会议表决通过《海南自由贸易港法》，使海南自贸港这一世界最大的特殊经济功能区建设有了一部具有统领性的法律，让各项改革于法有据，这在我国新一轮改革开放和开发区建设历程中具有里程碑的意义。

一、立法相对滞后

开发区在政策主导中国转型的总体框架下，表现出我国开发区以政策调整为主，缺失中央统一立法，进行中的统一立法历程艰难，同时立法资源分散，模式各一，并且开发区立法的内容更多是强化开发区管理机构或管委会与传统行政区体制的分工与合作，内容主要在亲商的经济导向安排，对于开发区设立准入退出条件、政府自身建设、实质性创新举措和社会政策或公共服务均等化的规定相对较少。地方立法更多规定的是对开发区管理机构进行综合性授权，但这又不周延，难以满足开发区的治理需求。同时，地方立法碎片化，导致相当多的开发区未能受到法律调整，管委会的权力安排更多表现于地方政府的政策，当地政府及有关部门的行政委托授权、范围和强度依赖于领导意志，缺少稳定性、统一性，这影响了开发区治理的稳定预期。

（一）法律渊源位阶低、碎片化且不周延

1. 缺少统一立法。统一立法不但表现为缺失最高立法，而且表现为对开发区类型的分别规制，分别对经开区、高新区进行立法，自贸试验区亦然，国务院下发的各个自贸试验区总体方案通知，只强调各地要加强地方立法。但地方立法有对高新区与经开区统一立法的探索，如江苏省、河南省、江西省等。之前，国家拟将经开区、高新区两区统一立法，制定国家开发区条例，但尚未出台。[1]国务院办公厅发布的《关于促进国家级经济技术开发区转型升级创新发展的若干意见》（国办发〔2014〕54 号）没有提到中央立法，要求“各省、自治区、直辖市应根据新形势要求，因地制宜出台或修订本地区国家级经开区的地方性法规、规章”。2017 年 1 月，国务院办公厅发布的

〔1〕刘旭：“《国家级开发区管理条例》拟为开发区‘扩权’”，载《21 世纪经济报道》2007 年 6 月 19 日。

《关于促进开发区改革和创新发展的若干意见》（国办发〔2017〕7号）亦然，只是要求“完善开发区管理制度和政策体系”“积极探索开发区法规规章建设”。实践中，存在“一区一法”的现象，对此，笔者表示质疑。一是“一区一法”造成立法资源浪费。开发区存在一定的共性，有统一立法的事实基础。开发区无论冠以何种战略使命，但是都存在很多共性，从先行先试权的配置安排到准入条件、产业发展、管理体制、社会管理、土地空间、基础设施建设、与周边区域关系等方面都存在很多共同点，有统一立法的现实基础和需求。二是导致法律成为开发区的“仆从”。立法的速度肯定永远赶不上开发区设立的速度，“一区一法”意味着很多开发区设立之初没有法律身份而只有政策身份，逻辑关系就变异为选择了开发区后才选择立法，就变成立法跟随着开发区跑，立法变成开发区创新下的立法，而不是法律下的开发区创新。

（1）全国人大及其常委会的法律层面。虽然开发区在中国改革开放的进程中举足轻重，但是缺少根本大法，在中央层面只有很少的规定。全国人大层面最早出现“开发区”字样的文件是1985年4月3日全国人大常委会时任副委员长陈丕显在全国人大六届三次会议上的报告，在该报告中，关于进一步开放沿海十四个城市的部分提及开发区。开发区在最高权力机关的一般性规定很少，1991年的《外商投资企业和外国企业所得税法》（已失效）规定了开发区的税收优惠，《科学技术进步法》第74条规定：“国务院可以根据需要批准建立国家高新技术产业开发区……并对科技园区的建设、发展给予引导和扶持，使其形成特色和优势，发挥集聚和示范带动效应。”但仅仅只有一条规定，开发区及其管委会的建制身份、权力运行的基本规则缺位。最高立法机关对于开发区的制度安排，主要体现在“决定”，如1980年的第五届全国人民代表大会常务委员会第十五次会议决定批准国务院提出的《广东省经济特区条例》，分别于1981年、1988年、1992年、1994年、1996年有关经济特区授权立法的决定〔1〕；2009年的全国人大常委会《关于授权澳门特别

〔1〕 1981年第五届全国人大常委会第二十一次会议通过关于授权广东省、福建省人大及其常委会制定所属经济特区的各项单行经济法规的决议。1988年第七届全国人大第一次会议通过关于建立海南经济特区的决议，授权海南省人大及其常委会制定所属经济特区的法规。1992年第七届全国人大常委会二十六次会议通过关于授权深圳市人大及其常委会和深圳市政府分别制定法规和规章在深圳经济特区实施的决定。1989年第七届全国人大第二次会议审议了国务院提请授权深圳市人大及其常委会和深圳市政府分别制定深圳经济特区法规和深圳经济特区规章的议案，决定授权全国人大常委会在深圳市依法选举产生市人大及常委会后，对国务院提出的上述议案进行审议，作出相应决定。据此，全国

行政区对设在横琴岛的澳门大学新校区实施管辖的决定》；自 2013 年以来对自贸试验区调整适用法律等的多次决定，2021 年 6 月 10 日第十三届全国人大常委会第二十九次会议通过《关于授权上海市人民代表大会及其常务委员会制定浦东新区法规的决定》。对于特区，2000 年通过的《立法法》第 65 条、第 81 条对经济特区授权立法作了直接规定。第 65 条规定：“经济特区所在地的省、市的人民代表大会及其常务委员会根据全国人民代表大会的授权决定，制定法规，在经济特区范围内实施。”第 81 条第 2 款规定：“经济特区法规根据授权对法律、行政法规、地方性法规作变通规定的，在本经济特区适用经济特区法规的规定。”此外，《立法法》对授权立法的一般性规定，也适用于经济特区授权立法，如“根据授权制定的法规与法律规定不一致，不能确定如何适用时，由全国人民代表大会常务委员会裁决”。“根据授权制定的法规应当报授权决定规定的机关备案。”对有关授权决定中的经济特区政府规章，《立法法》未作规定。在这里，需要强调的是，针对海南自由贸易港建设，2021 年，全国人大常委会出台了《海南自由贸易港法》，一部严格意义上的开发区最高立法终于诞生。

（2）国务院的行政法规和规定层面。一是针对国家经济技术开发区的。1984 年国务院发布的《关于经济特区和沿海十四个港口城市减征、免征企业所得税和工商统一税的暂行规定》（国发〔1984〕161 号，已失效），明确了经开区的税收优惠政策，这是第一部对经济技术开发区进行专门规定的行政法规。再次对经开区税收优惠进行规定有：国务院发布的《关于鼓励外商投资的规定》（国发〔1986〕95 号），1991 年的《外商投资企业和外国企业所得税法实施细则》（已失效），国务院发布的《关于改革和调整进口税收政策的通知》（国发〔1995〕34 号），国务院发布的《关于调整进口设备税收政策的通知》（国发〔1997〕37 号）。二是针对国家高新技术产业开发区的。1991 年国务院批准由原国家科委制定的《国家高新技术产业开发区高新技术企业认定条件和办法》（已失效）、《国家高新技术产业开发区若干政策的暂行规定》和原国家税务局发布的《国家高新技术产业开发区税收政策的规定》。在

（接上页）人大常委会在 1992 年作出了对深圳经济特区的授权立法决定。1994 年第八届全国人大第二次会议通过关于授权厦门市人大及其常委会和厦门市政府分别制定法规和规章在厦门经济特区实施的决定。1996 年第八届全国人大第四次会议通过关于授权汕头市和珠海市人大及其常委会、政府分别制定法规和规章在各自的经济特区实施的决定。

此需要说明，对于特定开发区立法，国务院只对北京中关村的开发区进行了立法——1988 年，经国务院批准，由北京市政府发布的《北京市新技术产业开发区试验区暂行条例》。因为，在《立法法》施行以前，即在 2000 年 7 月 1 日以前，我国行政法规的制定和公布均遵循《行政法规制定程序暂行条例》(已失效)。该条例第 15 条规定：“经国务院常务会议审议通过或者经国务院总理审定的行政法规，由国务院发布，或者由国务院批准、国务院主管部门发布。”2002 年 1 月 1 日《行政法规制定程序条例》正式实施。2004 年 5 月 18 日，最高人民法院发布的《关于审理行政案件适用法律规范问题的座谈会纪要》(法〔2004〕96 号）明确提出：“考虑建国后我国立法程序的沿革情况，现行有效的行政法规有以下三种类型：一是国务院制定并公布的行政法规。二是立法法施行以前，按照当时有效的行政法规制定程序，经国务院批准、由国务院部门公布的行政法规。但在立法法施行以后，经国务院批准、由国务院部门公布的规范性文件，不再属于行政法规。三是在清理行政法规时由国务院确认的其他行政法规。”三是针对自由贸易试验区。自 2013 年起，国务院先后出台《关于在中国（上海）自由贸易试验区内暂时调整有关行政法规和国务院文件规定的行政审批或者准入特别管理措施的决定》（国发〔2013〕51 号)、《关于在中国（上海）自由贸易试验区内暂时调整实施有关行政法规和经国务院批准的部门规章规定的准入特别管理措施的决定》(国发〔2014〕38 号）等多批行政法规。

（3）部门规章和规范性意见层面。如最早的 1996 年 11 月 4 日原国家科委发布《国家高新技术产业开发区管理暂行办法》（国科发火字〔1996〕061 号)，其他更多的是技术性规范、优惠政策性的安排。但是现实中，由于我国立法供给尤其是中央立法供给不足和大国的“条块体制”，在开发区的制度创新中，部门规章、规范性文件起着关键性作用，中央部委的制度供给举足轻重。对于目前的自贸试验区所涉及的改革创新事项更多涉及中央事权，尤其是金融，中央部委的规范性文件发挥了关键作用。

2. 地方立法碎片化。由于缺少中央统一立法，地方立法是当前开发区的立法模式。1985 年天津市人大常委会制定了我国第一部国家级经济技术开发区地方性法规——《天津经济技术开发区管理条例》，随后国家级开发区所属省份纷纷制定了相关条例，并且呈现出碎片化、同质化的特点。关于开发区的地方立法，21 世纪之交是分水岭。在 2000 年以前，开发区本身是新生事物，创新性边际试错，立法也是“摸着石头过河”，主要以法律创制试错为主，如天津、上海、北京、江苏、吉林、河北、广东、四川、杭州等省市制定了各自的开发区管理条例。2000 年之后，尤其是入世之后，经济变革、扩大开放、法制环境变化以及开发区自身的发展壮大，为与时俱进，制度供给匹配开发区发展形势需求，各省市纷纷开始修正开发区条例，如 2001 年至 2002 年浙江修正了杭州、宁波、温州、萧山的开发区条例，天津、广州、西安、江苏等亦修改了本区域的经济技术开发区条例。随着，中西部大开发战略的提出，开发区向中西部复制推广，中西部地区开始创制本区域的经济技术开发区管理条例。鉴于开发区立法的立法性，根据《行政许可法》精神，国务院决定和地方规章只能临时性授权，部门规章不得授权。《行政许可法》第 14 条第 2 款、第 15 条第 1 款规定：“必要时，国务院可以采用发布决定的方式设定行政许可。实施后，除临时性行政许可事项外，国务院应当及时提请全国人民代表大会及其常务委员会制定法律，或者自行制定行政法规。”“……省、自治区、直辖市人民政府规章可以设定临时性的行政许可。临时性的行政许可实施满一年需要继续实施的，应当提请本级人民代表大会及其常务委员会制定地方性法规。”这说明目前开发区及其管理机构的权限更多来自地方性法规。

目前来看，开发区立法模式多样，以省级立法为例有几种模式：一是没有全省的统一开发区立法，仅对个别国家级开发区进行立法。这种模式最多，广东最具代表性，只针对省内的广州开发区、湛江经开区进行特别立法，但是广东有国家级经开区 5 个、高新区 9 个，省级开发区 100 多个；二是对全省的国家级及省级开发区进行统一立法，如山东 、江苏、江西等；三是省级开发区进行统一立法，如吉林、安徽；四是对全省的国家级及省级经开区进行统一立法，同时针对个别高新区单独立法，如湖北；五是对国家级及省级经开区统一立法，同时对国家级及省级高新区进行统一立法，如河北；六是对国家经开区、高新区及省级开发区进行统一立法，只有河南，即使笔者统计可能有遗漏，但是可以肯定地说相当数量的开发区游离于法律之外，管委会不是法律、法规授权的组织，只是由所在地政府授权，必然权限不一、授权合法性缺失；七是对自贸试验区及其各片区的并举立法，如广东、福建。由于广东自贸试验区是整合广州南沙、深圳前海、珠海横琴三大国家战略功能区设立的，原先就有地方立法或已启动地方立法，如深圳前海的“一条例、两办法”即《深圳经济特区前海深港现代服务业合作区条例》《深圳市前海深港现代服务业合作区管理局暂行办法》《深圳前海湾保税港区管理暂行办法》；再如《珠海经济特区横琴新区条例》《广州市南沙新区条例》。同时，在省一级层面制定立法，各个自由贸易试验区纷纷出台条例，如《中国（上海）自由贸易试验区条例》（2014 年）、《中国（天津）自由贸易试验区条例》（2015 年）、《中国（广东）自由贸易试验区条例》（2016 年）、《中国（福建）自由贸易试验区条例》（2016 年）、《中国（浙江）自由贸易试验区条例》（2017 年）、《中国（陕西）自由贸易试验区条例》（2021 年）等。

3. 地方立法尚不能满足开发区先行先试权配置的需求。虽然地方在开发区模式的法治化方面进行了试错，但是中央一直对地方立法作出的积极探索保持观望，没有上升到国家层面进行统一立法，使开发区的地方先行先试的创新与自我授权的失范并存，导致一定的机会主义行为。

（1）地方性法规。《立法法》第 73 条第 2 款规定，除中央专属权之外，地方立法可进行立法创新。这可解释为一种法律化的“先行先试”制度创新授权。但是在“条块体制”下，地方的空间很少，地方为了处理好与中央的关系，运行逻辑是报中央政府及相关部门批准后再进行“制度创新”。随着改革开放的推进和中央逐步收权、加强管控，地方的改革自主权空间相对狭窄，尤其是对标国际高标准经贸规则，改革创新动辄触及中央事权。在笔者承担的相关开发区课题当中，涉及制度创新，并向上争取政策支持时，地方的制度性、规则性创新空间日趋缩小，亟待国家顶层立法赋予开发区尤其是自贸试验区更大的改革自主权。《海南自由贸易港法》的出台也是基于对标先进世界自贸港，对开发区自主改革创新权的反思，从而对地方的选择性松绑迈出了重要的一步。

（2）变通立法。开发区为国家试验的使命和功能，相应的先行先试权配置本应于法有据，明确先行先试权的主体、类型、领域、权限、程序和责任等内容，但是囿于政策驱动的路径依赖，先行先试权时常表现为政策授权或行政自我授权。为保障授权合法性，地方立法权积极作为，以变通获得合法性，但在法理上值得商榷。《立法法》规定了民族自治地区和经济特区的变通立法权。《立法法》第 74、75 条规定：经济特区法规根据授权对法律、行政法规、地方性法规作变通规定的，在本经济特区适用经济特区法规的规定。自治条例和单行条例依法对法律、行政法规、地方性法规作变通规定的，在本自治地方适用自治条例和单行条例的规定。在法治建设日趋完善的当下，应严格解释，变通立法不涉及《立法法》第 8 条规定的中央专属立法权。但是，开发区的许多创新任务涉及《立法法》第 8 条第 9 项的规定，即“基本经济制度”和“财政、税收、海关、金融和外贸的基本制度”。尤其是自由贸易试验区人民币国际化创新涉及的是整个国家货币改革全局的试点，加上中国的“条块体制”，地方立法无法满足开发区的制度创新需求，出现制度供给短缺。是否可认为，国务院批复文件就是合法授权依据？根据法治精神，国务院批复文件涉及中央专属立法的不能自我授权，即使全国人大及其常委会授权国务院的相对保留事项，依据《立法法》相关规定，国务院也没有转授权。该法第 12 条规定：“被授权机关应当严格按照授权决定行使被授予的权力。被授权机关不得将被授予的权力转授给其他机关。”

（二）立法内容不全面

开发区立法内容存在较多的法律空白，立法内容上权力与权利不均衡。鉴于自贸试验区聚焦与对标国际高标准经贸规则的制度创新，2013 年以来的各地自贸试验区立法到 2021 年的《海南自由贸易港法》对投资和贸易自由化便利化、金融改革创新等要素流动便利自由浓墨重彩，相应对其他社会民生领域规定较少。但是历经将近 40 年发展的开发区，园区发展已经注重经济发展和社会建设并举，但在省级开发区立法中依然存在内容失衡的问题。以江苏省为例，2019 年，江苏省总结了高质量发展的“三大法宝”，包括园区经验、昆山之路、张家港精神。江苏省国家级园区是全国省份中最多的，截至 2020 年 12 月，江苏省共有省级及以上开发区 131 个，国家级开发区 46 个，其中，国家级经济技术开发区 26 个，国家级高新技术产业开发区 17 个，数量均居全国第一，连续多年创造了全省 1/2 的地区生产总值和地方公共预算收入，完成了全省 4/5 的进出口总额，吸纳了 4/5 的实际使用外资，但是在 2018 年 5 月 1 日施行的《江苏省开发区条例》，共 5 章分别是“总则、规划与建设、整合优化、管理体制、服务保障、附则”等，共 44 条的多数内容是亲商的经济条款。所以说，目前开发区的立法内容总体上有失偏颇，出现：①行政权赋权安排较多。为了保障开发区的封闭运行，开发区立法将更多笔墨放在授权安排上，行政权的规范运行和法律责任篇章相对较少。同时，亲商的立法导致过于强调对投资者权益的保障，对投资者合法经营义务的强调和劳动者权利、农民权利保障的规定相对较少。②开发区及其管委会的法律地位没有明确。③开发区及管委会设立的依据没交代清楚。④对开发区及其管委会的设立标准、程序及开发区退出标准、退出程序没有规定，成为终身制。⑤对管委会的行政行为规范和法律责任规定较少，但是《中关村科技园区条例》（已失效）作出了有益的探索。⑥对劳动者和农民集体土地的保障条款较少，体例安排上更多是规定开发区管理机构的行政权，但有关劳动者和农民集体土地的保障的规定较少。

（三）立法政策化趋向〔1〕

1. 对既有政策的立法认可。由于开发区缺少根本大法，开发区地方法律更多是对政策的立法确认，如广州开发区条例优惠待遇的规定、各地开发区有关投资促进的规定，各地自贸试验区条例也出现了相关问题。而政策本身的易变性、不稳定性导致开发区立法缺失稳定性，出现“法律跟在政策后面跑”“立法围着政策转”“政策牵着法律的牛鼻子”的局面。如《广州市南沙新区条例》被批是国务院批复的翻版。对此，广州市市人大法制委主任委员陈小清一针见血地指出：“制定南沙条例是根据国务院下批的南沙新区发展规划来制定的。”

2. 立法技术政策化。法律与政策混同，立法上出现大量鼓励、允许的政策性话语，缺少法律的假定条件和法律后果的逻辑规范，即使最新的立法也难以避免，2013 年 12 月审议《广州市南沙新区条例（草案）》时，因立法政策化，“鼓励、允许”之类的表达太多。有人大代表认为：“这更像是一个政策性的文件，仍有很多‘鼓励’‘支持’的规定，这些规定应尽可能写具体。比如，鼓励港澳地区教育机构来办校，怎样支持？鼓励的政策是怎样的，都要写清楚。”“现在条文对真正解决具体问题没有太大实际作用。”

（四）对开发区本身的立法需求认识不足

对开发区的立法需求认识不够，这与法学对开发区的研究不足密切相关，法学对开发区的发展规律和动力机制缺乏研究，所以在立法体现上更像是搬迁。如对于《广州市南沙新区条例》有人大代表认为，“南沙新区应当创新社会矛盾化解机制，保证公共秩序和公共安全”的条款，“这与全市的要求都一样。应该是写一些南沙新区特殊性的、比其他区域更进一步的、先行先试的东西”。“条例应该解决一个‘特’的问题，很多东西放之四海而皆准，什么

〔1〕对于这部分的说明，部分参见孙莹、谭琦：“南沙新区条例‘空话太多’”，载《南方都市报》2013 年 12 月 26 日。

以人为本、民主公开，放在哪一级政府都没错。”笔者曾经与国家某一战略园区管理机构座谈时，提到开发区的中央立法问题，一位中层业务骨干领导明确反对不该进行统一立法，理由是束缚了开发区的创新。

（五）艰难的开发区统一立法

1. 高新技术产业开发区。早在1996年，原国家科委的《“九五”期间科技立法规划》明确提出“九五”期间制定《国家高新技术产业开发区法》，明确国家高新区的发展方向及国家扶植其发展的政策和措施，确立高新区的管理体系，通过立法保障高新区的发展。全国人大常委会分别于1997年12月、1999年6月对《国家高新技术产业开发区法（草案）》进行了审议，但分歧较大，最终搁浅了。2000年《立法法》第39条规定：“列入常务委员会会议审议的法律案，因各方面对制定该法律的必要性、可行性等重大问题存在较大意见分歧搁置审议满两年的，或者因暂不付表决经过两年没有再次列入常务委员会会议审议的，由委员长会议向常务委员会报告，该法律案终止审议。”2002年8月16日，第九届全国人民代表大会常务委员会委员长会议根据2000年7月1日实施的《立法法》关于二次审议满两年的，应当终止审议的规定，认为《国家高新技术产业开发区法（草案）》自二次审议后过了3年，终止审议，成为依据《立法法》终止审议的一部法律草案。2007年7月，科技部的国家高新区“十一五”规划明确提出研究制定国家高新区管理条例，规范国家高新区的管理，积极推动省级人大立法工作。国家高新区“十三五”规划不再提立法之事。

2. 经济技术开发区。《关于促进国家级经济技术开发区进一步提高发展水平若干意见的通知》（国办发〔2005〕15号，已失效）提出，抓紧研究制定《国家级经济技术开发区管理条例》（以下简称《条例》）。商务部于2006年2月23日在北京经济技术开发区召开了“国家级经济技术开发区联席会议——国家级经济技术开发区立法研讨会”，全国人大法工委、原国务院法制办和北京、大连、天津、漕河泾、合肥、青岛、长沙、广州、成都、重庆经济技术开发区等10个开发区参加，对开发区法律地位不明确的问题，《条例》的上位法法律依据的问题，《条例》的立法目的、调整范围的问题，如何确定国家级开发区的管理职能、行政执法主体资格的问题，国家级开发区的土地管理问题以及促进区域经济协调发展等问题进行了讨论研究，并决定成立条例起草小组。[1]在起草《条例》的过程中，国务院领导指示经开区与高新区统一立法，2007年6月14日，商务部、科技部及原国务院法制办在武汉召集中部六个国家级开发区和高新区就《国家级开发区管理条例（草拟稿）》征求意见。[2]商务部关于国家经济技术开发区的“十一五”“十二五”发展规划都提出推动经济技术开发区统一立法，但是仍在进行当中。最新的中央文件，国务院办公厅发布的《关于促进国家级经济技术开发区转型升级创新发展的若干意见》(国办发〔2014〕54号)不再提统一立法，而是强调开发区的地方立法。

二、政策主导

目前，开发区立法碎片化，规则主要表现为政府文件、地方立法及党政机构编制部门的“三定方案”，政策主导，就是国家发展规划提及开发区立法也是在开发区政策保障下的低位提出和运行的，如国务院办公厅发布的《关于促进国家级经济技术开发区转型升级创新发展的若干意见》(国办发〔2014〕54号)，是在体制机制创新下面提出的开发区立法，如“……（六）坚持体制机制创新。各省、自治区、直辖市应根据新形势要求，因地制宜出台或修订本地区国家级经开区的地方性法规、规章，探索有条件的国家级经开区与行政区融合发展的体制机制，推动国家级经开区依法规范发展”。商务部的国家经开区“十一五”“十二五”规划中关于涉及开发区立法的内容都是在政策措施大项下的子项进行规定的。“十一五”规划的第六部分“完善政策支撑体系”下规定“关于行政管理体制改革。依法制定《国家级经济技术开发区条例》和……地方性法规和地方政府规章……完善行政管理体制”。立法目的在于“进一步明确管理委员会的法律主体地位和管理职权”，而不是在立法上整体规范开发区，不是使开发区成为“规则下的选择”。“十二五”规划第五部分“政策措施”下规定：“积极推动依法治区”目的也是在于行政管理体制机制创新。国家高新区亦然。

---

〔1〕参见“商务部召开国家级经济技术开发区立法研讨会”，载 http://unn.people.com.cn/GB/41494/41925/4245416.html，最后访问日期：2015年8月10日访问。

〔2〕参见刘旭：“《国家级开发区管理条例》拟为开发区‘扩权’”，载《21世纪经济报道》2007年6月19日。

（一）开发区成为“政策规则的选择”

由于人类的理性有限性和知识的分散性，制度变迁的常态是渐进式、试错性的，所以，在中国的大国体制下就有了先行先试的开发区体制。实践中的运行逻辑表现为：行政决策设立开发区及管理机构→按权限报批→进行立法或不予立法→财税、土地、人力等要素不平等投入。开发区及管理机构的设置、开发、管理、运行等全过程以政府文件为主导，开发区的行政权配置政策化，依赖要素的高强度供给，形成了与一般区域不同的政策租金，政府设租、招租与企业寻租互动，缺失最高立法的规范，开发区本身就是一种制度创新方向，或一种“政策规则的选择”。在全面深入改革和对外开放新时期，新一轮国家改革开放的战略功能区——自贸试验区亦然，从中央到地方密集出台支持政策，涉及综合、金融、商务、文化、专业服务业、海关、检验检疫、商事登记、质检、财税、司法、人才等领域，涉及法律的主要是全国人大常委会调整法律适用的决定、各省级人大常委会的条例，还有就是2021年6月颁布的《海南自由贸易港法》。2021年6月发布的《海南自由贸易港建设白皮书（2021）》正文中“政策”字样出现67次、“法律”字样出现4次、“法规”字样出现7次，附录中有中央及省135个重点政策文件名称及文号。

（二）设立依据政策化

由于开发区缺失统一立法，中央和国家的两级审批体制，决定了开发区的准生证只能是政府的红头文件，最早一批开发区的准生证是《沿海部分城市座谈会纪要》（中发〔1984〕13号），即使是国家顶级战略开发区也不例外，相应管委会设置依据包括组织形式、机构设置和人员配置必将体现为党的编制部门文件，之后的地方立法大都是对之前政策的认可，将政策法律化。如设立福建平潭新区的直接依据就是国务院发布的《关于支持福建省加快建设海峡西岸经济区的若干意见》（国发〔2009〕24号），之后国务院“原则同意”，并批复《平潭综合实验区总体发展规划》。鉴于政策的路径依赖，平潭立法滞后，对平潭新区国家政策的立法认可都尚未出台。深圳前海、珠海横琴的依据是《珠江三角洲地区改革发展规划纲要（2008—2020年）》，之后国务院常务会议“原则同意”，并批复总体发展规划，横琴新区管委会由中央机构编制委员会办公室批复设立，为广东省人民政府派出机构并委托珠海市人民政府管理，规格为副厅级，深圳前海管理局由深圳市编制办公室批准设立，为深圳市政府的直属机关，但是值得提出的是，深圳对政策进行了立法上确认，明确了管理局是依据《深圳市前海深港现代服务业合作区管理局暂行办法》设立的法定机构。目前的21个自贸试验区都是依据党中央、国务院会议决策设立的。

（三）设立标准政策化

开发区的认定标准和程序基本上体现为行政体系内部流转文件，表现为下级政府申报的工作指引，变动性大。在2003年，开发区整顿时，停止审批。2008年国际金融危机爆发后，开发区申报工作又放开，随意性大，标准和依据均为政策性文件，如商务部发布的《省级开发区升级为国家级经济技术开发区的审核原则和标准》《国家级经济技术开发区扩建审批原则和审批程序》，科技部发布的《国家高新区扩区、改变区位和省级高新区升级的审批原则和审批程序》。

（四）“特权”配置政策化

对于开发区优惠政策，如财政、税收、海关、出入境检验检疫等的赋权以政策化为主，“特权”获取方式是通过政策争取而不是立法授予。如国务院办公厅转发商务部等部门的《关于促进国家级经济技术开发区进一步提高发展水平的若干意见》（国办发〔2005〕15号，已失效）规定，国家级开发区管委会行使所在地政府市级行政管理权限。部分开发区管理机构如广东的深圳前海管理局、珠海横琴管委会、广州知识城管委会、广州南沙新区管委会的省级经济管理权限的配置或者是由国务院批复的总体规划配置或是广东省政府出台目录意见配置，各种先行先试的“特权”配置基本上是上级政府的批复。

（五）责任追究政策化

由于缺失立法规制，经济建设为中心的选择性激励难以避免会造成各种违法现象，尤其是土地资源滥用、侵犯农民权益。但是在责任追究上更多是运动性的整顿、暂停审批，如21世纪初，开发区蔓延、泛滥、随意减免税收，从国务院及各部委到地方政府都是出台各种整顿文件，清理开发区，未见有立法，如国务院发布的《关于严格审批和认真清理各类开发区的通知》（国发〔1993〕33号）、《关于严禁开发区和城镇建设占用耕地撂荒的通知》（国办发〔1992〕59号）、《关于暂停审批各类开发区的通知》（国办发明电〔2003〕30号）、《关于清理整顿各类开发区加强建设用地管理的通知》（国办发〔2003〕70号）；国家发改委、原国土资源部、原建设部制定并经国务院批准的《清理整顿开发区的审核原则和标准》（发改外资〔2005〕1521号）。

（六）开发区管理机构性质界定政策化

对开发区管理机构性质界定在中央层面出现在上述国办发〔2005〕15号的规定，其将管委会界定为所在地政府的派出机构。国家经开区的“十一五”“十二五”发展规划都提到管委会的派出机构性质。鉴于派出机构的审批和编制约束，有些地方将开发区管理机构界定为事业单位，列为政府的直属机构，如升为国家级高新区之前的广东东莞松山湖管委会。在此，要提及深圳前海管理局，在事业单位分类改革的形势下，深圳将前海管理局界定为法定机构，但是由于目前政府编制类型没有法定机构类别，只好将管理局登记为事业单位，作为市政府的直属机构，所以，法定机构不是机构性质问题，更多是行政管理运行机制的问题。由于开发区没有统一立法，管委会的性质界定只能依附于现有的组织类型体系，但现有行政机关或机构的组织规则中并无管委会的类型，就只能在事业单位上去依附。然而事业单位自身在分类改革，行使行政权的管委会要转型为国家机关，事业单位型的管委会要转型为国家机关就只能使开发区政区化。这与管委会去行政化、开发区去行政区化的体制创新战略背道而驰。因此，应尽快统一立法，破除国家行政主体身份，从社会行政主体的视角去明确管委会的身份性质，这在后面章节笔者将进行进一步的阐述。

第二节　开发区制度“表达”政策化引发的问题

开发区是中国主动融入全球化的产物，治理安排或权力配置要符合现代体制的底线要求。政策主导的开发区制度变革，对促进开发区发展扮演了积极的角色，但是由于开发区法治建设相对滞后，把开发区改革创新的承诺建立在政策之上，存在国际公信力、市场公信力的问题，一定程度造成了开发区机会主义现象。目前，开发区由于制度供给不足，政策的任意性，权力缺乏有效管控，造成了开发区蔓延现象，向传统体制复归，机构膨胀，法律身份不明，弱势群体的权利未能得到有效保障，权力与权利存在一定的错配，这影响了开发区的健康发展。

针对开发区的乱象，学界也进行了一定的研究，分析了制度供给不足所衍生出的一系列问题。如开发区制度供给不足，造成了开发区没有行政区划代码、管委会没有行政执法主体资格、行政主体地位不明及其实施的行政行为效力不明、出让土地行为无效、户籍及住房等社会管理问题，〔1〕也造成了机构日益膨胀、权力缺少制约监督、向传统体制复归的压力大、效率降低，〔2〕还造成了权限模糊而关系不畅、权力运行随意而缺失理性、授权不明而职权缺失。〔3〕中央也认识到开发区管委会的负面激励，《关于暂停审批各类开发区的通知》（国办发明电〔2003〕30号）指出，“……有些地方也出现了不顾实际条件，盲目设立和扩建名目繁多的各类开发区，造成大量圈占耕地和违法出让、转让国有土地的现象，严重损害了农民利益和国家利益”。随后，国家开始清理。国家发展和改革委员会、原国土资源部、原建设部发布的《关于全国各类开发区清理整顿工作总结报告》说明，经过几年清理整顿，截至2006年12月底，全国开发区数量由6866个减少到1568个，减少77.2%，规划面积由3.86万平方公里压缩到9949平方公里，减少74.0%。2015年6月29日，国家审计署原审计长刘家义向十二届全国人大常委会第十五次会议作了《关于2014年度中央预算执行和其他财政收支的审计工作报告》，报告指出，土地利用和耕地保护方面，国家审计署抽查的236个城市新区中，有88个突破土地或城市规划，152个占用的12.21万公顷土地长期未用，1742个地方开发区中，违规审批设立的有1135个（建成面积69.1万公顷），还有553个违规扩区379.15万公顷。

一、向传统体制复归

（一）政区化

开发区已逐步从单一经济功能区向经济社会综合功能区转型升级，尤其是公共服务和社会管理需求的增加，导致管委会职权供给不足与开发区治理需求大的矛盾越来越突出，有些开发区先后政区化，如青岛经济技术开发区与黄岛区、青岛高新区与崂山区、广州南沙开发区和南沙区、苏州高新区和虎丘区、宁波经济技术开发区和北仑区、乌鲁木齐高新区与头屯河区、常州

---

〔1〕参见朱泳、姜诚：“论开发区的法律地位与开发区的政区化”，载《江汉大学学报（社会科学版）》2009年第3期。

〔2〕参见姜杰：《体制变迁与制度设计——国家级经济技术开发区行政管理体制研究》，经济科学出版社2008年版。

〔3〕参见潘波：“开发区管理委员会的法律地位”，载《行政法学研究》2006年第1期。

高新区与新北区，广州高新区、经开区、出口加工区、保税区“四区合一”的黄埔区，还有升级后的无锡新区、天津滨海新区及上海浦东新区等。有学者认为，“政区化是开发区发展的必由之路”，〔1〕认为政区化可以为开发区发展提供坚强的法律保障和全面的政策支持，有利于优化区域内的资源配置、有利于协调各职能部门之间的关系、有利于在局部范围内形成产业聚集和产业链、有利于培养更高层次的管理人才。〔2〕这些，都有悖于国家对开发区赋予的体制创新之战略定位，如《国家高新技术产业开发区技术创新纲要》（国科发火字〔2005〕16号）将国家高新区定位为“深化科技、经济体制改革和创新的试验区”，但是制度供给不足，影响了开发区改革创新的可信承诺预期。在实际运行当中，造成了机构膨胀、职能无法细化、形成上下统一和左右对齐的条块体制。但是中央的破解之道仍然是政策性行政控制手段，如“2005年，广州开发区并入新成立的萝岗区时，商务部屡次警告，甚至以取消国家级开发区头衔相‘威胁’”。〔3〕国务院时任副总理吴仪在2004年的全国经济技术开发区工作会议上要求：“国家经济技术开发区要区别于城市的行政区，坚持长期以来的‘管委会’模式，保持集中精简、灵活高效、亲商务实的管理和运行机制，进一步降低管理成本，提高办事效率。”并“通知”要始终坚持体制创新，“国家级经济技术开发区不与所在行政区合并管理或取消管委会建制”。〔4〕当下，政区化的表象越来越少，为发挥好功能区与行政区的比较优势，二者融合的体制机制创新越来越普遍，如昆山高新区与玉山镇融合、珠海横琴新区与横琴镇融合、东莞松山湖对片区镇的统筹等。

（二）机构设置行政区化

随着开发区发展，人口越来越多，治安、社保公积金、教育、医疗、文化体育、计划生育、户籍管理等社会问题接踵而来，管委会原有的经济功能主导的机构设置难以满足社会管理需求，基于“封闭运行”和模仿行政区条块体制的路径依赖以及管委会自身编制最大化、预算最大化的经济人理性，

---

〔1〕参见朱泳、姜诚：“论开发区的法律地位与开发区的政区化”，载《江汉大学学报（社会科学版）》2009年第3期。

〔2〕参见韩伯棠、方伟、王栋：“高新区与经开区的趋同趋势及两区合一的管理模式研究”，载《特区经济》2007年第4期。

〔3〕参见陈新焱、杜蕾：“双面开发区——一个政经混合体的膨胀史”，载《南方周末》2011年第5期。

〔4〕参见《关于促进国家级经济技术开发区进一步提高发展水平若干意见》（已失效）。

导致纷纷设立行政区体制机构，管委会精简、效能、统一的机制逐渐被化解，事实上成为一个新的行政区。早在2013年6月3日，笔者对广东某经济技术开发区工作人员的访谈时，其说道：“镇街设置的部门，我们也要设置，与镇街名称不对齐的部门，我们园区要将部门名称改掉。”“编制多了，人员也好安排，队伍也可壮大，相应的经费也会增多。”这说明，由于缺失法律刚性约束，开发区机会主义现象日趋严重，这也体现在行政区化的开发区当中。早在2013年5月9日，笔者对广州开发区某招商人员进行访谈时，其说道：“我们开发区变成行政区后，管委会这块牌子继续留着，一方面便于与中央沟通交流和横向与其他园区合作，争取更多的政策支持，另一方面也方便融资，现在国家清理地方融资平台，但是我们也是功能区，不是纯粹的行政区，融资政策相对来说会宽松点。还有，对于我们招商引资帮助是很大的，毕竟开发区在国际上有一定的品牌效应。反正一句话，博采众长，充分利用好两种体制优势。”由于，我国的资源配置和城市等级挂钩，地方为突破这种资源配置行政区等级身份制，纷纷谋划建设国家级省级功能区以获取更多的上级资源，有时忽视了自身精简、高效、统一的体制机制创新。

二、权力缺乏有效制约

（一）不良的税收竞争

虽然政府税收竞争可以约束政府的财政自利行为，限制公共权力滥用，但是违法的、过度的税收竞争，致使财政收入总量下降，同时违反税收法定主义。税收法定主义和依法治税是税收的灵魂和生命线，税收减免、返还、延缓必须依法进行，但是一些开发区违法以各种名目为企业及其高管、科研人才减免税收或税收返还。2000年，国家税务总局对全国开发区税收优惠政策进行清查，在2527个园区中，发现1000多家企业区内注册、区外经营，占比被查企业的50%，擅自降低税收优惠门槛和擅自扩大税收优惠适用范围、提高比例、延长期限、违规减免，致使税款流失4.3亿元。同时清理出违反税法的地方涉税文件88份。[1]2011年，国家审计署审查时发现：从2008年到2009年6月，有7个省级、59个省以下地方政府及园区为招商引资，自行

---

〔1〕 王淑玲、郑钢：“有害税收竞争及其启示”，载 http://www.chinaacc.com/new/287/292/338/2008/8/hu79321246013880021092-0.htm，最后访问日期：2015年9月22日。

出台税收优惠政策，采取减免、先征后返、奖励、财政补贴等名义补贴企业，金额达125.73亿元。有4个省级、10个省以下地方政府及园区擅自以房或车补贴和人才奖励等名义，向2万多名企业高管返还个人所得税4.63亿元。这些都有违税法公平的精神。〔1〕2013年4月23日，笔者对河北省某经开区招商工作人员进行访谈，其说道："不要看有些园区经济数据很漂亮，但是真正的财税收入未必好，地方财税这块前几年基本上是还给企业了。假如是制造型企业，不会轻易搬厂，过几年后就有税收了。假如税收不优惠，其他地方优惠，企业就立马掉头走了。"在开发区竞争中，税收优惠是撒手锏，上海自贸试验区设立之初也千方百计争取税收优惠大餐，但是中央只给了点心，如将天津的融资租赁出口退税试点、飞机融资租赁试点、启运港退税、非货币对外投资增值部分的所得税分期缴纳、高端人才股权激励个人所得税分期缴纳（复制自主创新示范区）等，深圳前海、珠海横琴、福建平潭虽然国务院批复明确给予税收优惠政策，但是在争取中，也是路漫漫，花了多年时间。

对税收竞争现象，国家已经重视。党的十八届三中全会的《中共中央关于全面深化改革若干重大问题的决定》要求，深化财税体制改革，完善税收制度，按照统一税制、公平税负、促进公平竞争的原则，加强对税收优惠特别是区域税收优惠政策的规范管理。税收优惠政策统一由专门税收法律法规规定，清理规范税收优惠政策。2014年11月27日，国务院发布的《关于清理规范税收等优惠政策的通知》（国发〔2014〕62号），要求切实规范各类税收等优惠政策，全面清理已有的各类税收等优惠政策。但是在实际执行中，由于制度供给不足，大国治理的政策主导的路径依赖，税收清理举步维艰，2015年5月10日，国务院发布的《关于税收等优惠政策相关事项的通知》（国发〔2015〕25号），暂停税收清理。实际上，国家需要的是在开发区先行先试税制改革，探索构建适合经济新常态、发展新阶段的财政和税收体系，而不是搞区域税收优惠，造成不平等竞争。

（二）滋生开发区寻租

经营开发区的成本回收无非来自土地出让金和税收，但是跳楼价的土地

〔1〕参见马曼："平潭综合实验区个税政策或违反国家税法"，载 http://money.163.com/12/0221/13/7QPR3EFP00252G50.html，最后访问日期：2014年2月22日。

出让尤其是工业土地出让基本难以回收土地开发成本，税收扑向底线的恶性竞争导致财政收入受损，尤其对于引进完全出口导向型企业，开发区是赔钱赚吆喝。笔者经历过的几次招商谈判，政府贴息贷款、税收减免、土地出让金减免、无偿提供厂房条款时不时会出现。所谓的“产业大鳄”利用政府底线招商的软肋，到处寻租，如位于东莞东部工业园的东莞晨真光伏有限公司“忽悠”要打造130亿元的光伏基地，两年内获政府资助243.7万元，股东已缴纳的16亿元注册资本，其中东莞市政府7亿元、河南安阳市政府5亿元，剩下认缴股东宏伟数码没有缴纳。[1]除了项目审批外，在拆迁过程中，从落户调查、资产评估到签订征迁补偿协议、拆除房产等环节，都可能存有权力寻租空间。开发区作为地方经济发展的“特区”，主要以开发建设为主，开发的土地多、工程项目多、优惠政策多、重大项目运作密集、资金体量大，被赋予大量的人、财、物权，廉洁风险也随之增大。

（三）造成开发区蔓延

由于对开发区缺失有效的法律约束，各地设立的开发区一哄而上、开而不发、贪大求全，侵占基本农田，土地使用效率低，成为城市蔓延的主要推手。据统计，截至2004年4月20日，全国原有各级各类园区中已撤销3763个，规划用地面积已核减1.7万平方公里。但是，尽管面积大量核减，却仅退回土地1600多平方公里，复耕土地1100多平方公里。到2004年8月，全国清理出各类园区6866个，规划面积3.86万平方公里，超过城镇建设用地总面积（2003年底为3.25万平方公里）。全国省级以上园区实际开发面积仅占规划面积的13.51%，即2700平方公里左右。在已经占用或者开发的土地上，存在大量的土地闲置，闲置面积达43%。[2]至2006年1月，撤并园区4813家，收回土地2.5万平方公里，全国各地提出保留的园区共计2053家，缩减了70.1%，浙江省园区数量缩减比例最高，达82.23%。[3]国家审计署发布的《关于2014年度中央预算执行和其他财政收支的审计工作报告》指出，

---

〔1〕 参见代希奎：“东莞宏威数码涉嫌虚假注资被查　官方称退还政府注资不合理”，载《广州日报》2013年8月26日。

〔2〕 参见李振远、郑传芳：“推进土地管理制度创新，破解开发区土地制约难题”，载《福建农林大学学报（哲学社会科学版）》2011年第3期。

〔3〕 IUD中国政务景气监测中心：“历经四年整顿4813家开发区撤并”，载《领导决策信息》2006年第47期。

1742个地方开发区中，违规审批设立的有1135个（建成面积69.1万公顷），还有553个违规扩区379.15万公顷。

（四）自我授权的道德化创新

当下，存在着一些以开发区先行先试为名，不顾法律的规定进行一些所谓的创新，特事特办、先办事后规范，快点见成效，甚至有的地方存在突破法律的条条框框，不上报、自我审批，干了再说等现象，并且认为开发区的工作人员应该更具创新性，不要受制于“条条框框”。这种观念导致了开发区建设的法治化迟迟难以推进。假如“条条框框”本身就是不合法、不合理的文件规定，无疑是需要突破，但是如果是无视法律的规则而进行所谓的突破性创新行为则必须加以规范。“当个人在作选择时，无论是市场行为还是政治行为，它们赋予的政治的财货之一便是可辨别的经济利益”，“市场和政治之间的实质差别在于他们在追求不同利益时所处的条件，而不在于个人追求的价值或利益的种类”。[1]开发区管理机构及其工作人员不具有当然的道德优越性。

（五）开发区“长官意志”

法治“将权力关进制度的笼子”，防止权力机会主义，提供可置信的承诺，但是有的开发区脱法治化的“魅力型创新”，以领导意志为转移，削弱了开发区的可置信性。在笔者实证调研中，遇到一个开发区住宅地产化的现象，毫无疑问开发区的发展会从单一工业园区走向产融结合的城市新区，需要一定地产功能和支撑，但是以住宅地产为主导，则完全偏离了开发区的发展定位。

（六）开发区及其管理机构的法律“身份”不明

法治国家要求“法律下的改革创新”，但是作为遍布神州大地、改革开放的先行先试者——开发区，《宪法》《地方各级人民代表大会和地方各级人民政府组织法》以及中央政府层面的行政法规，均无开发区以及开发区管委会的相关规定，存在脱离上位法支撑的地方立法创新，使开发区管理机构行使国家权力的合法性受到质疑。一是空间区划的基本法缺失。开发区以及开发区管委会在宪法中的地位缺失。《宪法》第30条第1、2款规定：“中华人民共和国的行政区域划分如下：（一）全国分为省、自治区、直辖市；（二）省、自

〔1〕［美］詹姆斯·麦·布坎南：“经济政策的宪法”，载柳适等编译：《诺贝尔经济学奖得主演讲集1969~1997》，内蒙古人民出版社1998年版。

治区分为自治州、县、自治县、市；（三）县、自治县分为乡、民族乡、镇。直辖市和较大的市分为区、县。自治州分为县、自治县、市。”《宪法》第二章（国家机构）第五节（地方各级人民代表大会和地方各级人民政府）第 95 条规定：“省、直辖市、县、市、市辖区、乡、民族乡、镇设立人民代表大会和人民政府。……自治区、自治州、自治县设立自治机关。……”由此可见，在我国现行的行政区划序列中，开发区既不是一级行政区划，也不属于宪法规定的任何一种地方性政权。二是主体地位的组织法缺失。《地方各级人民代表大会和地方各级人民政府组织法》第 7 条规定：“省、自治区、直辖市、自治州、县、自治县、市、市辖区、乡、民族乡、镇设立人民代表大会。”第 85 条规定：“省、自治区的人民政府在必要的时候，经国务院批准，可以设立若干派出机关。县、自治县的人民政府在必要的时候，经省、自治区、直辖市的人民政府批准，可以设立若干区公所，作为它的派出机关。市辖区、不设区的市的人民政府，经上一级人民政府批准，可以设立若干街道办事处，作为它的派出机关。”依据该法，开发区管委会既不是各级人民政府本身，也不是地方各级人民政府的派出机关，其行政主体地位缺失。

（七）合法性不足衍生行政主体资格困境

由于国家层面的立法滞后，中央文件和地方立法基本上将开发区管理机构界定为所在地政府的派出机构，而派出机构的法律身份缺失独立性，缺失行政主体资格，导致开发区在实际运行中存在“合法性危机”。虽然地方立法授权管委会行使相关权力，但是由于缺失中央基本法和组织法的上位法支撑，地方立法在法理上则属于委托性权力，不属于职权性权力，最后责任承担方仍然属于相关法定职权的职能部门，在司法上难以获得支持。如 2005 年 6 月 18 日最高人民法院发布的《关于审理涉及国有土地使用权合同纠纷案件适用法律问题的解释》（法释〔2005〕5 号）第 2 条第 1 款明确规定“开发区管理委员会作为出让方与受让方订立的土地使用权出让合同，应认定无效”。《土地管理法》和《城市房地产管理法》明确规定，土地使用权出让合同的出让方为市、县人民政府土地管理部门，其他政府部门无权出让。因此司法解释明确将不具备法定主体资格的开发区管委会与受让人订立的土地使用权出让合同按无效合同处理。对于行政主体资格的困境论述，笔者将在后面章节专门阐释，在此，不再赘述。

三、弱势群体权利保障还需完善

（一）农民土地权利保障问题

计划经济时代，城乡分治将大量土地权利配置给农村集体，以减少先天产业支撑不足的城市负担。随着，改革开放以来工业化和城市化的推进，城市空间扩展需要土地资源以城市为优先进行重新配置。理论上，这种重新配置应该是从农民集体通过市场化手段交易获得。而实际上，国家通过立法垄断土地一级开发和强制征地拆迁手段，甚至个别地方违法征地、不按法定标准补偿和安置、截留挪用补偿费用，低价或者无偿获得土地，再以低于土地开发成本的方式补贴园区企业。开发区获得土地之后，主要通过两种方式进入市场：一是将土地注入园区国有开发公司，园区国有开发公司通过土地合资、以地抵押、以地招商等方式进入土地市场；二是通过土地定向选择性“招、拍、挂”进入市场。二者在土地定价机制上都不尽合理，将农村集体和地方财政的地租剩余转移给企业，对失地农民的权益保障不够完善。同时，开发区和企业并存圈地现象，大量的土地没有集约使用和荒废闲置，甚至变相搞房地产。对此，有些失地农民经常会“游击性地”进行抗争，如在闲置土地上进行种植、养鱼、养猪等农业活动，政府征地拆迁人员来过问时，就抗争，并妥协地答应，当企业进驻要用地时就无条件恢复原状。

（二）劳工权益保障问题

农民工大量流动到开发区，为开发区经济增长做贡献，但是开发区在享受人口红利的同时却在公共服务供给方面表现滞后，如子女教育、医疗、户籍等农民工市民化问题。开发区服务亲商化，税收流失和土地收入流失影响了开发区公共服务供给能力。同时，对农民工现行权益保障不到位，如企业违法用工、超时加班、加班工资、社保公积金购买违规等情况均有存在。

第三节　开发区制度的应然“表达”：法律主导

市场经济就是法治经济，先行先试权应在法律下配置和运行。我国正式文件中，先行先试第一次出现在国务院发布的《关于推进天津滨海新区开发开放有关问题的意见》（国发〔2006〕20号）中，此后又先后在《关于进一步推进长江三角洲地区改革开放和经济社会发展的指导意见》（国发〔2008〕

30号)、《珠江三角洲地区改革发展规划纲要（2008—2020年）》(国函〔2008〕129号)《关于推进上海加快发展现代服务业和先进制造业建设国际金融中心和国际航运中心的意见》（国发〔2009〕19号）等文件中出现。针对本书选定的开发区样本则出现在国务院对深圳前海、珠海横琴、福建平潭、自贸试验区等文件批复中。中国开发区的“先行先试”主要由党政部门发起，系统内部授权在特定区域内进行以市场化经济体制创新为主的改革试验。特征主要有：一是授权性，授权主体主要是党中央、国务院，立法机关更多是配合性；二是创新性，主要是经济制度改革创新为主，允许试错；三是区域性，地方争取和中央选定特定区域进行试点。虽然开发区在法治创新上先行先试，起到了很好的示范效应，尤其是海南自贸港的立法、深圳前海的社会主义法治示范区的定位和中关村科技园区立法的前瞻性，但是开发区历经30多年的发展，法治创新模式、根本性、突破性的亮点不多，即使国家唯一的社会主义法治示范区——深圳前海深港现代服务业合作区和各大自贸试验区，整体上，在法治创新方面也未超越第一批的开发区法治创新模式。法治精髓在于权利与权力的优化配置，“驯化公权”和保障私权，创设可信的承诺，形成合理的权力与权利的复合结构和科学的运行机制，实现权力有限但有效和权利保障但不滥用的多赢格局。开发区在我国改革开放探路的试错，正在不断扩展自生自发的市场秩序，但是权力配置（包括先行先试权）“表达”以政策为主，创造开发区奇迹的同时也衍生出一系列的问题。在改革进入深水区、攻坚期的当下，亟待统一立法对开发区的基本关系进行调整和规范，包括明确开发区及其管理机构的法律地位、准入、扩容和退出条件，管理机构的主体身份，行政区域托管和政策性试点条件，遏制开发区权力配置的任意性和行政化复归。

一、我国开发区的法治探索

开发区不但在创始之初，推进法治创新，起到了示范作用，在社会主义法治国家建设的当下，开发区仍然承载着法治创新的使命，如2010年，国务院批复《前海深港现代服务业合作区总体发展规划》率先提出了深圳前海社会主义法治示范区建设的使命，成为中央唯一批准的法治示范区。2021年6月，唯一的开发区最高立法《海南自由贸易港法》颁布。

（一）率先明确“法不禁止即可为”的法治原则

主要体现在“法不禁止即可为”原则、“负面清单管理模式、投资备案制、外商投资前准国民待遇原则”的确立。如2000年的《中关村科技园区条例》（已失效）率先确定了“法不禁止即可为”的法治原则，该条例第7条第3款规定：“组织和个人在中关村科技园区可以从事法律、法规和规章没有明文禁止的活动，但损害社会公共利益、扰乱社会经济秩序、违反社会公德的行为除外。”第9条第2、3款“在中关村科技园区设立企业，凡具备设立条件的，工商行政管理机关应当直接核准登记；需要依法办理前置审批的事项，由市人民政府公布。在中关村科技园区设立企业，办理工商登记时，除法律、法规规定限制经营的项目外，工商行政管理机关对经营范围不作具体核定。”2021年的《海南自由贸易港法》第19条规定：“海南自由贸易港对外商投资实行准入前国民待遇加负面清单管理制度。……”

（二）率先规定商品经济运行规则

开发区立法都规定了市场主体权益同等保护，要素有偿使用，如自然人进行中外合资合作经营的权利，中国涉外法律钟情于境外市场主体与中国法人合资合作，而忽视中国自然人市场主体与境外市场主体的合资合作。《中关村科技园区条例》（已失效）率先打破陈规，该条例第56条第1款规定：“境外经济组织或者个人可以与境内组织或者个人在中关村科技园区兴办合资、合作的高新技术企业。”还有率先明确劳工是雇佣者和社保、公积金制度。开发区设立之初，工人是雇佣工受到工人阶级执政的意识形态因素影响，难以满足外资用工需求，开发区立法率先突破。如1985年的《天津经济技术开发区劳动管理规定》第4条规定：“开发区企业的职工，实行劳动合同制。”同时，为了保护工人权益，该规定第13条规定：“开发区企业应当按月向开发区劳动服务公司缴纳社会保险基金，占本企业国内职工劳动服务费的……”这是最原始的社会保险条款。还有土地有偿使用制度率先立法。

（三）率先进行服务型行政立法

开发区的地方立法对投资者权益保障、市场准入、出入境、创业环境、政府服务、行政收费、行政审批制度改革进行了创新型规定。如1987年的《大连经济技术开发区条例》第5条规定：“开发区应为投资提供良好的投资环境，依法保护投资者的合法权益。”2003年的《天津经济技术开发区条例》第5条规定：“开发区应当为单位和个人创造良好的投资、研究开发和创业条件，依法保护其合法权益。”第18条规定：“……提高行政管理部门的工作效率和服务水平……”该条例还规定了“实行政务公开制度、实行政务限时办理制度、推行重大决策听证制度、实行并联审批制度”。《中关村科技园区条例》（已失效）立法对取消经营范围的审批规定、率先立法鼓励“走出去”，进行国际投融资和经济技术合作、率先规定禁止国家机关和市场主体使用盗版软件和电子出版物、率先准许技术成果作价占出资的自主协定、率先确立期权激励和智力要素参与分配、率先确立风险投资采取有限合伙组织形式、率先规定了反垄断规定，专章对行政行为作出规范包括政务公开、缩减审批、重大决策听证、执法责任制和过错追究责任制、行政性收费规范，并对行政行为设置了法律责任。

（四）率先开放法律服务业

深圳前海率先探索对外开放法律服务业，在《关于建立更紧密经贸关系的安排》（CEPA）框架下，对港澳服务者放宽准入条件，允许设立港澳和内地联营律师事务所，2014 年，国内首家跨法域、跨地域的联营律师事务所落户前海，截至 2021 年 6 月，全国已有 15 家粤港澳联营律师事务所。同时，加强境外的法律服务，如 2015 年，中国港澳台和外国法律查明研究中心、最高人民法院港澳台和外国法律查明基地、最高人民法院港澳台和外国法律查明研究基地正式落户深圳前海。目前，前海已构建起集仲裁、调解、律师、公证、司法鉴定、知识产权保护、法律查明为一体的全链条法律服务保障体系。

（五）推动行政综合执法体制创新

除了市场准入和行政服务的一站式外，开发区为避免执法的多头管理，整合执法资源，开发区积极探索推动行政执法综合体系建设，推进机构整合、执法职能宽广、执法层级少、队伍种类简、资源配置优的综合行政执法体制。如 2019 年 5 月，广东省政府发布批准设立广州南沙区综合行政执法局，并赋予共 21 个领域 3000 多项行政执法权限；横琴综合执法局集中行使 27 大类行政处罚权，涵盖城市管理、食品药品监督、工商管理、国土资源、环保卫生、航道执法、港口执法、水路运政执法等，成为全国首个实现海陆执法事项整合的综合执法机构。

（六）推动法律监督机制创新

如 2013 年挂牌的深圳前海廉政监督局在遵循现有法律的基础上，突破了目前我国纪检监察、检察、公安、审计等监督部门“多龙治水”的格局，探索大监管、集中监管模式，在全国首次建立统一的廉政监督体制和运行机制，实现了监督职能的有机整合与资源的优化配置，并且独立运作，与前海管理局平行运行。2012 年挂牌的珠海横琴廉政办，整合纪检、监察、审计职能集中党政监督体制，接受横琴新区党委、纪委和市纪委的领导。

（七）推动法律纠纷解决机制创新

如 2012 年 11 月《深圳国际仲裁院管理规定（试行）》规定了国际仲裁院实行以理事会为核心的决策、执行和监督有效制衡的管理模式。2013 年挂牌的深圳国际仲裁院由此成为中国第一个通过立法方式确立法人治理模式的仲裁机构。目前，该仲裁机构积极进行国际化探索，理事 1/3 以上来自境外、仲裁员 1/2 来自境外。珠海横琴法院、深圳前海法院被列为国家司法综合改革示范法院试点，积极探索中国司法体制改革的新模式，重点审判专业化的商事案件以及涉外、涉港澳台案件。目前，最高人民法院第一巡回法庭、第一国际商事法庭、金融法庭、知识产权法庭等落户前海。

（八）推动依法治区

开发区自设立之初，为了给予外商投资的可信承诺，使之形成稳定预期，地方比较重视立法，形成了地方性法规和政府规章的基本框架，如 1985 年的《广州经济技术开发区暂行条例》（已失效）、《广州经济技术开发区技术引进暂行规定》（已失效）、《广州经济技术开发区土地管理试行办法》（已失效）、《广州经济技术开发区工商税收实施（试行）办法》（已失效）、《广州经济技术开发区企业劳动者工资管理试行办法》（已失效）、《广州经济技术开发区企业登记管理试行办法》（已失效）等；1985 年的《天津经济技术开发区管理条例》（已失效）、《天津经济技术开发区企业登记管理规定》（已失效）、《天津经济技术开发区劳动管理规定》《天津经济技术开发区土地管理规定》（已失效）等；2010 年的深圳前海“一条例，两办法”（《深圳经济特区前海深港现代化服务业合作区条例》《深圳市前海深港现代化服务业合作区管理局暂行办法》《深圳前海湾保税港区管理暂行办法》）。开发区立法的前瞻性、科学性和先行先试在入世后得到了证实，“按中国加入的承诺，国务院法制办要求对国内涉外经济法规进行检查，提出法条原则。凡不符合法条原则的法规内容，要进行修改，开发区条例当然是主要审视对象。经查，天津开发区 1985 年制定、1993 年修正的《天津经济技术开发区管理条例》，只有两处需要变动。其一是在优惠待遇的条款中，‘外商投资企业使用土地应当缴纳土地使用费，其他企业事业单位使用土地应缴纳土地使用税’这一款，对内资和外资企业土地使用‘税’‘费’的提法不同，不符合国民待遇原则，需要统一；其二是对外资企业内销的比例限制一款‘开发区企业的产品，属于境外投资者提供先进工艺、技术、设备生产的，境内紧缺需要大量进口的，质量明显高于境内水平的，经有关部门批准，都可以替代进口或者扩大内销比例。’此款已经过时，予以取消。除此之外，其余都与原则不相冲突”。[1]但是，开发区在迅速扩张的同时，立法逐步滞后。当今，依法治区又逐步开始受到重视，就自贸试验区（港），形成了全国人大常委会对海南自贸港的特定立法、对自贸试验区调整法律适用的决定、国务院相关决定和各省级、特区、较大市地方立法并存的格局。

二、境外的开发区立法情况

美国、欧盟、日本等境外开发区及管理机构角色安排或权力配置一般是在法治规则下的选择。例如，美国于1934年颁布了《对外贸易区法案》，欧盟于1994年颁布了《欧共体海关法》，统一规范自由区和自由仓库的统一规范，新加坡于1969年发布了《自由贸易园区法》，韩国于1998年颁布了《关税自由区特别法》。在此，值得注意的是朝鲜为了作出市场化改革的可信承诺，对开发区先行立法，强调开发区是法律下的制度安排，而不是政策性、临时性的安排。

（一）美国硅谷

美国并无对硅谷的专门立法，主要为新产业新经济的发展提供充分的法律保障，但是美国完善的法治环境造就了硅谷模式，以市场起决定性作用，强调保护技术创新、激发全社会的创新能力，促进技术创新成果的转化。有学者从美国的宪法原则、整体性法治支撑环境（包括风险投资和研发创新、人才引进激励机制、服务行政多元促进和竞争调控等立法支持）、判例法和人文社会环境等方面进行了阐述。[2]

（二）日本筑波

自20世纪60年代决定建设筑波科学城以来，日本制定的与筑波科学城

〔1〕 参见皮黔生、王恺：《走出孤岛——中国经济技术开发区概论》，生活、读书、新知三联书店2004年版。

〔2〕 参见陈俊：《高新科技园区立法研究》，北京大学出版社2004年版。

建设直接相关的法律，就包括 1970 年出台的《筑波研究学园城市建设法》、1971 年制定的《筑波研究学园城市建设计划大纲》、1983 年出台的《高技术工业聚集地区开发促进法》《技术城法》等。[1]

(三) 韩国

对工业园区的法律法规制定也是随着产业的演进而不断完善，如《输出产业工业园地开发造成法》(1964 年)、《地方工业开发法》(1970 年)《产业基地开发促进法》(1973 年)、《首都圈整备规划法》(1982 年)、《有关产业区位及开发法律》(1990 年)，等等。[2]

(四) 朝鲜开发区

为了"打开强盛大国之门"，朝鲜以开发区为窗口开始试验市场化、国际化、法制化的改革。同时，为了向国际社会表示改革承诺的可信性，先后进行开发区立法，并采取了一般立法和特别立法并举的模式，以昭示改革的有效承诺。2011 年，朝鲜针对中朝共建开发区出台了特别立法——《黄金坪和威化岛经济区法》和《罗先经济贸易区法》。两法对开发模式、市场准入、税收优惠、土地制度和劳工制度、投资方向和发展产业、纠纷解决等内容进行了系统的规定。[3]2013 年 5 月 29 日，朝鲜最高人民会议常务委员会以政令第 3192 号通过了《朝鲜经济开发区法》，共设 7 章 62 条，除总则、附则 (2 条) 外，分别对经济开发区的设立和开发及管理、经济开发区内的经济活动、勉励和优惠、申诉及解决纠纷等内容作了规定，并规定罗先经济贸易区、黄金坪和威化岛经济区、开城工业区和金刚山国际旅游特区不适用本法 。

世界上成功的高新技术开发区都是法律下的选择。主要内容：一是明确高新技术开发区的法律地位，明确规定设区条件与审批制度明确高新技术企业的认定审核标准；二是用立法确保各项特殊政策的稳定性和可兑现性，投资审批、税收及土地优惠、外资原本和利润汇出等均有相关规定；三是规定

---

[1] 参见郭胜伟、刘巍："日本筑波科学城的立法经验对我国高新区发展的启示"，载《中国高新区》2007 年第 2 期。

[2] 参见孙万松等："从混沌发展走向法治管理——中国开发区改革与发展的立法思考"，载《管理现代化》2005 年第 1 期。

[3] 参见张利、杜白羽："朝鲜公布黄金坪和威化岛经济区法"，载 http://bjrb.bjd.com.cn/html/2012-03/18/content_ 61263.htm，最后访问日期：2014 年 2 月 22 日。

投资安全及其救济与保证措施。〔1〕在国际上，自由贸易园区作为一个国家在境内自行设立的特殊经济区域，一般都由国家立法予以保障。

三、我国开发区应是“法治规则下的选择”

十一届三中全会后，我国选择了市场化、国际化的转型方向。同时，在市场规则下选择了开发区的试错。所以说，开发区是“市场规则下的选择”。市场经济是法治经济，市场规则是由市场对资源配置起决定性作用，是全能政府不断收缩、调适，权利不断扩展、延伸和对权力不断制约的过程。当下，更多文献和场合提到改革创新，打造法治化、国际化、市场化的营商环境，这种说法有待商榷，实则三者并不是并列关系，法治化属于上位阶，逻辑关系应是法治下的国际化、市场化。

（一）法治对人性恶的幽暗意识

法治就是鉴于对理性有限的认识，清醒地认识到“个人在公共选择和私人选择中具有相同的动机，”对自私人或人性恶的警惕，判断出“一切有权力的人都容易滥用权力，这是万古不易的一条经验”（孟德斯鸠）。“绝对权力导致绝对腐败”（阿克顿），所以要通过分权制衡的制度安排，对权力进行制约，保障个人的权利。“假如人都是神，那么政府就没必要存在了；如果能够以神来统治人，那么外部或内部的政府制约也就没必要存在了。要形成一个以人管理人的政府，其最大的困难在于，首先必须使政府能够控制被统治者；其次必须迫使政府控制自己。对政府的首要控制乃是依赖人民，但经验早已教导人类辅助防御的必要性。”〔2〕当下，存在着以开发区先行先试为名，不顾法律的规定进行一些所谓的创新，并且认为开发区的工作人员应该更具有创新性，不要受制于“条条框框”，如开发区在招投标问题上特事特办、征地拆迁上侵犯农民房产权、扑向底线的税收（土地）竞争、财政预算的特别安排等。这种观念导致了开发区法治化推进缓慢。假如“条条框框”本身就是不合法、不合理的文件规定，无疑是需要突破的，但是如果是无视法律的规则也进行所谓的突破性创新行为则必须加以规范。“经济学家和决策者一般都

〔1〕胡充寒：“世界高新技术开发区的立法经验与我国高新技术开发区立法”，载《湘潭大学学报（社会科学版）》1993 年第 4 期。

〔2〕［美］汉密尔顿、杰伊、麦迪逊：《联邦党人文集》，程逢如、在汉、舒逊译，商务印书馆 1980 年版。

会过高估计政府管制的优点的倾向。"〔1〕但法学家清醒地认识到，政府或国家不是一个抽象的实体，而是由具体的人进行运转的，所以必须对权力进行约束。因为"个人的选择行为同等地适用于分析所有的选择环境"。"当个人在作选择时，无论是市场行为还是政治行为，它们赋予的正值的财货之一便是可辨别的经济利益"，"市场和政治之间的实质差别在于他们在追求不同利益时所处的条件，而不在于个人追求的价值或利益的种类"。〔2〕

（二）开发区应是"法治规则下的选择"

开发区天生选择的就是市场经济，从小范围的试点，为国家做试验，渐进地扩展到、复制到其他区域，为中国社会主义市场经济改革探路。有了对市场规则的选择，才有对开发区的选择，开发区选择是在市场规则之下的选择。"选择市场作为人们的经济活动的规则，就意味着人们奉行一致同意的规则。"〔3〕这种合意是对法治的认可、对法治下权力控制的认可，对开发区及管委会的权力配置或选择应该是在法治规则下进行的，即"规则下的选择"。

（三）法治才是开发区选择的可信承诺

新制度经济学认为国家是一种具有规模比较优势的产权保护机制，权力是一种与权利共容利益的共生体，但是为了控制保护者越位或防止短视的权力侵害权利，"防范独裁者的出现"，巴泽尔鲜明地提出了法治国的集体行动机制。巴泽尔认为，要事先建立一种法治的"集体机制"，"要求机制中的任何一个个体（或者由个体组织的有组织的子群体）的权力在任何时候都不能大到超过组织的其他部分的权力"。"在法治国，随着时间的推移，那些最有严重威胁的保护者——无论是国王还是军事首脑——就越来越少地成为保护工作的剩余索取者，而更多地成为固定支付的接受者。"〔4〕开发区已经成为中国区域经济发展的一种重要现象，在法治国家建设中，全国最高立法不应

〔1〕［美］R. 科斯："社会成本问题"，胡庄君译，载［美］R. 科斯等：《财产权利与制度变迁——产权学派与新制度学派译文集》，刘守英等译，上海三联书店、上海人民出版社 1994 年版。

〔2〕［美］詹姆斯·麦·布坎南："经济政策的宪法"，载柳适等编译：《诺贝尔经济学奖得主演讲集 1969～1997》，内蒙古人民出版社 1998 年版。

〔3〕唐寿宁："论市场的立宪功能"，载盛洪主编：《现代制度经济学》（下卷）（第 2 版），中国发展出版社 2009 年版。

〔4〕［美］约拉姆·巴泽尔：《国家理论——经济权利、法律权利与国家范围》，钱勇、曾咏梅译，上海财经大学出版社 2006 年版。

该缺位，开发区作为改革开放的先行先试者需要法治型的可信承诺。

（四）开发区“试错权”需要法治保障

中国开发区的“试错权”或“先行先试权”主要由行政机关自我授权，但是在“条块体制”下，尤其是随着“条条”的部门收权，开发区的封闭运行很难独善其身，制度创新更多是对“条条”部门权力的革命，推动起来较为困难。目前，我国新一轮改革开放已经进入深水区，并且中国特色社会主义法律体系已经形成，经济社会生活的各个方面，在总体上已经实现有法可依、有章可循，中央不断收权，也导致改革创新时常会触及中央事权。因此，开发区的上级批复甚至国务院批复因不是立法授权，开发区不敢凭规划或政策批复就擅自创新，先行先试具体运作还是需要向中央部委“一事一报”。笔者深刻体会到，亟待进行统一立法，明确开发区先行先试权安排的来源依据、种类内容、程序时效、责任追究等，应该依靠理性化的法治规则，而不是依靠领导的魅力型决策和强制安排。

（五）法治下开发区选择的运行逻辑

法治国家对行政的控制有两大基本原则：一是法律保留原则。要求行政活动必须有法律做依据；二是法律优先原则。要求任何行政活动都不得违反法律，且行政措施不能自我授权而在事实上废止、变更法律。开发区制度配置的政策主导，开发区及管委会的角色安排或权力配置（含先行先试权），更多是行政机关的内部自我授权，亟待统一规范。中国大转型选择了市场规则，开发区作为先行先试者，是在市场规则下的选择，管委会先行先试权配置的运行逻辑应该是：统一立法→行政决策设立开发区及管理机构→按法定权限和程序报批→在统一立法下进行执行性立法或不予立法→按照法律规定投入财税、土地、人力等要素及进行制度创新。

四、开发区制度体系的构建设想

我国的大国体制，各地差异较大，“地方性知识”权重大。开发区类型多样、数量众多，作为改革开放的试验田，随着经济社会快速发展会不断地出现新情况新问题，在中国大转型的不确定环境下，管委会作为开发区的法定代表人，其角色安排或职权职责配置需要考量稳定性与变迁性、统一性与差异性。所以，开发区的制度需求是中央立法与地方立法、各级政府公共政策的体系性安排、非正式规则的协同，“法治规则下的选择”，形成协调统一的制度体系。

（一）制度理念上：强调法律下的先行先试

经济转轨与制度转轨实为一个硬币的两面，规则先行即先行制定游戏规则，再实施游戏规则下的大战略、大举措，方为正道，否则，将会增加误入歧途的风险。在社会主义现代化事业的发展过程中，不同阶段，都采取了开发区进行试错。当下，国家在探索正确处理好政府与市场之间的关系，由市场起决定性作用，充分利用国际和国内两个市场，选择了开发区尤其是自贸试验区的先行先试。换言之，开发区选择是在市场规则在资源配置中起决定性作用的“试错区”，而市场规则是法治规则已是公理，应当是对法治的认可、对法治下权力控制的认可，对开发区的权力配置或选择应该在法治规则下进行。我国是个超大经济体，已迈入第二个百年的新征程，在改革发展中仍然面对大量未知和不确定因素，仍然需要突破性的改革创新。但是，在推进治理能力和治理体系现代化的进程中，不再会是毫无法律约束的“武松打虎式”个人英雄主义改革，而是重大改革要于法有据。凡属重大改革都要于法有据。在整个改革过程中，都要高度重视运用法治思维和法治方式，发挥法治的引领和推动作用，加强对相关立法工作的协调，确保在法治轨道上推进改革。党的十八届四中全会通过的《中共中央关于全面推进依法治国若干重大问题的决定》明确：“实现立法和改革决策相衔接，做到重大改革于法有据、立法主动适应改革和经济社会发展需要。实践证明行之有效的，要及时上升为法律。实践条件还不成熟、需要先行先试的，要按照法定程序作出授权。对不适应改革要求的法律法规，要及时修改和废止。”如 2013 年 8 月 30 日，第十二届全国人大常委会第四次会议作出决定，授权国务院在上海自贸区暂时调整有关法律规定的行政审批。此后，立法授权引领改革模式沿用至今，多次为自贸试验区建设作出法律适用相关调整决定，到 2021 年 6 月的海南自贸港法律、上海浦东比照特区立法权的决定等，为改革开放驶入“深水区”提供了坚实的法治保障。

（二）制度内容上：规范开发区的基本问题，完善顶层设计

1. 法律地位问题。明确开发区作为功能区而不是行政区的法律地位。服务型政府的构建，机构设置不同于行政区，避免机构政区化而向传统体制复归。同时，界定管理机构的行政主体资格，目前地方立法大都将开发区管委会界定为行政机构性质，即使当下的自贸试验区亦然，如上海地方立法将上

海自贸试验区管委会界定为派出机构，但是派出机构不具有独立法律主体地位，行为缺失合法性，势必影响自贸试验区的开发开放。明确管委会的基本职权职责，强调服务型行政，同时明确开发区特殊性制度安排及试错权（先行先试权）的法律授予，对授权主体、权限、程序、责任和被授权主体的资格进行规范。

2. 选择性适用法律问题。开发区的先行先试难免与现行法律有冲突之处，为强调法律下的创新，同时避免政策越位法律，会对相关法律进行暂时调整，进行试错，再进行修法规范。对此，自贸试验区的先行先试已经迈出重要一步，目前，自贸试验区调整法律适用，采取的是向全国人大常委会个案性的上报做法。随后，对于此类做法，可以在统一立法中规定，只要是试验区，就自动调整适用相关法律。

3. 准入、变更、退出条件问题。严格按照战略定位，明确准入、变更、退出条件，宁缺毋滥，避免终身制。对开发区的扩容、托管现象进行规范，坚决依法审批和问责，杜绝机会主义的一哄而上、秘密申报、擅自扩容。目前，国家对于经济技术开发区退出机制逐步完善，对于考评评价结果应用情况，需按照分类指导、动态管理原则进行“一对一”指导整改提升，同时对连续两年排名最后五名的予以退出。2021 年，宁夏石嘴山经开区连续两年排在倒数五名中（2019 年倒数第四、2020 年倒数第二），按照考核评价办法规定，退出国家级经开区序列。这是继 2020 年甘肃酒泉经开区退出后，第二个退出国家级经开区序列的开发区，至此国家级经开区数量由 219 个减少为 217 个。

4. 基本运行规则问题。明确开发区的发展方向，在改革进入深水区、关键期和经济进入新常态的全面深入改革和对外开放的新时期，应以更高标准进行压力测试，先行先试，对标 TTP（《跨太平洋伙伴关系协定》）、TTIP（《跨大西洋贸易与投资伙伴关系协定》）、TISA（《国际服务贸易协定》）等新一代国际贸易规则，构建高标准的贸易和投资便利化规则；金融创新，有序推动人民币国际化、利率和汇率市场化；知识产权有效保护，参照国际经贸规则，主动调整劳工、环境与竞争政策等；市场安全高效，创设功能监管、混业监管的一体化金融监管机制，构建综合执法的大执法体制，实施反垄断和安全审查，加强事中事后监管，构建行业自治、社会信用和消费者权益立体保障的协同治理机制；构建国际化的仲裁纠纷解决机制和有序推进试错东道国和投资者纠纷解决机制。

5. 中央责任主体问题。明确中央有关部门的法律责任。虽然法律授权开发区创新，但是并不意味着管委会的孤军奋战，我国的“条块体制”意味着开发区的各项创新需要有关部门的配合。开发区统一立法应硬性规定各部委的主动作为职责，支持创新和试验，而不是被动推动。开发区的试错尤其是当下的自贸试验区本应主要属于中央事务，但实施责任主体却被地方化，大多数改革涉及中央事权如财税、金融、海事、海关等，地方只好“一事一报”。中央相对于地方具有垄断性资源优势，应将中央政府及各部委确立为共同建设责任主体，将责任配置给更有资源优势的主体，节约政治交易成本。同时将开发区主管部门一体化，如早年在国务院内设的特区办。现在高新区与经开区基本趋同，发展为多功能综合性的产业园区，但是归口管理部门不一，经开区归口商务部管理、高新区归口科技部管理，导致制度创新的路径依赖仍然明显。

6. 分类试错和管控体系问题。大国体制与地方差异性大并存，应根据“地方性知识”进行分类管控，匹配不同资源，构建统一性和差异性相协同的评估体系。如广东自贸试验区的粤港澳合作特色、福建自贸试验区的海峡两岸合作的特色，相应目标任务、创新手段、试验重点、考核评估等资源配置上应注重独特性，而不是一刀切。

7. 容错机制问题。改革创新、先行试错肯定存在一定风险，在地方实施和执行的过程中，将更会存在错误的可能性。在明确的改革创新任务中，也应允许目的符合定位和任务使命并牟取单位和个人私利，按程序公开公平公正决策，内容不违反现行基本法规定和过失行政的基础上，构建改革创新的容错免责、减责机制，做对改革试错的激励。换言之，改革进入深水区，最需要的是勇气和担当，若动辄问责，则会亦步亦趋，这说明创新者的安全权或者容错机制的探索权不能缺席。虽然中央出台了《关于进一步激励广大干部新时代新担当新作为的意见》，习近平总书记也提出了三个区分的原则，“把干部在推进改革中因缺乏经验、先行先试出现的失误和错误，同明知故犯的违纪违法行为区分开来；把尚无明确限制的探索性试验中的失误错误，同明令禁止后依然我行我素的违纪违法行为区分开来；把为推动发展的无意过失，同为谋取私利的违纪违法行为区分开来”。各级文件包括自贸区地方立法也规定容错机制。但是由于只是原则性规定并且缺少清单等具体落实的措施，监察等部门的问责机制未有相应的协调对接，改革容错的体制机制创新亟待加强。

8. 竞合关系问题。明确开发区的国际合作、国内和区域合作方向，确定差异化的试错原则，明确可复制可推广的制度标准、时限，避免开发区尤其是自贸试验区相互之间和试验区各片区之间的恶性竞争。

9. 法律责任问题。制定权力清单和责任清单，明确违反开发区法的法律责任，对在开发区规划建设和试错过程中越位、缺位问题，坚决追究法律责任，而不是运动式地进行开发区清理或整顿。

（三）制度形式上：构建中央统一立法、政策与地方配套法规、政策的制度体系

1. 制定统一立法。虽然开发区种类多样、数量众多、分布广泛，但是存在基本的共性问题，统一立法是对开发区的共性问题进行规范，明确开发区是“法治规则下的选择”。在各大自贸试验区总体方案中，也强调了“法治化、国际化的营商环境”构建，但这不能依赖地方。当下，中央应尽快制定统一的自贸区法，做到有法可依，规定自贸区的共性事项，将目前个案化的做法提取公因式为一般性的规定。

2. 修订《地方各级人民代表大会和地方各级人民政府组织法》。国务院办公厅发布的《关于清理整顿各类开发区加强建设用地管理的通知》（国办发〔2003〕70号）明确了国务院和省级政府对开发区的两级审批制。在实践运行中，开发区的两级审批安排是科学的。将政策实践法治化，是中国政策主导型的渐进式改革的特点。建议修订《地方各级人民代表大会和地方各级人民政府组织法》增加“设区以上的人民政府，经上一级政府批准，可以在国家级、省级开发区设立管理机构”的规定。将开发区管理机构界定为公务法人。

3. 地方性法规、规章的制定与完善。①保持法制统一。各地根据统一立法制定、修订开发区地方性法规、规章。②地方性知识的创造性执行。结合本地实际情况，依据上位法，运用地方立法权尤其是深圳特区、珠海特区、厦门特区、汕头特区、海南特区的特区立法权，进一步将上位法规定的原则和概括规定细化、具体化，进一步明确职权职责范围、程序安排、责任追究，进一步将上位法规定的原则和概括规定细化、具体化。③对省域内的开发区统一立法，在省域经济中，开发区管委会的制度安排大同小异，应统一立法

规范，一区一法跟不上开发区的增长速度。确实个性化的园区，可以单独立法，但也是统一立法下的个别选择。

4. 部门规章的制定与完善。中国的条块体制，政府职权更多是部门职权，所以种类繁多的开发区分别由商务部、科技部、文化旅游部、生态环境部、海关总署、发改委等部门归口管理和目录式管理，各划出一块“地盘”，出台不同的政策扶持。统一立法的出台，规定部门的实施责任，各部门要据此进行制定、完善部门规章。

5. 配套政策的制定与完善。开发区作为特定功能区，强调法治下的开发区，并不否定政策的作用，只是强调政策选择是法治规则下的选择，避免政策的任意性、不规范性，对权力进行有效管控，减少机会主义，提供开发区模式的可信承诺。在税收优惠政策即将取消的大势之下，改革是最大的红利，各项可复制、可推广的体制机制创新将成为主流，而不是制造税收优惠政策的洼地从而集聚要素资源，如在上海自贸区决策过程中，李克强总理反复强调，要改革而不是要政策，要将改革放在第一位、将制度创新放在第一位，以开放促改革、促创新、促发展，探索新一轮改革开放的新经验、新路子。这对公共政策的宏观调控和政策引导能力提出了更高的要求，产业政策必须在国际竞争规则和国内深化改革的背景下及时动态推陈出新，发挥好政策灵活性、针对性强的比较优势，对新问题、新情况进行规范和调整，在法治下协同各项法律、法规、规章，构建支撑开发区改革创新和发展的制度体系。

6. 培育区域诚信文化和自治性行业规则。开发区是个制度空间，正式规则和非正式规则交相呼应。开发区作为对外开放的窗口和平台，国内外文化交融，要把中国优秀文化和国外先进文化做一完美融合，减少对外开放合作交流的文化障碍；作为企业集群的承载空间，要培育恪守行业规范、严控产品质量、诚信经营、信用体系的构建，加强行业自治服务能力，树立行业标准，加强集群治理，避免发生损害开发区品牌和可持续发展的道德风险，提升园区的文化竞争力和软实力；作为国家、区域、企业的创新载体，集聚优秀的创新要素，要培育不断创新、试错容错的开发区创新文化。

制度竞争助长政治企业家精神，从而创造性地、预先主动地加速生产力的增长，增强竞争力。竞争抑制权势，促使政府为吸引公民和投资者而投入信息成本和交易成本。[1]但是，竞争不宜是机会主义下的竞争，应该是“法律下的竞争”。当下，自贸区刚开局，需要不断试错，亟待对自贸区可持续发展的制度体系安排，杜绝机会主义。

---

〔1〕 参见［德］柯武刚、史漫飞：《制度经济学：社会秩序与公共政策》，韩朝华译，商务印书馆2000年版，第491页。

第三章

功能定位：从“为经济而增长”走向“以自由看待开发区发展”

党的十一届三中全会，国家工作重点从阶级斗争为纲转向经济建设为中心，开启了社会主义现代化建设的新征途。中国改革开放四十多年，以经济建设为中心，不断地做对激励，“为经济而增长”，已从原来以满足人自身生存需要为主要目标的生存型阶段跨入以追求人自身发展为主要目标的发展型新阶段。发展型阶段不以经济总量为判断标准，而以涵盖经济社会内容的人的自身发展为目标，社会政策目标体系涉及社会成员生活、生计和自身发展的一切计划和措施。[1]开发区作为我国改革开放的先锋、经济功能主导，已从单一产业园区走向人产城文融合的新城，在我国从生存型发展阶段进入发展型阶段的过程中，开发区应继续发挥好先行功能，创新激励方式，做对新时代改革开放的激励，从经济主导的“为经济而增长”走向人的可行能力提升的“以自由看待发展”。

第一节　开发区实然的功能：经济主导

我国开发区实然功能的经济主导，承载着中国改革开放每一个阶段的战略使命，从改革开放之初“闯出一条血路”的先锋，到“为增长而竞争”的地方经济发展的重要抓手和区域竞争的撒手锏，都深刻体现着开发区在以经济建设为中心中的重要地位。所以说，开发区既要“为国家试制度”，又要“为地方谋发展”。

---

〔1〕 参见迟福林主编：《第二次转型——处在十字路口的发展方式转变》，中国经济出版社 2010 年版。

一、国家对开发区的经济功能主导之战略定位

从1984年初始的经济技术开发区到1988年开创的国家高新技术产业开发区再到当今的自由贸易试验区（港），都承载着国家在不同阶段改革开放的战略目标和发展路径的探索使命。开发区作为国家转轨的突破口、重要试验田和先行先试区，是中国改革开放的先锋、探索者，是中国应对国际竞争、融入全球化、参与国际经济秩序治理和推进区域经济发展、实施自主创新战略、建设创新型国家的战略棋子。但是，无论以什么形式表述开发区的战略目标和功能定位，都离不开一条主线，即经济功能主导。

（一）国家经济技术开发区动态演变的战略目标

从最初即1984年延续特区的四个窗口（技术的窗口、管理的窗口、知识的窗口、对外开放的窗口），到1989年全国经济技术开发区工作会议上提出“三为主”的发展原则（即以利用外资为主、以发展工业为主、以出口创汇为主），1991年又提出了“三为主、一致力”（即产业结构以工业为主、资金结构以外商投资为主、产品销售以出口为主、致力于发展先进技术），2004年，在开发区成立二十周年之际提出了“三为主、二致力、一促进”（以提高吸收外资质量为主，以发展现代制造业为主，以优化出口结构为主；致力于发展高新技术产业，致力于发展高附加值服务业；促进开发区向多功能综合性产业区发展）。1984年5月4日，开发区的准生证《沿海部分城市座谈会纪要》（中发〔1984〕13号）开宗明义，开放沿海城市是为了“加快利用外资、引进先进技术的步伐”。国务院办公厅转发商务部等部门的《关于促进国家级经济技术开发区进一步提高发展水平的若干意见》（国办发〔2005〕15号，已失效）明确国家经开区的目标，也是以经济功能为主导。要求将国家经济技术开发区“努力建设成为促进国内发展和扩大对外开放的结合体；成为跨国公司转移高科技高附加值加工制造环节、研发中心及其服务外包业务的重要承接基地；成为高新技术产业、现代服务业和高素质人才的聚集区；成为促进经济结构调整和区域经济协调发展的重要支撑点；成为推进所在地区城市化和新型工业化进程的重要力量；成为体制改革、科技创新、发展循环经济的排头兵”。国务院办公厅发布的《关于促进国家级经济技术开发区转型升级创新发展的若干意见》（国办发〔2014〕54号）要求：“努力把国家级经开区建设成为带动地区经济发展和实施区域发展战略的重要载体，成为构建开放

型经济新体制和培育吸引外资新优势的排头兵，成为科技创新驱动和绿色集约发展的示范区。”国务院办公厅发布的《关于促进开发区改革和创新发展的若干意见》（国办发〔2017〕7号），要求：“把各类开发区建设成为新型工业化发展的引领区、高水平营商环境的示范区、大众创业万众创新的集聚区、开放型经济和体制创新的先行区，推进供给侧结构性改革，形成经济增长的新动力。”国务院发布的《关于推进国家级经济技术开发区创新提升打造改革开放新高地的意见》（国发〔2019〕11号）要求：“以激发对外经济活力为突破口，着力推进国家级经开区开放创新、科技创新、制度创新，提升对外合作水平、提升经济发展质量，打造改革开放新高地。”

（二）国家高新技术产业开发区的战略目标

国家高新技术产业开发区是加快新兴产业发展、国家科教兴国、自主创新战略和建设创新型国家的重要一环。1985年3月《中共中央关于科学技术体制改革的决定》（中发〔1985〕6号）指出：“为加快新兴产业的发展，要在全国选择若干智力密集的地区，采取特殊政策，逐步形成具有不同特色的新兴产业开发区。”1999年科技部发布的《关于加速国家高新技术产业开发区发展的若干意见》（国科发火字〔1999〕302号）提出高新区的目标是“三基地、一示范”（高新技术产业化基地、高新技术产品出口基地、高新技术企业孵化基地、技术创新的示范区），温家宝同志于2005年强调国家高新区“四位一体”的定位，2006年2月国务院发布的《关于印发实施〈国家中长期科学和技术发展规划纲要（2006—2020年）〉若干配套政策的通知》（国发〔2006〕6号）进一步明确：国家高新技术产业开发区要“成为促进技术进步和增强自主创新能力的重要载体，成为带动区域经济结构调整和经济增长方式转变的强大引擎，成为高新技术企业‘走出去’参与国际竞争的服务平台，成为抢占世界高技术产业制高点的前沿阵地。”其中，北京中关村、武汉东湖高新区、上海张江高新区、成都、西安、珠三角高新区群等12个国家自主创新示范区，赋予继续发挥在推进创新型国家建设、探索中国特色自主创新道路中的示范作用的战略使命，建设国家自主创新示范区。高新区“十一五”规划提出“以营造创新创业环境，集聚科技创新资源，提升自主创新能力，培育自主创新产业，辐射带动区域发展”为根本宗旨。高新区“十二五”规划的目标是“自主创新能力的提升、产业竞争力的提升、引领辐射力的提升、国际影响力的提升。”2015年6月13日，科技部火炬中心率北京中关村、上海张江、武汉东湖、深圳、成都、西安、杭州、苏州工业园等八大国家级高新区齐聚武汉光谷，就加快创新驱动、建设世界一流高科技园区，达成“武汉共识”：冲刺世界一流高科技园区，体制机制改革是关键，驱动力则靠技术、管理、组织和商业模式上持续不断的创新；作为抓手，大力发展众创空间、激励大众创新创业，将为高新区注入全新的经济生态和活力；高新区历来是新产业、新业态的发源地，要加快互联网与实体经济的跨界融合，大力发展科技服务业，积极参与全球科技合作与竞争；国家级高新区的一系列改革创新与先行先试举措，将最终辐射带动全国。国务院发布的《关于促进国家高新技术产业开发区高质量发展的若干意见》（国发〔2020〕7 号）强调：“继续坚持‘发展高科技、实现产业化’方向，以深化体制机制改革和营造良好创新创业生态为抓手，以培育发展具有国际竞争力的企业和产业为重点……培育发展新动能，提升产业发展现代化水平，将国家高新区建设成为创新驱动发展示范区和高质量发展先行区。”

（三）自由贸易试验区的战略目标

虽然自贸试验区作为国家新一轮改革开放的战略高地，但仍然以经济功能为主。国务院发布的《关于加快实施自由贸易区战略的若干意见》（国发〔2015〕69 号）明确指出：“上海等自由贸易试验区是我国主动适应经济发展新趋势和国际经贸规则新变化、以开放促改革促发展的试验田。”国务院发布的《关于支持自由贸易试验区深化改革创新若干措施的通知》（国发〔2018〕38 号）通篇强调经济功能，如营造优良投资环境、提升贸易便利化水平、推动金融创新服务实体经济、推进人力资源领域先行先试等。几大自贸试验区的总体方案经济功能色彩浓郁，如《中国（上海）自由贸易试验区总体方案》开宗明义，要使上海自贸试验区“成为我国进一步融入经济全球化的重要载体，打造中国经济升级版……力争建设成为具有国际水准的投资贸易便利、货币兑换自由、监管高效便捷、法制环境规范的自由贸易试验区……”《中国（天津）自由贸易试验区总体方案》要求：“经过三至五年改革探索，将自贸试验区建设成为贸易自由、投资便利、高端产业集聚、金融服务完善、法制环境规范、监管高效便捷、辐射带动效应明显的国际一流自由贸易园区，在京津冀协同发展和我国经济转型发展中发挥示范引领作用。”《中国（广东）自由贸易试验区总体方案》要求：“经过三至五年改革试验，营造国际化、市场化、法治化营商环境，构建开放型经济新体制，实现粤港澳深度合作，形成国际经济合作竞争新优势，力争建成符合国际高标准的法制环境规范、投资贸易便利、辐射带动功能突出、监管安全高效的自由贸易园区。”《中国（福建）自由贸易试验区总体方案》要求：“经过三至五年改革探索，力争建成投资贸易便利、金融创新功能突出、服务体系健全、监管高效便捷、法制环境规范的自由贸易园区。”

二、天生的经济单一使命：来自开发区元年的“经济身份”观察

经济发展需要充满活力的公有制、私有制、混合制微观经济主体，但是改革开放之初，一方面国有企业本身活力不足，亟待改革，增强国企活力成为城市经济体制改革的核心；另一方面私有经济由于制度歧视发展不足。这说明，中国经济发展的内源动力不足，需要从外部引入动力源。所以，坚持对外开放成为基本国策，以开放促改革、促创新、促发展，同时为了减少改革开放风险，以开发区做局部试点，重点引进外资。从开发区元年的“经济身份”观察中可窥见：

（一）内源微观经济主体不强

十一届三中全会明确了党的工作中心以经济建设为中心。1984 年 10 月，党的十二届三中全会通过了《中共中央关于经济体制改革的决定》，标志着我国经济体制改革从农村进入了以城市为重点的全面经济体制改革阶段，提出了社会主义经济是公有制基础上的有计划的商品经济，指出了增强企业的活力，特别是增强全民所有制的大、中型企业的活力，是以城市为重点的整个经济体制改革的中心环节。但是当时经济发展的城市微观经济主体中国有企业活力不够、私有经济刚起步，“巧妇难为无米之炊”。

1. 国有企业活力不够。十二届三中全会通过的《中共中央关于经济体制改革的决定》指出：“这几年以城市为重点的整个经济体制改革也已经进行了许多试验和探索，采取了一些重大措施，取得了显著成效和重要经验，使经济生活开始出现了多年未有的活跃局面。但是城市改革还只是初步的，城市经济体制中严重妨碍生产力发展的种种弊端还没有从根本上消除。目前，城市企业经济效益还很低，城市经济的巨大潜力还远远没有挖掘出来，生产、建设和流通领域中的种种损失和浪费还很严重，加快改革是城市经济进一步发展的内在要求。”一是国企整体上仍然受到上级主管部门的直接干预。改革开放前，国有企业一统天下，并且政企合一。1978 年召开的十一届三中全会

明确提出，让地方和工农企业在国家统一计划的指导下有更多的经营管理自主权。随后，进行扩大企业自主权的试点、推行经济责任制、利改税，但是至 1984 年（即开发区元年期间），国企改革并没有突破计划经济的体制框架，只是赋予了企业一定的自主权和活力，为国企改革进一步引入市场机制和实现制度创新开启了探索道路。[1]二是国有企业面对市场化改革的反应滞后。改革开放初，来自迅速增长的集体企业和个体经济的竞争，国有企业在全国工业产值中的占比逐步下降，从 1978 年的 77.63%，逐年下降两个百分点，到 1984 年下降到 66%。由于改革的渐进性、复杂性，维护社会稳定，处理好改革、发展和稳定之间的关系，政府仍然要扶持国有企业，提供低价生产要素和实行产品的价格保护，以及各种各样的与企业经济效益脱钩的职工收入补贴。[2]

2. 私有经济（指的是国内个体经济和私营经济）刚起步。(1) 私有经济的总体规模小。在 1984 年即开发区元年，全国个体工商户 933 万户，从业人员首次超过 1000 万人，注册资本金首次达到 100 亿元，对全国工业产值的占比不到 1.6%，总体规模较小。并且私有经济在产业结构的位置主要在生活性服务业、小作坊的手工业，方便群众基本生活需求，对经济质量的直接贡献率不高。[3](2) 私有经济的意识形态障碍。改革开放初期，虽然不再以阶级斗争为纲，但是对私有经济的意识形态误区仍未破除，认识仍然不足。中国经济史的黑马——乡镇企业相当一部分是私有经济，但为寻求“保护伞”，带上集体经济的“红帽子”，“隐藏”在公有部门下发展，在集体企业的“伪装”下发展。在 1985 年 9 月，邓小平针对个体经济发展存在疑虑的情况，指出：“有计划地利用外资，发展一部分个体经济，都是服从于发展社会主义经济这个总的要求。鼓励一部分地区、一部分人先富裕起来，也正是为了带动越来越多的人富裕起来，达到共同富裕的目的。”

3. 私有经济的制度缺位。1978 年《宪法》第 5 条第 2 款规定：“国家允

---

〔1〕 参见国家发展改革委经济体制综合改革司、国家发展改革委经济体制与管理研究所：《改革开放三十年：从历史走向未来——中国经济体制改革若干历史经验研究》，人民出版社 2008 年版。

〔2〕 参见林毅夫、蔡昉、李周：《中国的奇迹：发展战略与经济改革》（修订版），上海三联书店、上海人民出版社 1999 年版。

〔3〕 参见国家发展改革委经济体制综合改革司、国家发展改革委经济体制与管理研究所：《改革开放三十年：从历史走向未来——中国经济体制改革若干历史经验研究》，人民出版社 2008 年版。

许非农业的个体劳动者在城镇或者农村基层组织统一安排和管理下，从事法律许可范围内的，不剥削他人的个体劳动。同时，引导他们逐步走上社会主义集体化的道路。”1982 年《宪法》明确了个体经济的法律地位，其第 11 条规定：“在法律规定范围内的城乡劳动者个体经济，是社会主义公有制的补充。国家保护个体经济的合法的权利和利益。国家通过行政管理，指导、帮助和监督个体经济。”1984 年，十二届三中全会通过的《中共中央关于经济体制改革的决定》还是强调计划主导，提出有计划的商品经济，强调个体经济的从属性。该决定指出：第一，就总体说，我国实行的是计划经济，即有计划的商品经济，而不是那种完全由市场调节的市场经济；第二，完全由市场调节的生产和交换，主要是部分农副产品、日用小商品和服务修理行业的劳务活动，它们在国民经济中起辅助的但不可缺少的作用。我国现在的个体经济是和社会主义公有制相联系的，不同于和资本主义私有制相联系的个体经济，对于发展社会生产，方便人民生活，扩大劳动就业，具有不可替代的作用，是社会主义经济必要的、有益的补充，是从属于社会主义的。直到 1988 年，才真正确立私有制经济的法律地位，1988 年《宪法》第 11 条第 3 款规定：“国家允许私营经济在法律规定的范围内存在和发展。私营经济是社会主义公有制经济的补充。国家保护私营经济的合法权利和利益，对私营经济实行引导、监督和管理。”

（二）外资微观经济主体扩展

1. 制度安排。①顶层设计。1984 年（开发区元年），十二届三中全会通过的《中共中央关于经济体制改革的决定》指出：“十一届三中全会以来，我们把对外开放作为长期的基本国策，作为加快社会主义现代化建设的战略措施，在实践中已经取得显著成效。今后必须继续放宽政策，按照既要调动各方面的积极性、又要实行统一对外的原则改革外贸体制，积极扩大对外经济技术交流和合作的规模，努力办好经济特区，进一步开放沿海港口城市。利用外资，吸引外商来我国举办合资经营企业、合作经营企业和独资企业，也是对我国社会主义经济必要的有益的补充。我们一定要充分利用国内和国外两种资源，开拓国内和国外两个市场，学会组织国内建设和发展对外经济关系两套本领。”②意识形态的松动。这跟改革开放总设计师的前瞻论断密不可分，早在十一届三中全会之前，邓小平就要求“实行开放政策”，以后又讲道：“中国要谋求发展，摆脱贫穷和落后，就必须开放。”“要引进国际上的先进技术、先进装备，作为我们发展的起点。”“现在的世界是开放的世界。”“三十几年的经验教训告诉我们，关起门来搞建设是不行的，发展不起来。”并提出有效利用“两种资源，两个市场”的英明论断，即对外开放有利于发挥后发国家的优势，利用国际国内两种资源、两个市场，加快自己的经济发展。[1]③外资立法。在1978年12月的中央工作会议上，邓小平指出应该集中力量制定包括外国人投资法在内的各项法律。1979年7月召开的第五届全国人大第二次会议通过颁布了第一部外商投资法律——《中外合资经营企业法》。这对当时的中国来说，可谓具有划时代的意义，向世界发出信号，表明了中国对外开放的决心。

2. 实践示范。①来自经济特区的示范。创办经济特区为实行对外开放提供了一个新的思路。在1979年4月中央工作会议期间，邓小平听取了广东省委负责人关于在毗邻港澳的深圳、珠海和侨乡汕头开办出口加工区的建议，当即表示：“还是办特区好，过去陕甘宁就是特区嘛，中央没有钱，你们自己去搞，杀出一条血路来！”中央工作会议讨论决定，在深圳、珠海、汕头和厦门划出一定的地区单独进行管理，作为华侨和港澳商人的投资场所。两个多月后，中央和国务院决定对广东、福建两省的对外经济活动给以更多的自主权，扩大对外贸易，同时决定在深圳、珠海划出部分地区试办出口特区。1980年，将“出口特区”改名为“经济特区”，决定在深圳、珠海、汕头和厦门设置经济特区。在来自全国各地的建设大军的艰苦努力下，深圳、珠海这样往日落后的边陲小镇、荒滩渔村，不过四年工夫，就变成了高楼矗立、初具规模的现代化城市，成为引进外资和先进技术的前沿地区。②外资的正效应。国外资金大量流入缓解了中国经济建设的资金压力，逐步矫正了内向型的国民经济结构，1979年到1983年的五年，平均每年实际利用外资额28.88亿美元，1984年的进出口总额达到1201亿元，占国民生产总值总额的16.67%，外资还带来了先进技术和管理经验，有效地改善就业。

三、“为增长而竞争”的开发区地方经济功能

研究开发区及管委会角色有多个视角，其中有两个重要的视角：一是地

---

〔1〕 参见张小济主编：《走向世界市场——30年对外开放回眸》，中国发展出版社2008年版。

方性。在中国开发区发展过程中，除1984年第一批经开区和上海自贸区由中央主导外，开发区基本上呈现出地方主动构建的特点，管委会也是所在地地方政府的派出机构。二是经济性。开发区是国家实施特殊经济政策，谋求改革开放和经济发展的特定功能区，经济发展功能为主导。开发区从始到今的建设思路是以地方为主，1984年谷牧同志在天津、大连调研选址，明确了各城市开发区，由市委市政府直接领导管理，当作事业来办，动员全市力量积极支援。[1]中央领导人也认为开发区在本质上是地方问题，而非中央政府问题。各大自贸试验区总体方案也是以上级下发通知的方式，强调地方组织实施好方案。在开发区体制中，地方政府的作用已经远远超过中央政府，对开发区体制的影响力极高。目前，开发区目标地方化较为明显。[2]即使当下的国家顶级战略园区——自贸试验区亦然：一是自贸试验区以地方申报和中央审批为运行逻辑。自贸试验区需要地方拟定申报方案，与中央进行多轮重负博弈，由中央审批，再以通知的形式下发。自贸试验区涉及多个片区的，或由省政府下发具体建设方案的通知，如广东省；或由各片区所在地政府拟定具体建设方案申报，由属地政府报省政府审批，以批复的形式同意下级的申报方案，如福建省。二是在总体方案中明确地方的主导责任。国务院分别下发的自贸试验区方案中，非常明确地强调了自贸试验区开发开放的地方主导责任，要求各地方要精心组织好方案的实施工作。方案实施中的重大问题，要及时向国务院请示报告。相应，在各省也以通知的形式，层层转包，下发更具体化的建设方案，并要求各片区所在地的市政府加强组织实施。如广东省人民政府发布的《关于印发中国（广东）自由贸易试验区建设实施方案的通知》如斯，要求广州南沙、深圳前海蛇口、珠海横琴三片区的所在地政府加强组织实施，遇到问题，径向广东省自贸试验区办公室反馈；福建省人民政府根据厦门、福州市政府的请示，分别批复了中国（福建）自由贸易试验区厦门片区、福州片区的实施方案，并要求厦门市政府、福州市人民政府要精心组织好实施方案的实施工作，对实施方案实施中的重大问题，要及时向省政府请示报告。三是立法强调地方的主导责任。我国唯一的开发区中央立法，即《海南自由贸易港法》第6条第3款规定："海南省应当切实履行责

---

〔1〕 参见李志群等主编：《开发区大有希望》（上册·概论），中国财政经济出版社2011年版。

〔2〕 参见鲍克：《中国开发区研究——入世后开发区微观体制设计》，人民出版社2002年版。

任，加强组织领导，全力推进海南自由贸易港建设各项工作。”由于城市竞争的增长市场宏观体制和超自主的自贸试验区体制安排，地方有更强的发展非理性意愿和动力，加之中央对自贸试验区的地方化安排，这必然造成各地竞相申报自贸试验区，进一步加剧自贸试验区的地方化。

（一）增长市场是什么？

中国改革开放40多年，自1978年起到2020年，经济总量从1495.41亿元增长到1 015 986亿元，国内生产总值（GDP）年均增长近10%。世界银行数据显示，中国GDP占世界经济的比重，从1978年的1.742%，提升到2021年的17%。同时，其他各个方面都取得了举世瞩目的伟大成就。被世人誉为“增长奇迹”。大国综合优势的发挥需要充分发挥地方积极性，越来越多的经济学家认为中国经济增长之“谜”是做对了地方政府的激励，发挥好了地方积极性，引起了地方政府的竞争，形成了“增长市场”。张五常认为地区竞争是破解中国经济增长之“谜”的关键所在，权力从中央层层下放、层层界定、层层分成，这样的合约组织可以把产权界定得清楚，地方有了充分的激励进行竞争，促进经济增长。所以，今天中国的经济制度的重心所在是同层的地区互相竞争。〔1〕张军认为：“我能够让自己信服的解释只有一个：对于中国经济的发展，没有任何力量有竞争产生的能量这么强大，没有任何竞争有地方‘为增长而竞争’对理解中国的经济增长那么重要。”〔2〕开发区管理机构作为地方政府发展体制的重要成员，其编制身份是属地政府的直属机构或派出机构或派出机关，地方政府的激励机制所引起的行为特征相应表现在管委会身上。所以，管委会激励之谜可从地方政府的激励制度中找到答案。

科斯定理说明，政治制度运行成本为正，应界定政治产权和引进竞争规则。“在最基本的理想中，政治是一个完全类似于市场的复杂的交易过程。”〔3〕“政治市场是政治主体（选民、政府及其官员）围绕着公共物品的供给与需求而形成的关系体系。”〔4〕在经济市场交易的是商品，追求效益最大化的经济主体

〔1〕张五常：“中国的经济制度之五：承包合约的扩张与县际竞争的兴起”，载 http://blog.sina.com.cn/s/blog_47841af701009zyq.html，最后访问日期：2014年9月28日。

〔2〕参见张军：“为增长而竞争：中国之谜的一个解读”，载《东岳论丛》2005年第4期。

〔3〕［美］詹姆斯·M. 布坎南：《自由、市场与国家——80年代政治经济学》，平新乔、莫扶民译，生活·读书·新知三联书店上海分店1989年版。

〔4〕李程伟：“政治与市场：横断科学视角的思考”，载《兰州大学学报》1997年第3期。

基于成本收益的考量，为获取经济收益而竞争，创造供给和需求。在政治市场交易或竞争的客体是什么？笔者认为：以经济建设为中心，发展是硬道理，中国政治市场的“商品”是经济增长、经济发展、国富民强是任何政权的合法性来源，大国治理的中央与地方分权，形成多轮驱动，推动经济发展，增收财税，供给公共物品，获取正当性。有稀缺必有竞争，政治运行规则影响着竞争的方式。有学者将财政激励理解为“自我晋升激励”，将官阶上升激励理解为“纵向晋升激励”。〔1〕殷存毅等将经济激励和政治激励所形成的地方竞争现象解释为“中国经济增长市场”，并明确了市场角色、主体及其条件、交换对象、衡量尺度等要素（如表 3-1 所示）。〔2〕

表 3-1　中国经济增长市场

主体	中央政府	地方政府
市场角色	需求方（垄断）	供给方
主体条件	经济绩效考核机制 集中的官员治理制度	自主权：产权地方化 水平的竞争关系
商品交换	GDP 增长或其他可衡量指标	
	需求：GDP 增长或其他 供给：提官员晋升和财政	供给：GDP 增长或其他 需求：政治晋升和财政收入
衡量尺度	经济总量（GDP）相对增长率、其他可衡量指标	

（二）增长市场的制度条件

十一届三中全会后，中央和地方都有强烈发展需求，但大国由诸多的地方组成，中央的增长需求要依赖于地方，要强调地方经济发展中的自主性。中国立法分权、经济分权、层层承包合约安排、发展共识、士大夫精神等正式、非正式制度安排，形塑了财政晋升和政治晋升的双重激励，将经济增长作为中国政治市场交换的商品，“做对了激励”，地方政府官员要积极供给经济增长或 GDP 方能在竞争中胜出。“为增长而竞争”，地方政府与辖区“臣

〔1〕刘瑞明、白永秀：“晋升激励、宏观调控与经济周期：一个政治经济学框架”，载《南开经济研究》2007 年第 5 期。

〔2〕殷存毅、汤志林：“增长市场、选择性政策与区域租金——以国家级经济技术开发区为例”，载巫永平、吴德荣主编：《寻租与中国产业发展》，商务印书馆 2010 年版。

民”，形成了曼瑟·奥尔森意义上的“区域共容利益”，进而中央、地方和辖区“臣民”形成了“国家共容利益”，缔造了中国经济增长的奇迹。

1. 共容利益模型。新制度经济学认为，国家是一个具有合法垄断使用暴力和强制提供法律、秩序的组织，最终要形成对造成经济的增长、衰退或停滞的产权结构的效率负责的制度安排。[1]曼瑟·奥尔森首创的“利益共容”范式启发性地论述了政府组织的激励机制。他从集体行动理论出发，认为由于搭便车，交易成本过高，较大的组织则不能以自发的集体行动达成共同的目标，在人口众多的社会中很难产生社会契约以获得法和秩序的利益。地方竞争范式认为，中国式分权改革形塑了中央、地方与辖区的共容利益。张五常将其佃农分成理论一般化，以税收分成为切入点分析中央、地方与辖区企业的共容利益，认为税收分成激励了地方政府千方百计招商引资，政府想获取税收与辖区企业想获得各类优惠存在一定的共容利益，政府甚至不惜牺牲当前地价以获得可持续的企业增值税。[2]中国的分权化、职能下属化改革及本土文化的士大夫精神等一系列正式、非正式的制度安排，使地方政府成了相对独立的主体，对辖区有了产权利益或共容利益，有了精心经营辖区的激励。郑永年等人根据发展型国家理论，将对辖区有了产权利益的关系称之为“产权地方化”，将地方充分自主、以发展为导向、通过各项政策措施促进地方发展的模式称之为“发展型地方主义”。[3]

2. 制造竞争。制度竞争助长政府中的政治-行政和司法性企业家精神，从而创造性地、预先主动地加速生产力的增长，增强竞争力。如果人员和生产者有机会在独立的国内行政区间流动，立法者和行政官员就会被迫相互竞争，从而对权力寻租活动产生有效约束。地方之间的争胜所产生的结果优于一个中央单一制的政府所提供的机构，并在公共政策中培育出公民们真正想要的那些创新来。竞争抑制权势，促使政府为吸引公民和投资者而投入信息

---

〔1〕 参见卢现祥、朱巧玲主编：《新制度经济学》，北京大学出版社 2007 年版。

〔2〕 参见张五常：“中国的经济制度第六节：县制度的佃农分成”；“第七节：分成方程式的效果”，载 http://blog. sina. com. cn/s/blog _ 47841af70100a1ij. html；http://blog. sina. com. cn/s/blog _ 47841af70100a2xo. html，最后访问日期：2014 年 5 月 5 日。

〔3〕 参见郑永年、吴国光编：《论中央—地方关系：中国制度转型中的一个轴心问题》，牛津大学（香港）出版社 1995 年版。

成本和交易成本。[1]张五常认为，行政区划的地理界线天然具有权利界定作用，中国层层分包的合约安排将地方政府变成性质类同、相互竞争的商业机构，上层需要下层的竞争促进资源优化配置，并且做大增量，获取增值税等分成收益。[2]许成钢、钱颖一认为，中国分权化形成的“条条”(中央部委)与“块块”(地方各级政府)的条块体制，构成了M型的组织结构，形成了“中国特色的维护市场的体制”。[3]

3. 怎么制造中国式共容利益和竞争？

(1) 立法放权。一是央地关系遵循中央的统一领导和充分发挥地方的主动性、积极性的原则；二是确立了全国人大及其常委会—国务院—省级人大及其常委会及政府—省会城市和较大市的人民政府的四级立法体制；三是民族自治地区的自治立法权、特区立法权。2000年《立法法》进一步明确了省、自治区、直辖市、经济特区和较大市的人大及其常委会的地方立法权及政府的行政规章制定权。地方立法权的确立，以及“县级以上的地方各级人民代表大会设立常务委员会”的新规定，意味着地方政府必须对同级权力机关负责，从立法上改变了地方政府只对上级政府负责的责任机制。同时确立了地方政府作为一级公共事务管理主体的地位，即辖区法定代表人的独立地位。

(2) 行政与经济放权。一是财政放权。1980年实行了“分灶吃饭”的财政分成制(财政承包制)财政包干制改革→1983年实行了“利改税”改革，即企业原来上缴的利润改为向国家缴纳企业所得税→1985年实行了“划分税种，核定收支，分级包干”→1994年至今，实行分税制改革。二是部分地区的试点改革。设立经济特区，逐步开放沿海、沿江、沿边城市，设立各类开发区。三是其他下放事权。涉及固定资产投资审批权、对外贸易和外汇管理权、价格管理权，“下管一级”的干部人事权，国企管理权。

(3) 层层承包合约安排。周黎安认为：“中央首先将行政和经济管理的具

---

〔1〕［德］柯武刚、史漫飞：《制度经济学：社会秩序与公共政策》，韩朝华译，商务印书馆2000年版，第491页。

〔2〕参见张五常：“中国的经济制度第八节：县现象的经济解释”，载：http://blog.sina.com.cn/s/blog_47841af70100a4fs.html，最后访问日期：2015年3月25日。

〔3〕参见张军、周黎安编：《为增长而竞争：中国增长的政治经济学》，格致出版社、上海人民出版社2008年版。

体事务全部发包给省一级政府，然后省政府再往下逐级发包，一直到县乡一级……行政事务的逐级‘转包’过程就是政府职责和职权的向下转移过程，中央以下每一级‘承包方’必须向作为发包方的上级政府负责，而每一次发包方都有义务监督所有后续的承包方的职责。”[1]荣敬本等人提出了“压力型体制”，指出在民主政治尚不完善的转轨经济中，中央逐级下达经济社会发展硬指标，各级政权组织采取数量化任务分解的管理方式和物质化的评价体系，层层分解和考核，按指标完成情况给予不同奖惩。[2]地方政府“守土有责、谁主管、谁负责”，“行政发包制赋予了下级政府许多事权和自由裁量权，这种事实上的管理权就像被保护的产权一样可以变成对地方官员独立决策的激励”。[3]

（4）非正式制度。一是发展共识。中央和地方各级政府达成了一种强大的发展共识，这种强大的发展共识作为一种社会资本，对政府来说它具有工具性和规范性的功能，通过大众对现状的认同和增强各级政府机构的凝聚力而减少交易费用和协调成本。二是士大夫精神的中国传统文化激励约束。“当官不为民做主，不如回家卖红薯。”“修身齐家治国平天下”，为官一方、造福百姓，做出业绩、树立口碑的为官之道在一定程度上影响着官员的思想。三是“理”的激励和约束。这些广为人知、普遍接受的“理”，虽然很可能与政府法律相冲突，却在一定程度上约束了政府运用权力，并迫使政府出于自身利益的考虑，对这些“理”给予一定程度的尊重和承认。这一结论的一般意义是，中国地方政府保护私人产权，在很大程度上是受到民间社会的“理”的制约和引导，逐步承认民间社会的通行做法，所谓“摸着石头过河”。从这个意义上说，中国民间社会的“理”支持了中国经济最近 30 年的持续增长。[4]

4. 产品供给：从过渡性的产权保护到法治化国际化市场化的营商环境。

---

〔1〕周黎安：《转型中的地方政府：官员激励与治理》，格致出版社、上海人民出版社 2008 年版，第 59 页。

〔2〕参见《县乡人大运行机制研究》课题组：“县乡两级的政治体制改革，如何建立民主的合作新体制——新密市县乡两级人民代表大会制度运作机制的调查研究报告”，载《经济社会体制比较》1997 年第 4 期。

〔3〕周黎安：《转型中的地方政府：官员激励与治理》，格致出版社、上海人民出版社 2008 年版，第 70 页。

〔4〕参见曹正汉、史晋川：“中国民间社会的理：对地方政府的非正式约束——一个法与理冲突的案例及其一般意义”，载《社会学研究》2008 年第 3 期。

中国政府与辖区居民、企业的共容利益和渐进式的边际革命，处理好了改革、发展、稳定、安全之间的关系，权力与繁荣关系的妥当处理，赢得了中国的增长奇迹。曼瑟·奥尔森反复论证，经济成功两大要件：一是产权清晰和契约公正执行；二是不存在任何的巧取豪夺。他进一步对其长期增长理论进行了高度概括，提取公因式，创造了强化市场型政府（market-augmenting government）这个概念，其特征是这个政府有足够能力去保护私权和强制执行各种契约，并且自身能受到有效约束。转型国家往往在产权保护、公司治理和市场发展完善程度等方面处于落后状态，不符合经济发展的“华盛顿共识”。中国改革开放以开放促改革、促创新、促发展，从全能政府向有效有限政府转型，从计划经济向市场经济转型，从人治向法治转型，在分权化、市场化、国际化改革开放中进行了双重竞争制度创新，为发展而经济竞争、政治竞争。转型中国的发展型地方主义（利益共容）+地方竞争的大国治理结构在某种意义上提供了中国特色的权利保护机制，形成了中国特色的强化市场型政府。

在增长市场方面，地方八仙过海，各显神通。知识、技术和经济的演化是由敢于冒险的知识发现者推动的，一个条件是他们有实际的激励去保持敏感和从事创新，并且面对不间断的竞争调整。[1]地方政府竞争彻底改变了政府部门对重要生产要素（如资本）的态度，政府部门的垄断租金大幅度被削减。地方竞争使企业产权得到保护、政策环境得以优化，提供了中国特色的产权保护和其他有助于企业发展的政府服务，它不是通过司法的彻底改革实现的，而是通过改变政府官员的激励实现的。[2]柯武刚等人认为，分权这种职能下属化的改革使公共权力分散并促进竞争，对产权进行了有效的保护。联邦制在政策制定上的多样化允许选民们作选择，并允许在共享品供给的控管方式上存在差异。那时，公民们将会对培育地方的和地区的经济发展产生更多的兴趣。[3]徐现祥、王贤彬认为：“官员是国家和政府组织中最基本的微

〔1〕［德］柯武刚、史漫飞：《制度经济学：社会秩序与公共政策》，韩朝华译，商务印书馆 2000 年版，第 20 页。

〔2〕参见张军、周黎安编：《为增长而竞争：中国增长的政治经济学》，格致出版社、上海人民出版社 2008 年版，第 125 页。

〔3〕［德］柯武刚、史漫飞：《制度经济学：社会秩序与公共政策》，韩朝华译，商务印书馆 2000 年版，第 492~493 页。

观单元，由于成功的激励对经济增长的重要性，对于中国这样一个处于转型阶段的发展中国家来说，执政党和政府对其自身内部成员的激励尤其不可忽视。这是因为，处于转型中的国家往往在产权保护、公司治理和市场化程度等方面处于相对不足状态，很容易成为经济增长的阻梗素。在党政官员面临正面激励的情况下，他们有动机去作为，把这些因素的不利影响降低，并通过其他手段促进经济增长。”〔1〕

这说明，虽然我国法律上的产权保护制度尚不够完善，国际投资者时常怀疑我国的制度环境，民营企业易受歧视，但是地方竞争使企业产权得到保护、政策环境得以优化，提供了中国特色的产权保护和其他有助于企业发展的政府服务，这是一种法治化进程中的过渡性和局部替代安排。在实地调研时，笔者发现了一个产权安全的特殊安排，由于早年我国法治环境不健全，投资者进入的顾虑很多，但挡不住我国开发区的政策诱惑，便要求政府参与投资，成立“利益共容体”，以保障投资安全。2013 年 7 月 6 日，笔者和广州开发区国资公司管理人员座谈，其说道：“早年，外资进入我们开发区有点疑虑，觉得我们的法律不健全，投资没有安全感，但又想在我们这里投资。为了消除顾虑，投资者就会要求我们国资公司参股。为了招商引资，我们也会主动提供这种服务，毕竟这些项目是比较好的，也能赚钱。如早年宝洁公司就是这样操作的，之后，法律环境好了，宝洁公司就要我们退出了。”笔者在成都高新区实地调研时，也发现了这种现象。当下，随着法治化、国际化、市场化营商环境构建的不断推进，世界银行发布的《营商环境报告》显示，中国排名已从 2003 年首份《营商环境报告》（包括 5 个指标和 133 个经济体）中的 100 名以外到 2020 年的《营商环境报告》（涵盖了 12 个指标和 190 个经济体）中的第 31 位，在调研过程中也较少出现这种过渡性产权保护，更多是高水平的营商环境打造。各类开发区成为高水平营商环境的示范，这从上述一系列的漂亮数据即可知。

（三）开发区竞争优势的制度安排：超自主体制

20 世纪 60 年代，钱德勒（Chandler）深入研究了美国 100 多家公司的发展情况，收集了大量、详尽的史料和案例后，出版了《战略与结构——美国工商企业成长的若干篇章》一书，提出环境决定战略，组织结构适配战略的

〔1〕 徐现祥、王贤彬：《中国地方官员治理的增长绩效》，科学出版社 2011 年版。

思想，战略目标的实现需要适配的组织结构，否则会消解战略目标的实现。[1]虽然钱德勒是通过研究公司组织提出来的，但是其战略和组织结构关系经典理论的普适解释力亦可解释匹配国家战略的组织结构。战略对于组织的作用就如同眼罩对马的作用，战略可以使组织前进，也可能使组织失去对周围事物的洞察力。[2]科斯定理已说明，战略选择、实施、实现需要与之相匹配的权利或资源配置，不同的战略需要匹配不同资源，包括组织资源。如果一个国家、城市经济没有发展，说明权利配置或制度安排存在问题，意味着生产缺失有效的制度结构。为实现开发区的战略使命，制度安排的最关键一环就是赋予开发区与行政区不同的权力或优惠政策，相应就制造了中国开发区超自主的体制结构，并且制造竞争约束。

开发区的改革自主权配置是实现开发区战略使命和目标的关键性制度安排。开发区的基因里就含着改革开放的因子，是为改革开放量身打造的制度安排。改革开放初期，一些人对市场经济生产方式的认识存在误区，虽然部分地方有设想，并且兴办开发区由地方首先提出，但整体上地方对搞开发区的热情不高，体现出自上而下的强制性制度构建，是中央直接推动的产物。中央希望开发区成为经济特区的第二梯队，借鉴特区经验，尽快形成投资环境的“小气候”，加快引进资金、先进技术和先进管理经验，进行经济体制的改革与试验，以开放促改革、促发展，发挥出示范、辐射和带动作用。制度变迁，受制于变迁主体的相对谈判实力。为保证开发区实现国家战略意图，国家赋予了开发区特殊的制度安排，如经济开发区的外商投资审批权比照经济特区执行，还有对进出口贸易、财税、信贷等方面进行特殊的制度安排，鲍克将开发区的特殊体制安排归纳为“超自主体制”。开发区超自主体制是指，为屏蔽传统体制对开发区的负面影响，构建开发区“封闭运行”的小环境，保障开发区小范围内的先行先试，其体制设计具有极强的自主安排特点，表现为政府和企业混合运作、职能上的强授权、行政级别上的高配置、财力和资源上的超级安排、地方政府的直接保护、减少社会性管理负担以及解脱对

---

〔1〕 参见［美］艾尔弗雷德·D. 钱德勒：《战略与结构——美国工商企业成长的若干篇章》，北京天则经济研究所、北京江南天慧经济研究有限公司选译，云南人民出版社 2002 年版，第 13~14 页。

〔2〕 参见［加］亨利·明茨伯格、布鲁斯·阿尔斯特兰德、约瑟夫·兰佩尔：《战略历程——穿越战略管理旷野的指南》，魏江译，机械工业出版社 2012 年版，第 12~14 页。

权力机构（如人大）的定期汇报义务等。[1]

1. 党政企“三位一体”。中共开发区工委、开发区管委会、开发区国资公司三位一体，集不同性质机构职能于一身，党政企不分，权力集中，保障园区公共产品的高效供给，以权力集中的行政体制保障区内高度分权、多元化的商品经济生产方式的试行，集中力量办大事，显示了计划向市场转轨经济的政治经济特征和国家行政治理模式的路径依赖。“三位一体”主要体现在：一是人员直接混同上。开发区工委、管委会、开发区国资公司领导基本混同，有些园区三个机构的中层以上管理人员混同，开发区政府公职人员兼职公司管理人员的现象比较多。二是公司财产、园区土地和财政资金的捆绑滚动上。如皮黔生等指出，天津开发区的资金大循环模式，开发总公司进行土地一级开发，管委会以低于土地成本的价格进行工业招商，入区企业经营纳税和支付土地款，管委会通过财税补贴、注入优质资产、赋予高收益的商业住宅地产开发资格等方式对工业地产政策性亏损进行弥补，保障公司形成稳定现金流，再进行银行贷款，循环滚动，变开发土地企业的投入-产出小循环为企业、政府、银行连在一起的大循环。开发区的国有企业经历了总公司、控股公司和集团公司的演化，同时伴随着治理结构、政企关系越来越科学，但是大多数开发区“三位一体”仍是重要的体制机制安排。

2. 干部高配。中国改革开放是从计划经济走向市场经济、从身份等级经济走向契约平等经济，具有鲜明的转轨经济特点。改革创新的推进需要外围高级别领导作保障，以优化资源配置和加强统筹协调。为协调一线矛盾，屏蔽外部环境干扰，获取政府高层信息等，管委会的行政级别普遍高于横向协调的周边区域和所在市的有关部门。开发区管委会的一把手普遍由所在地城市市委常委或副市长兼任，即使不是由市领导挂帅，行政级别也是高规格配置，按不成文的规定，国家级经济技术开发区、国家高新技术产业园区按副厅级进行配置。

3. 财税倾向安排。区域财税安排的不平等正逐步走向区域公平。在经济技术开发区初创阶段，经济技术开发区准生证《沿海部分城市座谈会纪要》（中发〔1984〕13号）明确，中央不给钱，只给政策：一是中央财政将新增

---

〔1〕 关于超自主体制安排的内容参考了鲍克：《中国开发区研究：入世后开发区微观体制设计》，人民出版社2002年版，第73~106页。

税收全额返还所在城市用于开发区的建设发展。尤其是第一批开发区享受了两个五年全额返还+三年递减返还，享受了十年的100%税收的留成，史无前例，甚至超过所在省市政府；二是企业的所得税优惠，按15%征收所得税。但是这类较一般的区域财税安排越来越少，2008年内外资两税合一，各项区域财税政策基本抹平，只有个别区域才有特殊政策优惠包括财政税收优惠，如中西部地区边境开发区和国家经济技术开发区对基础设施建设贷款的财政贴息，新疆喀什霍尔果斯经济开发区进口设备免征关税、重点鼓励类企业税五年免征优惠、免交土地出让收入和新增建设用地土地有偿使用费，北京中关村等自主创新示范区法人合伙人税收优惠、技术转让所得税减免优惠、延缴个人所得税、文化产业支撑技术企业享15%企业所得税，深圳前海、珠海横琴、福建平潭、上海浦东新区的符合条件企业所得税率15%优惠，上海等自贸试验区非货币资产投资所得税和股权激励个人所得税的分期缴纳、融资租赁退税试点、完善适应境外股权投资和离岸业务发展的税收政策先行先试权，国家现代服务业试点区的财政专项资金安排等，并且规定的窗口期越来越严。当下，为打造中国特色自由贸易港，海南自贸港对标国际先进自贸港，进行了“零关税、低税率、简税制”等财税制度安排。

为规范税收安排，2013年11月，党的十八届三中全会通过的《中共中央关于全面深化改革若干重大问题的决定》要求，深化财税体制改革，完善税收制度，按照统一税制、公平税负、促进公平竞争的原则，加强对税收优惠特别是区域税收优惠政策的规范管理。税收优惠政策统一由专门税收法律法规规定，清理规范税收优惠政策。这意味着收紧区域税收政策优惠，政策性的区域税收优惠政策将逐步取消。2013年12月5日，财政部副部长在深圳前海调研时，针对深圳前海拟将金融业纳入税收优惠目录的问题强调：“税收竞争造成区域公平问题，导致区域竞争恶化，国家将出台规定清理地方出台的各项税收优惠政策，税收优惠政策的口子是越来越紧。”2014年11月27日，国务院发布的《关于清理规范税收等优惠政策的通知》(国发〔2014〕62号)要求，全面清理已有的各类税收等优惠政策，但是在实际执行中，税收清理举步维艰。2015年5月10日，国务院发布《关于税收等优惠政策相关事项的通知》(国发〔2015〕25号)，暂停税收清理。虽然税收清理受到阻碍，但是税收公平是大势所趋，依靠制造不公平的税收优惠，并不可持续发展和健康发展。2021年3月24日，中共中央办公厅、国务院办公厅发布的《关于进一步深化税收征管改革的意见》，加强重点领域风险防控和监管，对逃避税问题多发的行业、地区和人群，加强预防性制度建设，加大依法防控和监督检查力度。对于区域税收优惠问题，有人会质疑是否违反世界贸易组织（WTO）规则？在此说明，WTO 条款中的国民待遇原则只是禁止对外国企业和本国企业实行差别待遇，并不限制在国内设立特殊经济区和在区内实施特殊的优惠政策，更不限制对共性技术研究开发和中小企业的扶持。

4. 高度授权。为了先行先试商品经济生产方式，突破人财物、产供销的全能管制型的计划体制，保障开发区的封闭运行，开发区管理权限尤其是经济管理权限得到了高度授权，在投资审批、城市规划、土地管制、环境管制、工商管制等方面权力较大，基本上享有所在城市市一级的经济管理权限，国务院有关文件和地方立法都有相关规定，如《关于促进国家级经济技术开发区进一步提高发展水平的若干意见》（国办发〔2005〕15 号，已失效）明文规定，国家级经济技术开发区的管理机构根据授权行使同级人民政府行政审批、经济协调与管理等职能，国家级经济技术开发区的外商投资审批权限最早比照特区执行，现在享有省级外资投资审批权限，超过了母城。自贸试验区（港）更是超越了传统行政文件的配置方式，由全国人大常委会几次专门决定，调整法律适用，制造法律特区，同时高强度配置资源，如税收政策、省级经济管理权限、干部高配等。当下，随着我国治理日趋成熟，中央“条条”收权，加强管控，一定程度上超自主体制受到影响。对此，中央也不断强调和推出措施为开发区改革创新松绑，国务院发布的《关于推进国家级经济技术开发区创新提升打造改革开放新高地的意见》（国发〔2019〕11 号）将“赋予更大改革自主权”作为重要内容进行部署。党的十九大报告中明确提出，“赋予自由贸易试验区更大改革自主权”。《国家“十四五”规划纲要》也明确要求赋予自贸试验区更大改革自主权，深化首创性、集成化、差别化改革探索，积极复制推广制度创新成果。

5. 制度创新默许。国家设立开发区的初衷本身就是为了创新，体制安排上默许了开发区在制度上的创新突破，在特定区域先行先试自由化经济和服务型政府，不断形成可复制、可推广的模式。经过开发区打造“仿真的国际投资环境”，在投资贸易体制、产权制度、现代企业制度、所有制改革、劳动人事社会保障制度、分配制度、教育科技创新体制、行政管理体制、对外经济开放体制、土地制度等方面的先行先试，形成了可复制、可推广的模式。

还有，开发区推行“小政府、大社会产业”，管制逐步放松；大审批、大执法体制探索，突破“上下对口、左右对齐”条块体制；规划建设、经济管理、社会管理的亲商大部制机构安排，一站式办公和网络审批；土地的有偿使用和资本运作；首问制、一事一议、一对一项目跟踪服务等先行先试，形成了可复制、可推广的模式。如果说开发区在改革开放的前30年为迎接全球化挑战，充分发挥中国劳动力、土地等比较优势，先行先试制造业、高新技术产业发展，实施制造业强国战略和自主创新战略。在改革开放进入深水区、攻坚期的新时期，开发区应在投资贸易便利化、金融创新、事中事后监管、现代服务业的体制机制创新、转变经济发展模式、人民币国际化和参与国际竞争、区域协调和城乡统筹发展、政府职能转换和机构改革等方面继续履行先行先试的使命，进一步改革创新和扩大开放，形成可复制、可推广的模式。

超强自主体制安排，早年还体现在对公司主导型园区微观体制的制度安排上，如上海漕河泾开发区虽然由总公司开发，但市政府仍然赋予其较强的体制和职能，代行政府职权，在项目审批上，公司可以对区内投资总额3000万美元以下的外商投资项目自行审批，行政级别按厅局级配置。中新苏州工业园区开发有限公司的董事长甚至曾经由江苏省委常委、苏州市委书记担任。

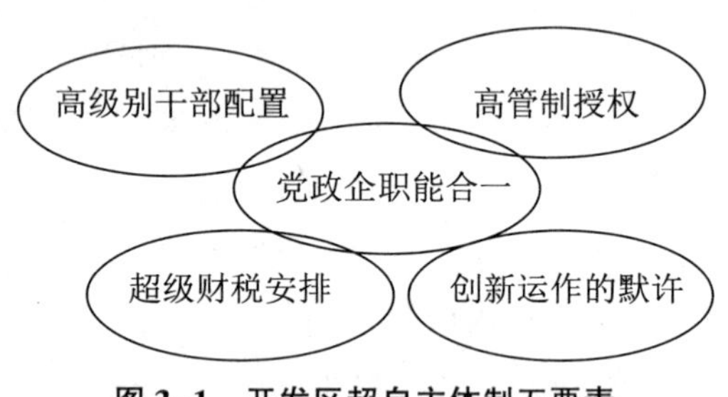

图3-1 开发区超自主体制五要素

第二节 以自由看待开发区发展

诺贝尔经济学奖获得者阿马蒂亚·森以权利关系为视角，关注弱势群体，认为贫困实质是权利的贫困，建立了以自由为核心的发展理论。联合国原秘书长科菲·安南在谈到阿马蒂亚·森的《以自由看待发展》一书时，曾经对他做过如下评价：“世界上的穷人和被剥夺者，在经济学家之中不可能找到比阿马蒂亚·森更旗帜鲜明也更有见地的斗士。通过表明我们的生活质量不应以我们的财富而应以我们的自由为标准来衡量，他的著述已使发展理论及实践发生了革命性剧变。”发展型社会政策认为社会发展和经济发展相辅相成，二者同等重要。改革开放40多年，我国以经济建设为中心，以国内生产总值（GDP）为度量标准，是脱离社会发展的经济增长模式。当下，这种瘸足的经济发展观已逐步被反思和纠偏，国家开始强调和谐发展、科学发展和人的全面发展。对此，阿马蒂亚·森的自由发展观、权利贫困观和发展型社会政策理论给予我们很大的启发。

一、阿马蒂亚·森的自由发展观

阿马蒂亚·森在其《以自由看待发展》一书中提出，以人为中心，提出发展的最高价值标准就是自由。阿马蒂亚·森将发展看作一种特定的发展观，自由是发展的目的，也是促进发展的不可缺少的手段。

（一）发展不是GDP之类经济指标的增长

阿马蒂亚·森在《以自由看待发展》一书中开宗明义提出：“本书论证，发展可以看作是扩展人们享有的真实自由的一个过程。聚焦于人类自由，与那些狭隘的发展观，诸如认为发展就是国民生产总值（GNP）增长、或个人收入提高、或工业化、或技术进步、或社会现代化，形成了鲜明的对照。”财富、收入、技术进步、社会现代化等最终来说只属于工具性的范畴，是为人的发展、人的福利服务的。发展可以被看作是扩展人民享有的真实自由过程，就是消除饥饿、疾病、营养不良、医疗保健和教育措施的缺乏及政治上的暴政等不自由的过程。“消除使人民几乎不能有选择，而且几乎没有机会来发挥其理性主体的作用的各种类型的不自由，构成了发展。”阿马蒂亚·森反对为了效率而牺牲自由的实用主义及功利主义自由观，因为它们既不符合人类的价值追求也不符合客观事实。如美国黑奴的收入并不低于自由农业工人，期望寿命也不低，但他们还是逃跑。[1]

（二）自由是人尊严活着的可行能力

阿马蒂亚·森指出，一个人选择有理由珍视的生活的实质自由是可行能

[1] 参见［印］阿马蒂亚·森：《以自由看待发展》，任赜、于真译，中国人民大学出版社2002年版，第21页。

力，“一个人的可行能力指的是此人有可能实现的、各种可能的功能性活动组合的实质自由”。功能性活动是指值得人们去追求的多种多样的事情或状态，包括足够的营养、免于疾病的侵害、创业的机会、教育和就业的机会、社区参与、拥有自尊和自我实现。[1]阿马蒂亚·森对中国计划经济时代的社会政策给予了积极评价，在《以自由看待发展》一书的中文版序言中对中国提了三点忠告：一是正视社会进步和经济发展的互补性；二是抓住高科技的主动权；三是在建设未来的同时不要背弃过去，不能忽视传统，与古为新。

（三）可行能力的提升需要综合因素的支撑

阿马蒂亚·森提出了五种因素：一是政治自由。选举、游行、示威、出版、结社、表达等方面的政治权利。二是经济条件。个人享有的将其经济资源运用于消费、生产或交换的机会。三是社会机会。在教育、保健等方面的社会安排。四是透明性担保。社会交往中需要的信用取决于交往过程的公开性、对信息发布及信息公开性的保证。五是防护性保障。国家提供社会安全网，以防止处于社会边缘的人陷入痛苦的境地。[2]各种工具性自由相互关联、相互促进、共同为扩展人的实质自由作出贡献。例如，人民拥有各种经济资源如劳力、知识、技术、资本、土地，而市场机制提供了各种经济资源自由组合的最好机会。但是，市场机制不是完全放任的私人博弈机制，其有效运作取决于一个强有力的价值规范体系。因此透明性担保与健全的市场机制紧密相连。“与这些相互关联的工具性自由相适应，发展依赖于多元化的制度，包括民主体制、法律机制、市场结构、教育和医疗保健设施、传播媒体及其他信息交流机构。”[3]

二、阿马蒂亚·森的权利贫困观

阿马蒂亚·森从权利的视角论述贫困问题，认为贫困不只是收入低下的外在表现，而是权利缺失的结果。

---

〔1〕［印］阿马蒂亚·森：《以自由看待发展》，任赜、于真译，中国人民大学出版社2002年版，第42、62页。

〔2〕参见［印］阿马蒂亚·森：《以自由看待发展》，任赜、于真译，中国人民大学出版社2002年版，第31~33页。

〔3〕参见［印］阿马蒂亚·森：《以自由看待发展》，任赜、于真译，中国人民大学出版社2002年版，第42页。

（一）权利贫困才是贫困（饥饿）的本质

阿马蒂亚·森指出，对贫困问题的认识或理解饥饿，必须首先理解权利体系。“权利方法把饥荒看作是经济灾难，而不只是粮食危机。”权利体系包括：以贸易、生产为基础的权利和自己劳动、继承或转移的权利。〔1〕阿马蒂亚·森在《饥饿与公共行为》一书中指出，饥饿是交换权利的函数，不是食品供给的函数。即使由于食物短缺引起饥荒，但饥荒的直接原因还是个人交换权利的下降。阿马蒂亚·森的权利体系包括：一是以交换为基础的权利，一个人有权将自己的商品与他人交换；二是以生产为基础的权利，一个人有权将自己的资源或雇用来的要素用于生产；三是以自身劳动力为基础的权利，一个人有权将自己的劳动力用于自己组织的生产或受雇于他人；四是以继承或转让为基础的权利，一个人有权继承财产或接受赠予。前两种权利的失败，是自然经济条件下致贫的根源，后两种权利的失败，是市场经济条件下致贫的根源。

（二）权利富裕内在于政治经济社会综合体系中

阿马蒂亚·森所讲的权利，指的是一个人利用各种能够获得的法定渠道以及所获得的可供选择的商品束的集合。不同阶层的人对粮食的控制和支配能力表现为社会权利关系，而这种权利关系又决定于法律、经济、政治等因素，如果权利体制不合理或者失败则会导致贫困与饥荒，或者当一个人的市场交换权利减弱或被剥夺时，即发生贫困。免于贫困或饥饿的权利依赖于：一是政治体系，政府能否提供明确的产权保护；二是经济体系，微观上充分竞争的市场秩序和宏观上稳定的经济环境；三是社会体系，包括家庭内部的分工、传统观念中对交换权利和互惠权利的规定等。阿马蒂亚·森指出，权利方法所重视的是一个人是否具有支配足够食物的能力，以及人们在某一社会现有法律体系中所具有的合法控制食物的手段。对食物的所有权是现代社会中人的最基本的权利之一，社会保障制度集中体现了对这种权利的保护。“权利方法所重视的是，在一个社会现有的法律体系中，合法的控制食物的手段。”〔2〕这种能力决定于法律、经济、政治等因素，政府能否提供明确的产权保护，微观上充分竞争的市场秩序和宏观上稳定的经济环境，家庭内部的分工、传统观念中

〔1〕［印］阿马蒂亚·森：《贫困与饥荒——论权利与剥夺》，王宇、王文玉译，商务印书馆 2001 年版，第 5~7、198 页。

〔2〕［印］阿马蒂亚·森：《贫困与饥荒——论权利与剥夺》，王宇、王文玉译，商务印书馆 2001 年版，第 43 页。

的社会体系等。

(三) 物质繁荣的权利贫困也会导致饥荒

阿马蒂亚·森将饥荒分为衰退型饥荒和繁荣型饥荒。衰退型饥荒是由于发生突然事件造成物质匮乏，则是可容忍的。繁荣型饥荒是指在物质充裕的时代，由于权利的贫困所发生的饥荒现象，是不可容忍的。权利方法不仅关注粮食的供给总量，而且“强调不同阶层的人们对粮食的支配和控制能力，这种能力表现为社会中的权利关系”。“一个人支配食物的能力或任何支配任何一种他希望获得或拥有东西的能力，都取决于他在社会中的所有权和使用权的权利关系。”[1]一个群体控制食物的能力取决于与其他群体比较的相对地位与经济力量，在市场经济条件下，相对地位和经济力量表现为一系列权利对食物的生产权、交换权、支配权，以及各种扩展权利。表现为主体间的获取实力，在市场经济条件下则表现为生产权、交换权、支配权，以及各种扩展权利。因此，公共行为的目的是提高人们依法满足自己需求的能力，包括避免营养不良、降低发病率和死亡率等基本能力和参与社区生活和获得自尊等扩展能力。

三、发展型社会政策观[2]

长期以来，人们有个认识误区，认为社会发展外在于经济发展，社会政策是经济政策的附庸，是解决市场失灵的补救性措施和经济发展的稳定器，是为贫困者提供生活保障的再分配机制，从而使社会政策沦为经济政策的从属者、修补者、工具。20世纪90年代，发展型社会政策理论和实践兴起了。发展型社会政策认为，发展是经济发展和社会发展的有机组合，社会发展是经济发展的支撑条件，核心是通过社会政策来影响个人的竞争力，通过提升个人的竞争能力而提高区域和国家竞争力，是国家的长期发展战略。

(一) 发展型社会政策提倡以人的能力提升为目的的社会投资行为

发展型社会政策以增加人的可行能力为目的，从而使社会政策成为人全面发展的重要工具。社会政策就是社会投资，发展型社会的核心理论是将社会政策当作一种社会投资行为，矫正了社会政策是一种支出和解决经济发展

---

[1] [印] 阿马蒂亚·森:《贫困与饥荒——论权利与剥夺》，王宇、王文玉译，商务印书馆2001年版，第189、198页。

[2] 该部分主要参考了张秀兰等编:《中国发展型社会政策论纲》，中国劳动社会保障出版社2007年版。

带来的社会问题的传统看法。发展型社会政策基于重视人力资本投资这一核心观念，认为劳动力素质不高实际上是人力资本投资不足的结果，失业是人力资本投资不足降低了社会成员就业能力所造成的，所以促进就业重在人力资本投入，使受助者具有持续参与到经济活动中来，通过工作或市场来满足自己的需要。

（二）发展型社会政策强调社会发展与经济发展的互动支撑

发展型社会政策认为，社会政策是社会发展和经济发展的共同问题，社会支出对经济发展有促进和保障作用，而不是经济发展的负担。由于社会政策对人力资本的投入，为经济发展提供了源源不断地高素质人口红利，而经济发展又不断地给社会发展政策供血，形成了经济发展与社会发展的良性循环，共同发展，促进人的可行能力的提升。

（三）发展型社会政策强调过程支援

传统社会政策注重事后干预，强调在事后将资源用于减轻人们的不幸和困境，保障他们的基本生活不受影响。发展型社会政策认为，社会政策不能停留在传统的缺陷修补上，而是要以满足社会成员的发展需要为出发点，通过源头治理、动态治理、过程治理，致力于消除或减少那些会使人们陷入不幸或困境的因素，而不是在风险或困境出现后再向他们提供事后的帮助和生活保障。

（四）发展型社会政策的对象是全体社会成员

传统社会政策是对弱者的关怀，无形中制造出了弱者和强者的身份划分。发展型社会政策认为，收入差距、贫困和失业等问题不属于市场失灵的范畴，而是社会成员能力未能匹配劳动力市场需求所致。所以，发展型社会政策强调对人的能力的提升，提供全生命周期的社会支持，支持对象不只是现实的贫困者或不幸者，而是全体社会成员。所以，发展型社会政策是一种增进全体社会成员经济和社会能力的社会资源投入机制。

（五）发展型社会政策是提高区域及国家竞争能力的关键

人发展的目的，也是经济社会发展的原动力。投资于人力资本是反贫困和提高个人、组织、区域、国家竞争力的关键。在全球化、知识经济时代，人力资本的重要性更为突出。发展型社会政策以投资人力资本为核心，整合个人、家庭、群体和国家等不同层面的利益需求，形成一种帮助微观个人、中观集体、宏观国家的政策机制。按照发展型社会政策的理念，过去是市场有问题，而现在是家庭和个人有问题，因此社会政策从对社会基本制度的干预下降到了对参与这个制度的个体进行干预。另外，发展型社会政策也是一种整合和协调公共和私人利益的机制：个人能力的提升对预防贫困和提高国家竞争能力具有根本性的作用。

第三节　和谐发展的探索：开发区功能的社会转型

当下，国际社会政策发展逐步演化，逐步形成了提升人的发展能力的发展型社会政策的新共识，强调社会政策与经济政策的同等重要性和相互融合螺旋式促进，对经济政策唱主角、社会政策当配角的传统社会政策观进行修正，值得注意的是，劳工标准、跨境人口流动和就业创业议题等社会政策内容已成为新一代国际经贸规则，如《跨太平洋伙伴关系协定》（TPP）、《跨大西洋贸易与投资伙伴协定》（TTIP）等的重要内容之一。同时，我国社会主要矛盾已经转化为人民日益增长的美好生活需要和不平衡不充分的发展之间的矛盾，人民群众对社会建设有了更新更高更好的需求。党的十九届五中全会强调“改善人民生活品质，提高社会建设水平”，并提出“坚持把实现好、维护好、发展好最广大人民根本利益作为发展的出发点和落脚点，尽力而为、量力而行，健全基本公共服务体系，完善共建共治共享的社会治理制度，扎实推动共同富裕，不断增强人民群众获得感、幸福感、安全感，促进人的全面发展和社会全面进步。”迈入“十四五”，我国开启全面建设社会主义现代化新征程，更加注重以人为中心的新型城镇化建设。

在我国“发展是硬道理”的“增长市场”中，以经济建设为中心，传统上片面强调以国内生产总值（GDP）主导的核心考量标准，“效率优先，兼顾公平”，相对劣后社会发展，将更多的资源投向工业部门，大力提升工业化水平，优先发展城市，劣后发展农村，在城乡利益权衡中倾向城市利益，在产业结构利益考虑中倾向于二产、三产，在产业主体利益考量中倾向于企业。所以说，城市经济部门享受了人口红利、城乡二元分治红利，促进了经济发展，也遗留下了城市病，包括教育、医疗、住房等社会保障问题环境恶化、资源紧张的生态破坏问题，经济社会转型刻不容缓。卡尔·波兰尼认为市场的扩张性从根本上颠倒了市场与社会的真实关系，价格机制推动整个人类社会进入“市场社会”，政治、文化、伦理等领域也取得了标准。但市场运动挑战的反向运动——社会自我保护运动的回应也铿锵有力，这种双向运动才是真正的“大转型”。开发区作为中国伟大转型的压力测试者和先行者、中国城市化和工业化的先锋，并且开发区土地和产业人员基本来自农村，是城乡二元格局的主要获益者，在社会转型中理应再次谋取改革新红利、新优势，探索发展型社会政策，使社会发展和经济发展和谐并进。

一、开发区社会功能转型的功能需求和实践

开发区面临的转型是经济社会双转型而不是单一的经济转型，但是为更好地集中笔力，笔者在此只论述社会转型。改革开放初期，农村的社队体制和城市的单位体制政治、经济、社会三位一体，平等地供给各种福利，但随着市场化改革的高歌猛进，单位体制瓦解，出现了“市场社会”。当市场脱嵌于社会时，市场则按照自己逻辑来改造世界，打破传统的“共同体”界限，追求金钱客观性，价格机制越出经济领域，横扫千军，扩张至政治、文化和社会等领域。但在市场运动和扩展的同时，与其对立面的“社会自我保护”运动方兴未艾，形成一种张力二者的辩证统一构成了市场和社会“双向运动”。〔1〕历经30多年的发展，开发区已是我国城市化和工业化的主力军，经济社会生态发生极大变化，已从单一的经济功能走向综合性功能，从单一的工业园区走向人产城文融合的城市新区。开发区强大的经济实力和来自五湖四海的生产生活主体，有能力探索以“自由看待发展”的社会转型。

（一）开发区经济自身发展变迁：从“孤岛”走向人产城文融合的城市新区

1. 早期的“孤岛”开发区。改革开放初期，内源存量不优、不活、不大，国有经济缺乏活力，私有经济不大、不优，存量改革和发展的复杂性、周期性，同时融入全球化，外资表现突出，中央决定引进外资增量和做优内源存量并举。但是当时仍然存在警惕资产阶级的意识，担忧外资引进会对社会主义经济造成重大冲击，另外是外资对计划经济体制的警惕，担忧中国的制度环境，所以，内源改革和引进外资尽量避免相互影响，平行运行、双轨探索。1984年5月，中央决定在经济特区的基础上将大连等14个沿海港口城市对外开放，并以开发区为突破口，在特定空间进行试点，陆续设立了

〔1〕参见［英］卡尔·波兰尼：《大转型：我们时代的政治与经济起源》，冯钢、刘阳译，当代世界出版社2020年版。这与应对“市场社会”虚无主义的政治哲学思考一脉相承。

14个开发区。为了探索无计划的商品经济，屏蔽商品经济和社会主义公有经济的双向侵蚀，实行双轨制，无论是制度上还是在空间上都对开发区进行相对隔离，以减少制度交易成本，形成了具有空间排他性的“孤岛”及“封闭运行”。[1]

（1）空间孤岛。为了在空间上保障商品经济和计划经济的双重屏蔽、双轨运行，中央当时要求开发区选址远离母城区，选择空间上易于隔离、便于封闭并且城乡经济基础薄弱的边缘地方。于是，大连经开区选在了离市区30公里的金州湾、天津经开区选在了离市区50公里的盐碱滩、青岛经开区选在了与市区隔海相望的黄岛、广州经开区选在黄埔、福州经开区选在马尾、宁波经开区选在北仑。当时，只有上海在市中心搞开发区，没有选择浦东，但是空间很小，成了“袖珍饱和型开发区”。

（2）经济孤岛。开发区是在工业不毛之地建立起来的，没有公有制经济的历史负担，招商引资，以利用外资为主，工业发展以外来注入式和外向型为主，外资是开发区发展的单一动力，与城市内部的经济联系相对较弱，内资企业少，同时，开发区功能单一，以经济功能为主，形成了经济孤岛。如经济开发区从最初即1984年延续特区的四个窗口（技术的窗口、管理的窗口、知识的窗口、对外开放的窗口），到1989年“三为主”的发展原则（即以“利用外资为主、以发展工业为主、以出口创汇为主”），1991年又提出了“三为主、一致力”（即产业结构以工业为主、资金结构以外商投资为主、产品销售以出口为主、致力于发展先进技术）。

（3）制度孤岛。投资自由化、贸易便利化、金融改革创新、财政税收、人才等政策进行倾斜，领导的高配、创新的先行先试，并且突破传统的行政体制，形成超自主体制，保障制度上的封闭运行，构建有计划的商品经济和无计划的商品经济的双向屏蔽制度。开发区超自主体制安排，唯商品经济生产方式的制度结构消解了非生产性的激励，做对了管委会及其政治企业家的生产性激励，进行了种种创新，成为区域经济发展和对外开放的重大平台。

2. 人产城文融合的城市新区。开发区在荒郊野地起步，第一阶段重在招

[1] 对此皮黔生等，进行了更详细的阐述，可参见皮黔生、王恺：《走出孤岛——中国经济技术开发区概论》，生活·读书·新知三联书店2004年版，第208~223页。

商引资聚人气，主要还是单一的工业区。随着，开发区的发展，要素集聚，形成了人流、物流、资金流、信息流，工业生产规模越来越大，开发区就业人口越来越多，各种生产、生活需求日趋增多，公共配套设施、房地产、服务业相继发展，开始向工业新城区转变。为了避免开发区出现晚上或节假日的空城现象和更好地吸引要素，保持职住均衡和强调生产生活的并重，工业区和生活区并重，供给高标准、现代化的生活服务设施和服务业。买静等根据开发区的空间和产业演进情况，描绘了开发区向综合城区发展的形态（如图 3-2 所示）。[1]

图 3-2 开发区向综合城区发展示意图

（1）城市化方向的开发区定位或要求。

一是中央层面。2005 年的《关于促进国家级经济技术开发区进一步提高发展水平的若干意见》（国办发〔2005〕15 号，已失效）要求，国家级经开区要“向多功能综合性产业区转变”，“成为推进所在地区城市化和新型工业化进程的重要力量”，国家经开区“十二五”规划指出，国家级经开区“我国工业化、城镇化、国际化的重要平台和载体”。国家高新区“十一五”规划指出，国家高新产业园要逐步成为科技新城。随着我国国际化、市场化改革的推进，脱嵌式市场运动也引起了社会自我保护运动，国家在已经完全城市化的开发区的基础上提出了经济社会和谐发展的综合配套改革试验区。开发区社会功能是指，为在开发区内生活、生产的人们生存和发展供给各项社会需求，包括改善贫困状态、提供医疗设施、提供教育和就业机会、提高工资、追求社会公平，提供社会福利和社会保障等。发改委办公厅发布的《关于开

〔1〕 买静、张京祥、陈浩：“开发区向综合新城区转型的空间路径研究——以无锡新区为例”，载《规划师》2011 年第 9 期。

展产城融合示范区建设有关工作的通知》（发改办地区〔2015〕1710号）强调："……依托现有合规设立的各类国家级、省级产业园区……全面落实产城融合发展理念……走以产兴城、以城带产、产城融合、城乡一体的发展道路，加快产业园区从单一的生产型园区经济向综合型城市经济转型，促进产城融合发展，提高资源利用效率，改善生态环境质量，保障和改善民生，为新型工业化和新型城镇化探索路径、提供示范，努力构建经济发展、社会和谐、人民幸福的良好格局，促进区域协同协调发展。"《关于促进开发区改革和创新发展的若干意见》（国办发〔2017〕7号）强调："统筹生活区、商务区、办公区等城市功能建设，促进新型城镇化发展。"《关于推进国家级经济技术开发区创新提升打造改革开放新高地的意见》（国发〔2019〕11号）强调："促进与所在城市互动发展。"《关于促进国家高新技术产业开发区高质量发展的若干意见》（国发〔2020〕7号）强调：构建"宜创宜业宜居的增长极"，"加快产城融合发展"。

二是省市层面。近十多年来，在突出开发区的经济功能的同时，各地不断强化对开发区人产城文的要求，如"十二五"期间，浙江省《关于进一步提升全省开发区发展水平的指导意见》（浙政发〔2012〕83号）要求，全省开发区要工业化和城市化融合发展，向"多功能综合性区域"转变，努力实现 新型城市化双向目标。江苏省《关于进一步提升开发区发展水平的意见》（苏政发〔2008〕12号）提出全省开发区要成为"现代化的新城区"。广东省《关于加快高新技术产业开发区发展的意见》（粤发〔2009〕13号）提出将国家高新区建成科技新城。在"十三五"期间，各地也持续强调开发区的城市化功能，如湖北省《关于促进开发区改革和创新发展的实施意见》（鄂政发〔2017〕50号）强调，"积极引导国家级开发区推进以人为核心的产城融合"。陕西省《关于促进全省开发区改革和创新发展的实施意见》（陕政办发〔2017〕110号）强调："把开发区建设成新型工业化、城镇化快速发展的引领区。"江苏省《关于推进全省经济开发区创新提升打造改革开放新高地的实施意见》（苏政发〔2020〕79号）强调，"对经过多年发展、产城融合度较高的经济开发区，积极推动向城市综合功能区转型"。

（2）开发区层面规划的城市化。开发区历经30多年的发展，历经迭代，更加强调城市化功能，规划建设强调已与周边形成联动发展的局面，中远期发展成为一个城市新区。换言之，各地开发区不断突出人产城文融合战略，并且以开发区为载体打造城市中心或者副中心，如武汉开发区于2014年提出打造产城融合的示范区，深圳前海、珠海横琴、东莞滨海湾新区、中山翠亨新区等都以园区为载体打造城市未来新中心，佛山高新区打造广佛副中心、东莞水乡经济区打造城市副中心等。北京亦庄、中关村，江苏的苏州工业园区和苏州高新区，武汉东湖和长沙高新区，成都高新区和西安高新区等这些发展较早的开发区无不成为一个新城。笔者访谈一位做过十多个开发区城市设计的城市规划师，他认为，目前开发区的空间设计不会像早期那样是个单纯的工业区，在空间组织上更注重多元功能共生的新城需求，相应在规划编制和管理上会合理分配产业用地、居住用地和公共设施用地的合理匹配，形成一个更好的生态系统。如苏州工业园区的综合商务城概念和建设，河北固安工业园区的“公园城市、产业聚集、休闲街区”的规划理念，将产业发展、生态保护、人居环境等内容融合到城市的空间规划当中。开发区选址的多样性，也使开发区在城市化的过程中表现出多种形态。杨东峰等对选样，对开发区空间表现形态演化进行了研究。[1]

表3-2　开发区初始选址对城市化的表现形态

模式	图示：母城与新城的关系	特征：区位、规模	示例
触角		距离母城（中心城区）较近，紧邻母城周边或位于大城市近郊区 空间规模相对很小，与母城（中心城区）比较不在同一量级	北京 沈阳
连片		距离母城（中心城区）较近，紧邻母城（中心城区）周边或位于大城市近郊区 空间规模相对较大，与母城（中心城区）处于同一量级，甚至超过母城旧城区	苏州

〔1〕杨东峰、殷成志、史永亮：“从沿海开发区到外向型工业新城——1990年代以来我国沿海大城市开发区到新城转型发展现象探讨”，载《城市发展研究卷》2006年第6期。

续表

模式	图示：母城与新城的关系	特征：区位、规模	示例
飞地		距离母城（中心城区）较近，位于大城市远郊区，或独立存在、或毗邻远郊城区 空间规模一般而言大于触角式新城，满足一定程度的自立性需求	天津 大连 青岛 杭州 宁波 广州
	○中心城区 ●外向型工业新城 ○周边小城镇		

（3）产业化的支撑。工业化主导的生产方式，从国家经开区“十一五”“十二五”规划纲要和国家高新区“十一五”“十二五”规划纲要的数据显示，则可窥之。

表 3-3 国家高新区的几个节点指标

指标	2005 年（高新区“十一五”规划编制年）	2010 年（高新区“十二五”规划编制年）	2015 年（高新区“十三五”规划编制年）
就业	就业 521 万人，40.6%具有大专以上学历，其中，硕士 14 万人，博士 2.3 万人	大专以上学历 444.6 万人	1719 万人从业者中，大专以上学历达 52.7%
工业增加值	6820.6 亿元，占全国的 9.0%	1.5 万亿元	7.4 万亿元
研发经费	806.2 亿元，占全国研发（R&D）经费总额的 30.7%	超过全国企业研发支出总量的 1/3	占全国 31.8% 的企业研发投入，全部研发投入占生产总值的比重达 5.5%，是全国平均水平的 2.6 倍。高新区内聚集了全国 40.9% 的高新技术企业
区域贡献率	北京、苏州、武汉、长春、西安、南京、吉林、长沙、合肥等 31 个国家高新区工业增加值占所在城市工业增加值的比重已超过 20%	多个国家高新区的工业增加值已占到了所在城市工业增加值的 30%以上	42 个高新区 GDP 占所在城市比重超过 20%，21 个超过 30%，7 个超过 50%

根据商务部公开数据整理。

表 3-4 国家经开区的几个节点指标

指标	2005 年（经开区“十一五”规划编制年）	2010（经开区“十二五”规划编制年）	2015（经开区“十三五”规划编制年）
GDP及税收	GDP8195 亿元，占全国比重 4.49%；税收总收入达到 1219 亿元	GDP26 849 亿元，占全国比重 7%；税收收入 4650 亿元，占全国比重 6%	GDP77 611 亿元人民币，占全国比重 11.5%；税收收入 13 062 亿元，占全国比重 10.5%
区域贡献率	GDP 占所在城市的比重达到 10%~30%	GDP 占所在城市比重超 13%。其中，东部开发区地区生产总值占所在城市比重 16%，中西部达到 9%以上	
就业	417 万人	920 万人，大专以上学历人数超过 230 万人	

根据商务部公开数据整理。

（二）开发区社会建设的当前探索

1. 中央的要求。开发区历经 30 多年的发展，必然会出现对社会建设需求，中央审时度势，对开发区社会发展提出了要求，明确了社会建设的方向。《关于推进国家级经济技术开发区创新提升打造改革开放新高地的意见》（国发〔2019〕11 号）强调：“推动国家级经开区完善高水平商贸旅游、医疗养老、文化教育等功能配套……”《关于促进国家高新技术产业开发区高质量发展的若干意见》（国发〔2020〕7 号）强调：“完善科研、教育、医疗、文化等公共服务设施……”国家发展和改革委员会办公厅《关于开展产城融合示范区建设有关工作的通知》（发改办地区〔2015〕1710 号）强调：“完善城镇化体制机制，推进城乡发展一体化……进一步完善城乡建设投融资体制。加快建立城乡统一的户籍管理制度，加快推动农业转移人口市民化。探索农村土地管理制度改革，加快建立城乡统一建设用地市场，保障农民公平分享土地增值收益。建立健全城乡一体的社会保障体系，加快形成政府主导、覆盖城乡、可持续的基本公共服务体系，提高城乡基本公共服务均等化水平。”

2. 地方的认识。地方政府已认识到开发区社会建设已经是开发区发展不可或缺的一面，纷纷出台文件对开发区的社会建设提出指导性意见，如浙江省《关于进一步提升全省开发区发展水平的指导意见》（浙政发〔2012〕83号）要求全省开发区努力推进社会和谐，大力发展以改善民生为重点的社会事业，加大公共投入，完善公共服务，实现社会保障全覆盖。江苏省《关于进一步提升开发区发展水平的意见》（苏政发〔2008〕12号）要求开发区要以人为本，和谐发展，改善民生、统筹发展，切实保障被征地农民利益，维护开发区企业职工合法权益。苏州市早在2003年就强调社会建设的重要性，如苏州市《关于进一步提升国家级省级开发区发展水平的若干意见》（苏府〔2003〕130号）要求，认真做好开发区的就业、社会保障、文化教育卫生等各项工作，重视做好农民动迁工作，确保动迁农民必要的生活补偿，建立起农民增收的保障机制，鼓励和引导社会力量兴办公共事业。如湖北省《关于促进开发区改革和创新发展的实施意见》（鄂政发〔2017〕50号）要求，“加快补齐生活区、商务区、办公区等服务功能建设短板，实现第二产业、第三产业协同发展”。陕西省《关于促进全省开发区改革和创新发展的实施意见》（陕政办发〔2017〕110号）提出加快“完善公共设施和服务体系”。

3. 开发区管理机构社会管理权的配置。早年开发区选址在城市边缘区，没有社会管理的历史负担，同时为减轻开发区管理机构的负担，轻装上阵，专注于经济发展，在开发区发展初期，社会管理依靠母城或周边区域。就是在现在的国家顶级战略园区也存在此类现象，笔者访谈深圳前海经济部门人员时，说到前海制定前海合作区条例时，市领导反对前海管理局进行社会管理，所以前海的社会管理由相邻的南山区负责。现在前海也在为没有社会管理权限，但在区内发生的社会管理需求问题表示一定的担忧。随着，开发区的发展，不但开发区通过直接兼并、托管、区政合一向行政区的扩容，而且经济发展、人口增多引起的社会问题接踵而至，为适应需求，有些开发区向传统体制复归即行政区化，有些则给予开发区管理机构社会管理权限配置。如《兰州高新技术产业开发区条例》第4条明确，高新区管委会的社会事务管理权，《芜湖经济技术开发区条例》第9条明确，管委会对开发区行政、经济、社会事务统一领导和管理，《湖北省经济技术开发区条例》第9条、《大连经济技术开发区条例》第9条、《北京经济技术开发区条例》第8条以列举方式明确，管委会对社会事务的管理。

4. 开发区对社会建设的推进。[1]开发区建设的辐射带动作用，不但直接提升了农民土地价值，也增加了农民的就业创业机会。当下，在开发区的规划体系中社会建设方面的规划建设越来越重视，不断推进开发区社会事业健康发展，在社会保障制度、征地农民安置、外来务工人员服务等领域进行了全方位的改革探索，不断完善教育、医疗、文化、体育、社区服务等公共服务体系，妥善安置被征地农民，社会保险、社会福利、社会救助、工资支付监控、劳动保障监察、职业安全与健康监督等一系列制度逐步建立健全。

（1）农民对园区开发前后的极差地租获取。开发区作为城市竞争的先锋，高标准、开放型的区域基础设施建设是开发区竞争力的主要方面，相应也惠及了周边乡村区域，极大地改善了农村的基础设施条件。笔者早在 2013 年访谈珠三角某园区规划部门工作人员时，其说道，假如我们不在这建设园区，周边乡村甚至整个片区的基础设施建设将不可能有重大突破，现在周边区域纷纷强调与我们园区的基础设施网络对接，并且主动接受我们的产业辐射，农民直接收益，直接表现为土地价值的倍数增长，就是在园区开发前后房地产价格会有数倍的差异。当下，这种开发区建设为引擎带动的乡村城市化、工业化已是规律性的现象。

（2）水利环保工程的生态治理后财产增值。在转变经济发展方式的当下，资源节约型、环境友好型产业发展，园区发展强调生态与产业并举，强调生态环境的营造，大多数园区通过了 ISO14000 国际环境管理体系国家认证示范区认证，如天津、大连、广州、烟台等已建设为国家循环经济示范试点园区，东莞的松山湖对生态建设的强调，使园区自身也成为一个旅游景点，松山湖是国家 4A 级景区、国家生态湿地公园，尤其是东莞生态产业园（现已与松山湖合并）原来是周边六镇的污水排放区、垃圾填埋区、泄洪区、高压路网集中区，现在却成为兼具生态修复功能的水利、环保、景观、产业化开发一体化的国家级生态湿地公园，对周边的辐射、带动和城乡统筹发展的功能可想而知。

（3）社会保障制度的率先创新。开发区创始之初，是以外资为目标客户，引进外资必然引入了新型的雇佣劳动关系。当时，我国实行的是公有制占绝

〔1〕 该部分参考了李志群等主编：《开发区大有希望》（下册·案例），中国财政经济出版社 2001 年版。

对主导地位的基本经济制度，企业是“单位”体制的一员，劳动者的生老病死及住房基本上由单位包干。开发区先行先试商品经济制度，大量务工人员的社会保障问题必须得到解决，开发区率先对社会保障制度进行了创新。一是公积金制度创新。1997 年 4 月，苏州工业园区借鉴新加坡中央公积金制度经验试行公积金制度，这是一项包括养老、医疗、工伤、生育、失业、住房保障等的综合社会保障制度。二是城镇职工医疗保险制度创新。2002 年年底，大连开发区根据区内企业以外资为主，效益好，从业人员年纪轻的特点，建立了“实行大病统筹，不建个人账户”的医疗保险模式。三是城乡统筹就业的保障模式。开发区在失地农民的就业问题，一般会在园区开发公司做相应的工作安排，但是总体上效果不是很明显。青岛开发区就离地离海的农（渔）民的转移就业问题，推行涵盖培训、就业、创业、小额贷贴息等方面的一系列城乡一体化政策措施，如对“40、45”（女职工 40 岁、男职工 45 岁）等就业困难户进行促进就业补贴、在山东省率先实行城乡统一的失业保险政策、政府“买单”城乡劳动者参加职业培训、创业人员的小额贷款政府贴息、非全日制就业人员的工伤保险政策。四是安置离地农民的保障模式。广州南沙开发区实施征地补偿款按时足额到位的离地必补偿措施，建设安置小区的离地必安居措施，实施农民就业岗位补贴、就业促进奖励、就业技能培训、职业中介等离地不失业措施，财政支持推进全部征地人员参加基本养老保险的失地农民养老保障措施，支持失地集体经济预留发展用地的厂房及配套建设的离地不失利工程。惠州大亚湾经开区采取征地补偿、二年过渡期的人均货币生活补助、建设市场无偿划转集体、置换地返租等离地不失利政策，建设安置小区和配套设施作为补偿等离地不失居政策，鼓励农村回拨地用于发展产业、引导征地补偿款及安置费用于集体经济发展、就业培训和鼓励创业、同等条件优先就业等离地不失业政策，建立失地农民养老保险制度、农村合作医疗保障制度等离地不失保政策。五是开发区的农民工住房保障建设。开发区的保障房建设现在已经逐步从户籍人口转向非户籍人口。笔者走访的几个园区当中，农民工保障房建设基本上是开放性的，不对户籍进行限制。目前，“房子是用来住的、不是炒的”政策深入推进，住房越来越有保障，但鉴于稀缺性而不可能无限供给，考虑到成本和日后的物业管理问题，必定会设定一定工作年限、住房面积和租金等方面的条件。

二、开发区社会功能转换重心：从农民走向市民

阿马蒂亚·森的自由发展观和权利贫困论强调人生活生产的可行能力（自由）是发展的目的和手段，发展型社会政策论也论证了社会发展对经济发展的功能。“交换权利不仅仅依赖于市场交换，而且还依赖于国家所提供的社会保障……社会保障系统会影响到每个人控制的商品组合，它们是一个人交换权利的组成部分。”[1]开发区作为中国改革开放和区域经济发展的重要一环，超自主体制、强大的经济实力及社会建设的探索经验，有公共服务均等化的供给能力。在我国全面深入改革开放的新时期，开发区不但要在经济发展方式转变和市场化、法治化、国际化等方面进一步加快改革开放步伐，更要在社会发展上先行先试，打破城乡二元格局，摸索出一条社会建设的新道路。

《国家“十四五”规划纲要》提出：“加快农业转移人口市民化。”“统筹推进户籍制度改革和城镇基本公共服务常住人口全覆盖，健全农业转移人口市民化配套政策体系，加快推动农业转移人口全面融入城市。”国务院发展研究中心课题组认为，从农民走向市民就是农民工市民化，“以农民工整体融入城市公共服务体系为核心，推动农民个人融入企业，子女融入学校，家庭融入社区，也就是农民工在城市有活干，有学上，有房住，有保障”。[2]农民工是我国改革开放和经济发展的生力军，占据我国产业工人的绝对比例。但是，农民工是我国的户籍制度下的一种身份性命名，指的是户籍在农村、身份是农民，就业在城镇的流动型劳动人口。由于户籍制度的安排，使农民工的福利没有得到足够保障，影响了农民工的“可行能力”的提升，也影响了城市化和工业化的健康发展。随着，改革开放的全面深入，农民工市民化这一课题亟待破局，实现公共服务均等化，转变户口之形，谋改革开放成果和公共服务分享之实。开发区早年一般选址在城市边缘区，是在没有多少人口负担或经济负担的“一穷二白”之地建设起来的，大量的从业人员来自移民，所以，开发区也是个移民区，产业工人基本上是来自农村，农民占开发区人口

[1] ［印］阿马蒂亚·森：《贫困与饥荒——论权利与剥夺》，王宇、王文玉译，商务印书馆2001年版，第12页。

[2] 国务院发展研究中心课题组：《农民工市民化：制度创新与顶层政策设计》，中国发展出版社2011年版，第3页。

的比例较大。十八届三中全会提出要进行户籍制度改革。开发区历经30年的发展，已成为中国改革开放的重要先行者和城市经济发展的重要一环，农民工市民化问题不仅对于开发区自身发展显得迫切和重要，而且是开发区谋取改革开放新优势的重要抓手。

（一）率先实质性改革户籍和福利挂钩的社会管理制度

随着，改革开放的深入，市场化、法治化、国际化的推进，区别对待的二元户籍格局妨碍了农民“可行能力”的提升，影响财富增长的潜在能力。我国“十五”规划就提出“打破城乡分割体制，逐步建立市场经济体制下的新型城乡关系，改革城镇户籍制度，形成城乡人口有序流动的机制，取消对农村劳动力进入城镇就业的不合理限制，引导农村富余劳动力在城乡、地区间的有序流动”的户籍改革方向。2014年7月，国务院出台了《关于进一步推进户籍制度改革的意见》，明确了改革目标和路径。《国家“十四五”规划纲要》强调：“深化户籍制度改革。”“健全以居住证为载体、与居住年限等条件相挂钩的基本公共服务提供机制，鼓励地方政府提供更多基本公共服务和办事便利，提高居住证持有人城镇义务教育、住房保障等服务的实际享有水平。”开发区本身是个开放型经济社会，海纳百川，人员来自五湖四海，是农民工的集聚区，本身就是公民迁徙自由的产物，换言之，开发区的繁荣与公民的自由迁徙分不开。但是，由于这种迁徙受到户籍制度的影响，福利按非户籍人口分配尤其是体现在子女教育上，影响了对开发区的归属感。对此，开发区应进一步发挥出先行先试功能。

1. 明确户籍制度的价值中立性原则。户籍制度的本质功能是价值中立的，只是证明公民身份和统计人口信息的凭证和依据，而不是一种暴力式的“身份”制度安排。一方面，通过户籍登记实现确认公民身份功能。登记信息主要是出生、死亡、迁徙、婚姻、民族、收养、教育、家庭、性别、居住等动态情况，延续现在户籍的基本登记管理制度；另一方面，通过户籍制度实现统计人口数据功能。这反映的是社会管理功能，满足政府了解辖区的人口数量、结构、素质等综合情况，为制定合理的公共政策和供给公共产品提供依据。

2. 剥离户籍制度下附着的各项制度性利益。户籍制度本身是一种人口登记制度，在城乡二元分割的制度环境下，附带着许多福利功能。剥离户籍制度所附着的各项政治、经济、社会福利和保障等利益是户籍制度改革的重中之重。通过开发区的边缘革命，对于有稳定收入、稳定居住的产业工人放开准入条件，探索户籍与待遇脱钩，试点增强户籍的自然信息登记功能和消解户籍区别性的分配功能，以居住等自然信息为标准，渐进地破除二元制的户籍制度，构建一元制的户籍模式。

3. 赋予农民工入户的自由选择权。深化户籍制度改革，重点在于农民工社会保障、子女教育。随着市场化、城市化和工业化进程的加快，对于农民工而言，现在依附在户口之下的主要是教育问题。在笔者访谈的几个开发区产业工人中，都不愿意放弃农村户口，把户口迁移到城市来主要是儿女教育。现在，有人认为城镇户籍准入要与农民土地权利分离，农民工户籍迁入城市的，应该交回农村土地承包权、宅基地使用权和集体经济的股份，避免农民双重收益。对此，笔者有不同的看法，户籍制度改革不能被看作是一种对农民工的补救性福利制度安排，更应被看作是支援城市化、工业化发展再享人口改革红利的合理制度安排，户籍制度改革意味着附着在户籍之上的城镇利益脱钩，之前享有的权利不能应户籍的变化而消失，做得是增量改革，而不是“增”必须要有“减”为对价，本身是城市自己在偿还对农村、农民的长期欠债，现在户籍制度的利益对于在城市有稳定收入、居住的农民工来说，主要体现在子女教育，如果要求农民工放弃土地承包权、宅基地权、农村集体经济股权为代价，等于说还是农民自己买单购买城市公共服务，这有违公平正义。与承包权对应的农村集体经济股权在珠三角等发达地区已经进行了富有成效的改革探索，从“股权固化到人”到“股权固化到户”，实行“增人不增股、减人不减股”股权固化改革。

（二）推进公共服务均等化

公共服务均等化，是政府供给的公共产品，公共设施建设、教科文卫体等事业在辖区居民的均等分配，保障辖区居民“可行能力”的起点公平。“农民工市民化的过程，实质是公共服务均等化的过程。在这个过程中，户口的转换是形，服务的分享是实。”[1]公共服务均等化后，户籍制度自然就回归原户籍制度的价值中立本质。开发区的强大经济实力和集聚的大量农民工，是所在城市最有财政能力提供公共服务均等化的区域，也是供给公共服务均等化最迫切的区域。为了招商引资，打造优质产业区位，开发区的基础设施建

〔1〕 国务院发展研究中心课题组：《农民工市民化：制度创新与顶层政策设计》，中国发展出版社2011年版，第3页。

设一直都是超前、高标准的。由于开发区早期是经济功能主导的单一工业园区，教科文卫体等公共服务滞后，社会管理依托周边行政区，并且服务对象主要还是原住民、公职人员、企业管理人员，但是随着开发区从单一功能区走向综合性的多功能区再走向城市新区，再加之开发区原住民存量的民生需求和产业工人增多，公共服务问题成为开发区发展的瓶颈，影响到了企业的竞争力。笔者在访谈的跨国集团企业高管中了解到，现在企业的老员工由于子女教育问题不能得到均等解决，影响到了老员工的工作状态，企业招工也受到一定影响。所以说，在全面深入改革的当下，开发区应该实施发展型社会政策，谋取改革发展新优势，打造成公共服务均等化的示范区。

1. 构建以农民工工资合理增长为主的劳动者权益保障体系。有些开发区对以经济建设为中心片面理解，为了减轻劳动者的短期用工成本，对劳动者的权益保护相对而言，不是很到位、甚至缺位，影响了工人在收入分配中的公平性。悖论的是，开发区的企业相对实力较强，外资较多，劳动权益保障意识相对较强，工人维权意识也较高。开发区应建立农民工工资合理增长机制，依法保障农民工的劳动权益，构建和谐劳动关系，是农民工、企业、社会多方长期共赢的措施。开发区要根据园区的各项经济指标，及时调整最低工资标准，不断完善各项措施，引导企业合理加薪，如劳工标准作为开发区资金扶持、信贷支持等各项企业服务的考量指标，保证农民工生活水平随经济社会发展同步改善，引导工会发挥维权功能。企业不应为工会而设立工会，除了组织文体活动，还应加大行政执法监督，包括安全生产、职业卫生、劳动保护，保证执法的公正性、时效性，对用人单位签订劳动合同的监督，加大法律援助，笔者访谈的农民工普遍反映，在劳动权受到伤害时，很愿意通过司法途径解决，主要的障碍在于请律师的支出上。

2. 健全覆盖农民工与原住民一体化的公共服务体系。城市空间受限，开发区选址多数是在城郊地区，从农民手中获取土地。解决征地拆迁问题的前提就是要解决失地农民的保障问题，如前所述，开发区做了有益的建设性探索，推进了村民的市民化，但是这些保障措施大都具有公共服务性，不适用于外来农民工，造成了开发区的本土农民和外来农民二元化的公共服务非均等化格局。①教育权益保障。这主要表现在农民工子女教育和职业教育上，尤其是农民工子女教育问题，这不但是农村共享城市优质教育资源体现城乡教育公平的措施，而且是农民工融入城市和解决城乡代际公平的重要一环。

开发区的农民工教育问题应纳入教育规划及供给中，进行通盘考虑，构建覆盖农民工子女学前教育、义务教育、高中教育、职业教育的网络体系。②健康权益保障。开发区应做好农民工的疾病防控、适龄儿童免疫、计生健康检查、工伤保险、医疗保障、养老保险等各项权益保障措施，将医疗资源前移，建立起农民工集中区为依托的平价医疗卫生服务体系，管控农民工看病难、看病贵的问题。③住房权益保障。目前，开发区的农民工要不住在厂区宿舍，要不就在附近租住低端和普通的农民房，少部分员工自己购房。开发区提供的保障房也不全覆盖农民工或者有种种限制，开发区应率先建立适用于农民工的公租房、廉租房、限价房、经济适用房之保障性住房体系。

3. 发挥开发区超自主体制的新优势。如前所述，为了营造有利于开发区先行先试的创新环境，构建了开发区超自主体制安排，尤其是在强大的财税支持和政策优惠方面。在全面深入改革的新时期，开发区超自主体制应该如早年那样，在民生建设方面探索出新经验，进行渐进性改革。①从事权与财权不对称走向事权与支出责任相适应。国家与地方都应以开发区为试点，以农民工市民化为切入点，探索分税制下，中央与地方的事权与财权的匹配模式。现在，关于中央与地方的事权与财权的非匹配、支出责任与财税收入不对称现象的理论阐释汗牛充栋，十八届三中全会通过的《中共中央关于全面深化改革若干重大问题的决定》明确提出，“建立事权和支出责任相适应的制度”。《国家“十四五”规划纲要》强调：“优化财政支出结构，优先保障基本公共服务补短板。明确中央和地方在公共服务领域事权和支出责任，加大中央和省级财政对基层政府提供基本公共服务的财力支持。”国家可尝试在开发区对农民工市民化方面的财税给予强配置，如税收返还一定比例、财政转移支付用于民生建设，专款专用。②从产业财税支持走向民生财税支持。开发区一直在产业发展上给予高强度财税权配置，为开发区积累经济发展经验提供了有力保障，但在经济发展模式共识逐步达成的当下，区域产业财税支持将要清理，十八届三中全会已对此进行了明确。但是在民生建设上，为了渐进式突破民生建设的制度瓶颈，应给予开发区适当财税支持，探索从发展型财政走向公共型财政。③其他支持性制度创新。农民工市民化涉及多方面的问题，包括住房、户籍、医疗、教育、土地、金融、文化等一系列问题，民生建设的制度创新是体系性、系统性、持续性的，需要多方形成合力。如教育、医疗用地供应，目前是打包式的建设用地指标管理，受地方经济发展约束，在“增长市场”的竞争中，地方肯定是将更多的土地指标用在产业发展上，而不是教育发展上。可在开发区率先探索民生用地单列指标、财税支持激励地方等措施，对住房保障建设的市场主体，给予税收优惠、金融支持；对农民工创业给予金融支持、职业教育，进行征地制度、城乡土地一体化市场改革等。

第四章

管理机构“身份”：从国家行政主体走向社会行政主体

研究开发区管委会身份离不开四个视角：一是地方性。在中国开发区发展过程中，除1984年第一批经开区和自贸试验区（港）由中央相对主导外，开发区基本上呈现出地方主动构建的特点。较多的说法则是认为管委会是所在地地方政府的派出机构。二是经济性。开发区是国家实施特殊经济政策，谋求改革开放和经济发展的特定功能区，开发区的经济发展功能主导决定了管委会以经济发展角色为主导。三是体制性。角色是在系统中生成的，系统的不同约束条件，决定了角色的功能定位和行为特征，开发区管委会的角色生成涉及中央与地方之间关系以及管委会与所在地政府之间的关系。这说明，地方政府行为逻辑将通过开发区管理体制而不同程度地表现在管委会的角色功能上。四是法律性。法治国家要求开发区及其管委会的生死存亡要有法律的依据，开发区作为制度空间，其规则体系应有法律元规则。因此，对开发区管委会角色研究应对地方政府角色，尤其经济功能角色有一定的认识，并且要对开发区体制或治理现况有一定的认识，更要强调开发区是法律下的开发区。这样将有助于对管委会角色的更为深入和全面的认识，进而正确认识管委会的法律角色。这几个视角同时也是观察开发区的重要视角，在全书中会有不同的体现。

开发区行政管理机构大都称为管理委员会，极少数称之为管理局，如海南洋浦经济开发区最初称之为管理局、深圳前海深港现代服务业合作区称之为管理局。政府、市场、企业都是资源配置和经济协调的制度机制，是节约交易成本的一种制度装置，存在的正当性在于降低制度运行成本，促进国民财富的增长和繁荣。当前，囿于国家单一行政范式，对管委会“身份”主要界定为派出机构、派出机关、法律法规授权组织等国家行政主体。治理理论和实践已开始探索将开发区管理机构界定为社会行政主体，如将深圳前海管理局界定为法定机构，理论上也有对管委会公务法人的探索研究。我国开发区是政府、社会和市场三者关系不断优化的产物，应继续试错，借鉴大陆法系的公务法人制度，将管委会原生身份社会化，界定为公务法人，来探索“善治”。

第一节　开发区管理机构是减少制度运行成本的制度装置

“政治和经济组织都具有一组共同的基本特点，这正是我们的研究中心。发明这两种组织，是为了利用专业化（包括暴力行为的比较利益）带来的交易收益而使资本财富最大化。”〔1〕社会契约论说明了政府正当性在于保障权利的规范、秩序的运行。新制度经济学认为政府是减少人类文明的制度运行成本的制度装置，管委会的正当性就是在于减少开发区承担改革开放和区域经济发展使命的风险和成本的制度安排。

一、管委会应是有助于开发区先行先试的效率组织

制度的整体结构在决定一个社会或经济体系在多大程度上能鼓励试验、实验和创新——我们可以将这些归结为适应性效率——方面，起着关键性作用。鉴于当时内源存量不优、不活、不大，国有经济缺乏活力，私有经济不大、不优，存量改革和发展的复杂性、周期性，同时融入全球化，外资表现突出，中央决定引进外资增量和做优内源存量并举。但是当时仍然存在警惕资产阶级的意识，担忧外资引进会对社会主义经济造成重大冲击；另外是外资对计划经济体制的警惕，担忧中国的制度环境，所以，内源改革和引进外资尽量避免相互影响，平行运行、双轨探索。

（一）减少改革成本

开发区作为改革开放的试验区，需要进行特殊的制度安排，在现有体制之外做增量，减少改革开放的摩擦成本，妥善处理好改革、发展和稳定之间的关系。

---

〔1〕［美］道格拉斯·C. 诺思：《经济史上的结构和变革》，厉以平译，商务印书馆 1992 年版，第 18、197 页。

（二）节约组织成本

开发区治理中管委会的精简、高效、亲商，相对于行政区政府而言，节约了组织成本或制度成本，并且管委会去国家行政化的研究和实践正在不断深化。

（三）管委会应是有效率的组织

“激励是经济绩效的根本决定因素。”[1]虽然新制度经济学研究以产权安排解释企业组织的有效激励，但是新制度经济学的理论解释力在于解释做对组织激励是组织效率性的充分必要条件。在政治市场中，运用公共权威的权利也是一种产权，叫作政治产权。[2]要解释管委会作为开发区经济增长之谜的解码，是怎么做对激励的？不得不研究改革开放以来的分权化、市场化、国际化的改革和地方竞争理论。所以，笔者才会判断，管委会的超自主体制安排和激烈的区域竞争，做对了激励，激励和约束了管委会及其官员，或完善了管委会治理结构，供给了“公正和保护”的中国特色产权保护制度，促进了开发区经济增长。

二、如何理解管委会是开发区的法定代表人？

“由于制度框架蕴含着激励，因此，无论是正式的，还是非正式的制度约束，都会诱发生成特定的交易组织。这些组织的活力水平也由激励结构决定。”[3]中国的分权化、职能下属化改革、经济建设为中心的发展共识、本土文化的士大夫精神等一系列正式制度与非正式制度安排，地方政府成了独立的主体，对辖区有了产权利益或共容利益，着力于精心经营辖区。相应，生成了开发区及其管委会，并且管委会与开发区各微观经济主体有共容利益，管委会作为开发区的法定代表人，对开发区进行经营，生产和供给硬件产品和软件产品，供给优良的营商环境，招商引资，吸引投资者来“购买”管委会的产品，进行投资，管委会由此获取土地收入和税收收入，并和上级政府进行分成。从微观经济学中的企业生产函数入手，将一国的投入产出关系比

---

〔1〕［美］道格拉斯·C. 诺思：《制度、制度变迁与经济绩效》，杭行译，格致出版社、上海三联书店、上海人民出版社 2008 年版，第 187 页。

〔2〕 See Terry M. Moe. PoliticalInstitutions,“The Neglected Side of Story. Journal of Law”, *Economics & Organization*, Vol6, *SPECIAL Issue*, 1990, pp. 213~253.

〔3〕［美］道格拉斯·C. 诺思：《制度、制度变迁与经济绩效》，杭行译，格致出版社、上海三联书店、上海人民出版社 2008 年版，第 9 页。

作企业的投入产出关系。这样，一国经济增长主要被认为是由资本、劳动以及技术这三个要素投入所决定的。在管委会经营开发区的过程中，会采取多种方式，寻找合作伙伴，进行资源整合，包括官产学研的契约网络构建，购买其他区域政府、企业和个人的专业化服务，乃至于中央、省、市各级政府独立交易。管委会通过一系列的契约关系，分工协作，如将社会管理外包给周边区域政府进行税收分成、对招商引资牵线搭桥的中介商及个人进行奖励、对区域政府联合招商或产业转移进行税收分成等，犹如企业经营一样。所以说，运用新制度经济学理论，将管委会理解成独立的产权主体，成为开发区的法定代表人，通过一系列契约安排，广范围、宽领域的分工合作，形成契约网络，对开发区进行经营，获取激励之源——经济收益和政治收益。也正是因为管委会的有效率才促进了区域治理和经济外交的种种创新，成为经济外交和国际经济交往的重要手段，将开发区模式输出到国外，成为区域协作治理的重要抓手，异地共建开发区和多样化的开发区管理体制。[1]

第二节　开发区管理机构治理理念和组织体制的边际创新

改革开放之初，国家决策层基于市场经济机制的有限理性及认知，为了统筹开放与安全，减少改革的成本，边际性创新，在传统行政区外另辟蹊径，设立开发区及其管委会试行对外开放，引进外资，以开放促改革、促发展，探索社会主义商品经济。随着开发区在经济发展中的作用日益增强，示范效应不断显现，对产业发展集聚化、经济发展园区化的产业发展基本规律的认知不断加深。为获取园区经济的潜在收益，全国上下纷纷设立开发区作为经济发展的重要平台，积极推行各项创新举措，如自主创新战略、土地等发展要素集约化战略、扩大对外开放战略。所以，开发区与行政区“双轨制”的制度边际创新呈现出强制性制度变迁和诱致性制度变迁双重互动。

一、开发区政府治理理念和体制创新的助推要素

任何创新都是在约束下的选择。开发区创新管委会政府治理理念和体制的原因有几个方面：

〔1〕 详见本书第三章。

（一）开发区的初始条件使然

开发区初设选址都是在城市边缘区，可以说是荒郊野地，经济社会底子薄，相应的管理任务也轻，若比照行政区建制，设立党政几套班子、人大、政协、工青妇，必然是人浮于事。关键的是开发区建设之初，一穷二白，勒紧腰带过日子、创业艰辛、开源节流，也没这么多经费养行政区式的大帮人马，管理体制必须轻装简从，“杀出一条血路”。

（二）开发区的功能区性质使然

开发区毕竟是试验区、经济功能区，不是行政区，管理体制可以边际突破行政区的大而全体制，参照政府组成部门建制（当时即1984年的部门大都称之为“委员会”，而不是现在的“局”），称呼为管理委员会。以后，制度的路径依赖，或作为政府派出机构或作为政府直属机关，管委会命名和编制身份一直延续到现在。虽然深圳前海称之为管理局，与现在政府组成部门的“局”相应，但是前海命名为“局”是学新加坡等的法定机构的命名所致，而不是看齐政府职能部门从“委员会”转称为“局”。

（三）屏蔽开发区的异己侵蚀使然

由于开发区是大国的新产品，对其认识有个不断深化的过程，设立之初还存在意识形态的质疑，认为是“体外长瘤”“引狼入室”，需要简约型、侦察兵式的管委会去探索、去试点。在当下的自贸试验区，各项改革的压力测试和质疑仍然存在，尤其是资本项下的对外开放。“开发区能够实行创新的管理体制，需要以上级政府授权以及封闭管理为条件，其实质是要屏蔽创新体制与传统体制的碰撞和摩擦。”[1]

（四）开发区的制度需求使然

开发区是对外开放的窗口、管理的窗口，目标客户是外商，传统的计划经济主导的行政体制成本高、效率低。面对这种约束，为吸引外资，必须在既有体制外进行边际创新，屏蔽传统体制的负效应。换言之，体制要为引进外资而创新、要为经济发展而创新。所以，才有为引进外资促发展量身打造的管委会体制，强调“高度授权、封闭运行、精简高效、亲商服务”的管理思维和运行模式。管委会体制创新起到了很好的示范作用，亲商的管理思维、

〔1〕皮黔生、王恺：《走出孤岛——中国经济技术开发区概论》，生活·读书·新知三联书店2004年版，第178页。

运行方式纷纷为行政区效仿。“开发区的体制改革，机构设置高效精简以及成功地推进了经济发展的事实，引起了中央的重视。1995年，原国家人事部在天津开发区召开了全国开发区体制改革工作研讨会，一方面总结经验，另一方面要求开发区向各自所在母城市的领导机关汇报，希望得到支持，将开发区作为体制改革的试点，推进体制改革。”[1]

（五）开发区面临的竞争使然

当下全球化、地方化、市场化造成的政制竞争日趋激烈，中国开发区天生就应对“斯密竞争”（全球竞争）和“蒂伯特竞争”（地方竞争），即开发区天生具有竞争性，在国际方面，从当初设立第一批开发区参与国际分工，承接国际制造业转移，到当下自贸试验区承载着对标高标准国际经贸规则、参与世界经济秩序治理的战略使命；在国内区域方面，开发区将代表属地区域参与区域竞争以及园区之间竞争。制度竞争助长政治企业家精神，从而创造性地、预先主动地加速生产力的增长。竞争抑制权势，促使政府为吸引公民和投资者而投入信息成本和交易成本。[2]也正是竞争约束，才要求开发区治理理念和体制必须不断创新，方能获得正当性。

二、开发区政府治理理念和体制边际创新的样态

（一）从管制思维走向亲商思维

开发区史是对中国计划经济体制不断调适、不断放松的边际革命史。计划体制对经济管得过多、统得过死的管制思维，在开发区制度安排下，不断边际创新，树立了亲商思维和服务思维。亲商思维是指由于开发区与园区企业在工商业发展的共容利益，强调以顾客为导向，为工商业发展提供优质的营商环境，减少企业营商成本，如天津开发区提出“仿真的国际投资环境”和“投资者为帝王”、深圳前海提出的“构建与香港相衔接的制度环境”、上海自贸区提出的“构建国际通行的投资和贸易规则”等。这从招商引资的方式和“一对一”的跟踪服务就可窥见。

---

〔1〕 皮黔生、王恺：《走出孤岛——中国经济技术开发区概论》，生活·读书·新知三联书店2004年版，第177页。

〔2〕［德］柯武刚、史漫飞：《制度经济学：社会秩序与公共政策》，韩朝华译，商务印书馆2000年版，第491页。

（二）从以物为本走向以人为本

当下是知识经济时代，开发区是高新技术发展、国家实施自主创新战略和区域创新体系的重大平台。所以，开发区充分认识到人力资源的重要性，从中央到地方都非常重视开发区的人才建设。如北京中关村的“瞪羚计划”、东莞松山湖的“梧桐计划”，开发区的孵化器、加速器等创新平台建设，开发区的各项人才引进政策，从财政科研、安家补贴，到购房优惠、小孩教育、家属就业，投融资体系服务等给予全方位、全过程的支持，并且成为国家人才管理模式创新的先行区、试验区，如广东的前海、横琴、南沙积极开展国家人才管理改革实验区，建设人才特区。

（三）从人治思维走向法治思维

外资企业对法律环境的要求敏感，开发区纷纷采取多种手段进行规范化建设。一是管委会自己“立法”。编制各项管理办法，涉及城市规划、权责清单、办事规范、政府采购等；二是争取上级立法或授权。如国务院批复前海总体发展规划之后，前海管理局立即推动上级运用特区立法权进行立法；上海浦东新区也获得了比照特区的立法权；三是上级主动立法。如高新技术产业园区在构建之初，科技部上报国务院批复高新技术产业暂行规定，并出台了财税等优惠政策，还有海南自贸港法律的出台。在这特别指出，前海是国家唯一提出社会主义法治示范区的园区，国外对前海的社会主义法治示范区建设也非常关注。

（四）政府管理体制从“大而全”走向“小而精”

创新性地创设主要命名为管理委员会的开发区管理机构，不断推进“精简、高效、统一”的体制机制创新和开发区管理机构的法律身份界定，不断创新优化管委会的“宽职能、少机构的大部制”和“缩短决策流程、减少行政层级扁平化”的管理体制。开发区设立之初主要设“经济发展”和“规划建设”两个部门，实行“大部制”，承接上级委托授权，其他支持性的部门只设办公室，一套人马、几套牌子、严限编制。随着社会职能的增多才设立社会管理部门，但也遵照“大部制”规则。“上下对口、左右对齐”的条块体制在开发区则转换为“以块为主、大部综合、权限承接”的超自主体制。鉴于开发区体制将在开发区治理结构中进行论述，笔者在此不再赘述。

第三节　开发区管理机构实然“身份”：国家行政主体

对开发区管委会性质界定在中央层面出现在《关于促进国家级经济技术

开发区进一步提高发展水平的若干意见》（国办发〔2005〕15号，已失效）的有关规定中，该意见将管委会界定为“所在地市级以上人民政府的派出机构”。国家经开区的“十一五”“十二五”发展规划都提到管委会的派出机构性质，地方立法也是将管委会界定为派出机构。鉴于派出机构审批和编制约束，有些地方将开发区管委会界定为事业单位，作为所在地政府的直属机构，如升为国家级高新区之前的东莞松山湖管委会。在此要提及深圳前海在事业单位分类改革的形势下，将管理局界定为法定机构，但是由于在目前政府编制类型没有法定机构类别，只好将管理局登记为事业单位，作为市政府的直属机构。所以，法定机构不是机构性质问题，更多是行政管理运行机制的问题。鉴此可知，由于对开发区的法学研究滞后，管委会的性质界定只能依附于现有的组织规则，而现有行政机关或机构的组织法并无管委会的立足之地，就只能往事业单位上去依附，然而事业单位自身的分类改革对行使行政权的事业单位要转型为国家机关。这样，就出现一个悖论，国家对开发区的创新定位要求管委会去行政化、开发区去行政区化，避免向传统体制复归，而依据我国政府组织法，国家行政主体又没管委会的立足之地。因此，因尽快统一立法，明确管委会的身份性质。开发区管委会准一级政府的行政权配置，行政实践和司法实践中将其列为独立的主体。但是由于法学界缺少对开发区战略定位、功能机制的政治经济学研究，对于开发区的法律身份主要限于管委会是否属于行政主体的形式逻辑分析。

一、主流的国家行政主体〔1〕

（一）管委会不属于一级人民政府

管委会有准一级政府的实践，但依据《宪法》第30条规定：“中华人民共和国的行政区域划分如下：(一）全国分为省、自治区、直辖市；（二）省、自治区分为自治州、县、自治县、市；（三）县、自治县分为乡、民族乡、镇。直辖市和较大的市分为区、县。自治州分为县、自治县、市。自治区、自治

〔1〕该部分参见了钟芳：“开发区管理委员会的主体地位研究”，载《海南大学学报（人文社会科学版）》2007年第4期；伊士国：“开发区管理委员会法律地位问题探析”，载《行政论坛》2010年第2期；吴芳：“开发区管理主体的法律定位”，载《西南科技大学学报（哲学社会科学版）》2008年第1期；郭会文：“国家级开发区管理机构的行政主体资格”，载《法学》2004年第11期；潘波：“开发区管理委员会的法律地位”，载《行政法学研究》2006年第1期。

州、自治县都是民族自治地方。”《地方各级人民代表大会和地方各级人民政府组织法》第7条规定：“省、自治区、直辖市、自治州、县、自治县、市、市辖区、乡、民族乡、镇设立人民代表大会。”由此可知，我国政权建设与行政区划合一，地方人民政府设置奠基于行政区划，只在省、自治区、直辖市、自治州、县、自治县、市、市辖区、乡、民族乡、镇设人民政府。开发区只是特定的经济区域，宪法和地方组织法也未规定开发区为一级政府，不属于一级行政区划。2001年，民政部在发布行政区划代码编制规则中提出，鉴于开发区不是实际的行政区划，因此均不编制县及县以上的行政区划代码。

（二）管委会不属于地方政府的职能部门

开发区主要职能是发展经济，相应管委会应是以经济管理为主的职能部门。但开发区功能演化、国家战略要求演进，开发区已从单一经济功能走向经济、社会、文化等综合功能体，政府职能部门的相对单一职能难以说明开发区管委会的综合管理性或准政府性。根据法治行政，职能部门是县级以上人民政府依据宪法和组织法等全国性规定设立的，而不是依据地方立法。

（三）管委会类似于地方政府的派出机关

依据《地方各级人民代表大会和地方各级人民政府组织法》列举的派出机关是区公所、街道办，但是立法和实践多给予了一定空间。该法第85条规定：“省、自治区的人民政府在必要的时候，经国务院批准，可以设立若干派出机关。县、自治县的人民政府在必要的时候，经省、自治区、直辖市的人民政府批准，可以设立若干区公所，作为它的派出机关。市辖区、不设区的市的人民政府，经上一级人民政府批准，可以设立若干街道办事处，作为它的派出机关。”该法第68条所定“若干派出机关”的兜底性和该法第90条规定：“省、自治区、直辖市的人民代表大会及其常委会可以根据本法和实际情况，对执行中的问题作具体规定。”实践中，管委会由所在地政府设立和派出，并代表本级政府，履行经济、社会、文化等综合性管理事务，以管委会的名义实施行政行为并独立承担责任。所以，更多论者倾向于将管委会“应然”界定为派出机关性质。对此，地方立法率先进行了明确，2018年5月1日实施的《江苏省开发区条例》第23条第1款规定，“开发区管理机构作为所在地县级以上地方人民政府的派出机关……”曾经有所设想由中央统一立法拟将管委会定位为派出机关。[1]

（四）管委会不是派出机构

派出机构不具独立行政主体资格，不能以自己的名义实施行政行为及独立承担相应的行政责任，除非有法律、法规的授权。派出机构能满足行政管理的灵活性和效益性，在我国立法及实践中，分散于各法之中，并主要体现在公安、司法、税务、工商、土地、交通等职能部门的派出所、司法所、税务所、工商所、土地所、交通所等。在某些特殊情况下，为行使行政职能方便，法律、法规也会授权派出机构独立作出某种特定行政行为，并赋予其行政主体的资格。但在立法及实践中，更多表现在职能部门的派出上，财政上依附于母体即所派出机关，不是一级财政，没有独立的财产独立承担责任，所以，设置的法律依据零散，大多为国家机构组织法一级，其他法律、法规，法律法规授权范围事项也有直接性、即时性、单一性、简易性、识别性强的特点。而我国开发区管委会主要是政府文件、部门规章及各地方立法将之列为所在地政府的"派出机构"，但授权范围较为综合，并成立一级财政，有独立的财产。如 2021 年 9 月公布的《河北雄安新区条例》第 6 条第 1、2 款规定："雄安新区管理委员会是省人民政府的派出机构，参照行使设区的市人民政府的行政管理职权，行使国家和省赋予的省级经济社会管理权限……雄安新区管理委员会按照国家和省有关规定设置所属管理机构，依法依规归口统筹行使设区的市人民政府行政管理部门的行政执法、监督管理等行政管理职权。"

（五）管委会形式上属于法律、法规授权组织

虽然国家政策文件、地方立法、部门规章将管委会界定为派出机构，但其法理不足，在形式逻辑上可以将其界定为法律法规授权组织。根据 2003 年出台的《行政许可法》精神，对于法律授权进行了严格规定，国务院决定和地方规章可临时性授权，部门规章无权授权。当下管委会权限更多来自地方性立法，由于地方立法本身碎片化和不周延，使当地政府对管委会的授权更多是行政委托性质。据笔者统计，开发区地方立法均对管委会进行了综合性授权。但是法律法规授权的组织主要是基层群众性自治组织、行业组织、工

---

〔1〕 刘旭："《国家级开发区管理条例》拟为开发区'扩权'"，载《21 世纪经济报道》2007 年 6 月 19 日。

青妇等社会团体、事业与企业组织、行政机关的内设机构和派出机构，具有一定的事业性、单一性。[1]

（六）管委会不属于临时组织和受委托组织

临时机构只是针对过渡性、临时性、跨部门性的问题进行统筹协调，事务完成后就解散、撤销，工作人员一般是从各单位抽调或者兼职，工作上机动性很强。所以，临时机构具有事务的协调性、工作人员的兼职性、时间上的临时性等特点，这相悖于管委会的常设性、行政职权性、人员的专职性。受委托组织权限来源的派生性，不是原生具有行政权，权限大小、期限由委托组织相机确定，实践中主要是单一性、临时性的制度安排。这两种组织与管委会综合固定长期权力的实践明显不相符，缺少稳定性，影响预期。而开发区营造“仿真的国际投资环境”，具有公共行政精神，构建了行政权社会化的制度架构，并且权限综合、稳定、可预期。所以，应剔除管委会行政权的受委托性和临时性。

二、个别的社会行政主体认知

（一）法定机构

法定机构是借鉴新加坡等英美法系地区提出的概念，属于社会行政主体。法定机构最早于20世纪70年代在英国产生。当时英国的经济发展陷入“滞胀”困局，而与此同时，其政府机构不断膨胀、财政压力持续增加、行政官员效率低下，官僚主义作风浓厚。为解决上述问题，在“新公共管理运动”的影响之下，英国政府开始进行行政体制改革，其最大的成果即在于推行法定机构。法定机构的发生缘于政策决策与执行职能的分离，政府只保留并专注于公共政策的制定，而将公共政策的执行权限交由法定机构分别实施。从具体的实践操作来看，法定机构具有如下功能：一是精简政府机构。政府将大量的执行功能交由法定机构实施，自身只专注于政策的制定以及执行的监督，可以有效地控制政府规模，实现机构精简。二是减轻财政压力。法定机构取代政府成为政策执行机构，将大大减少政府在政策执行领域的财政支出。三是提高公共服务水平和质量。法定机构采用市场化运作方式，可以提高公

〔1〕 参见姜明安主编：《行政法与行政诉讼法》（第3版），北京大学出版社、高等教育出版社2007年版，第139~142页。

共服务水平和质量。四是破除官僚主义。法定机构在执行政府决策时，将会面临全面的绩效考核压力，因此其必须积极主动灵活地采取各种方式，实现政策目标。如此可以有效地破解官僚主义作风。[1]早期作为英国殖民地的新加坡就移植了英国的法定机构制度，如新加坡的经济发展局、建屋发展局、中央公积金局、金融管理局、货币局等。目前，深圳前海、广州市南沙新区明珠湾、青岛蓝色硅谷核心区、青岛国际邮轮港等特定功能区采取法定机构的治理模式，最具代表性的是依据《深圳经济特区前海深港现代服务业合作区条例》成立的前海管理局，打造企业化政府，人员除了一把手由市政府党组成员担任外，其他都是非公务员，原来是公务员的入职前海管理局必须放弃公务员身份。但在实际操作上，前海管理局传统行政化趋势仍很明显，党政企三位一体，一把手一肩挑，法定机构最高决策部门理事会未能成立，任命严格依照党政领导干部的相关规定执行，遵照行政机关的运行逻辑进行运作，与其他开发区管委会最大的差别就是放弃公务员身份，与政、企、学的人事“旋转门”机制打通。

（二）公务法人

公务法人诞生于法国，是在国家行政权社会化和国家社会协同治理的背景下提出的。公务法人是指在具有一般职权范围的中央行政机关和地方行政机关以外，享有一定的独立性和单独存在的法律人格，并从事某种特定的公共事务的组织体。公务法人是依据法律设立的独立主体，具有独立的财产和承担责任的能力，进行企业化运作。原理和功能类似于英美法系的法定机构。对于我国来说，公务法人的行政主体类型可契合于我国的行政主体类型，这是英美法系法定机构所不具备的先天条件。在国内，目前没有公务法人的立法，但是在理论研究上已有人提出。有学者在专门论述福建平潭综合试验区管委会法律性质时提出，平潭管委会的法律性质应界定为公务法人。该论者认为：传统行政主体的概念内涵模糊，对新出现的主体类型甄别能力不足，传统行政主体的概念外延狭窄，对新出现的主体类型容纳能力不足，传统行政主体的理论逻辑牵强，对新型行政主体诉讼地位定位能力不足。所以，无法将平潭管委会界定为派出机关、法律法规授权的组织、行政委托组织、派出机构。该论者进而从公务理论出发，论述了应将平潭管委会界定为公务

[1] 参见周叶中：《深圳前海法治示范区前海方案开题报告》，2013 年。

法人。[1]也有人认为行政法学理论对行政权社会化或社会行政主体理论研究已有一定的准备、开发区治理已有多中心治理的探索、体制创新的国家战略定位、社会行政兼容多元主体而满足区域治理需求、国际游戏规则的遵从，旗帜鲜明地提出管委会身份应为社会主体，将之界定为公务法人方为正解。[2]

三、实然国家行政主体身份引发的主要问题

开发区制度供给滞后引发的问题已引起了大家的关注，关键点在于主体资格的缺失。行政主体资格意指行为能力及责任能力，是行政行为合法性要件。但是，管委会现况不但在行政主体类型上未予定论，而且很多行为缺失合法性。行政主体资格的缺失必将引发一系列的问题。

（一）开发区治理的可预期性相对较差

依法行政要求管委会设置及职权法定，但是脱法治化的“魅力型创新”，领导的主观因素成为开发区治理的主要变量。由于管委会不是职权性主体，大多也不是依法授权的授权性主体，权力配置具有委托性、短期取向。不但与所在地政府及有关部门的职能关系难以理清，而且稳定性差、相机性强，权力“想放就放、想收就收”，可预测性相对较弱。

（二）开发区治理的理性化程度不够

当前开发区治理“法理型”不足，这必然导致管委会职权不清、向传统体制复归、权力运作不规范、“授权”不足及不周延、官僚体制的自我膨胀难以制约，精简、效能、统一的管理体制逐步瓦解。如参与压力型体制下的各种评比；人大、政协、各个职能部门纷纷设立了派出机构，还设有工青妇等组织，机构设置行政区化，形成了大机关，行政运作成本越来越高；管委会以自己名义，而非以委托方即所在地政府及职能部门名义，实施行政行为，责任主体不清，行政行为违法；工委、管委会、国有公司体系“三位一体”角色混同。

（三）开发区管理机构职权依附性强

大多数管委会权力派生于行政，严格依法行政，则职能发挥依附于所在

---

〔1〕参见于静涛：“困局、归因及抉择：平潭实验区管委会法律性质分析”，载《福建江夏学院学报》2011年第2期。

〔2〕参见余宗良：“困境与出路：开发区管委会法律性质之辩”，载《中南大学学报（社会科学版）》2013年第1期。

地政府及职能部门；充分利用政策性的行政“授权”或“越位行使”，则主体不适格，自主性差。

（四）难以兼容区域合作的开发区管委会

开发区已成为区域治理的重大突破口，异地共建或合作的开发区有行政合作性。如果仍然以国家单一视角下的行政主体类型（即某地政府的派出机关或派出机构）去界定管理机构的法律性质，会捉襟见肘，产权安排难以兼容多个“政府股东”。以经济建设为中心的发展取向，政府竞争衍生的城市经营，说明开发区本身也是一个空间产品和制度产品，而政府是主要的生产者和供给者即控股股东。所以，要供给一种可容纳政府股东的多功能组织形式和产权制度架构。

（五）影响了开发区的海外推广和可复制性

改革开放40多年来，开发区模式已成为中国模式的重要内容，是中国经验的重要组成部分。目前，我国开发区已成为国家经济外交和“一带一路”倡议的重要抓手，但是由于开发区法定代表人的身份存在困惑，在国际推广时难免受到质疑。2016年1月12日，笔者访谈一位长期从事开发区研究的专家时，其说道：“我们在接受亚洲开发银行委托，为海外提供园区咨询服务时，老外会问我国开发区管委会的法律主体身份问题。对于这个问题，由于在理论界和实务界，尚无定论影响了开发区的合法性和公信力。在一定程度上，对我国开发区的海外复制推广会有一定的负面影响。”

四、开发区管理机构“身份”困境之成因

发展问题经常会被误读为意识形态之争，政治承诺路径的行政化依赖、政治契约精神的缺失、政治体制改革的“试错不敢”及理论本身的准备不足，使本该强调的制度安排和客观现实相去甚远。对于开发区管理机构身份困境的生成原因，很多论述将之归因于开发区立法滞后，组织法不健全，地方与中央的制度博弈，经济、社会和政策环境的影响，观念保守，法治传统的缺失、立法滞后，理论研究的落后，经济功能主导的目标定位，等等。在此，笔者不再重述，只提几点自己的思考：

（一）国际化、市场化转型的渐进式改革及经济功能主导的路径依赖

市场秩序演进的全球化、资源配置的国际化、分工与专业化要在世界广阔的市场规模中谋划和开展，各国纷纷根据自身约束谋求发展，我国也从改

革开放前的重工业优先赶超型发展战略转向比较优势发展战略。中华人民共和国成立之初，在资金短缺、国际环境制约等约束下，选择了重工业化的赶超型发展战略，形成了以扭曲产品和生产要素价格的宏观环境政策、高度集中的资源计划配置制度和没有自主权的微观经营机制为特征的三位一体的体制。这导致了城乡贫困日益加深、经济结构严重失衡、“短缺经济”积重难返。所以，发展战略转向比较发展战略，改革开放，利用自己的土地、劳动力优势参与国际产业分工，提升国际竞争力。〔1〕为了使发展要素向区域聚集，打造增长极，才有了开发区这一空间产品的生产与供给和亲商、服务型管委会的构建。

中国改革路径是摩擦成本低、实施成本小的渐进式或进化式之路，具有增量改革、试验推广、非激进改革的特征。“摸着石头过河”，国家对开发区的战略定位主要在于经济功能，尽量不触及政治体制，“试错式”的实验室效应，时空布局也呈现出特区→沿海→沿边→沿江→内地的阶梯性。但鉴于要素的“用脚投票”，需要营造“仿真的国际投资环境”去竞争，同时管理体制的身份制造不但要尽量不触及现行政权配置体制，而且要亲商、服务、精简、统一、高效，这才有了管委会模式的试行。同时，国家虽然提及开发区体制机制创新，但是根本还是经济功能主导，更多体现的是中央与地方共容经济利益关系，如国家对经济技术开发区战略定位演变：1984 年的“四个窗口”（技术的窗口、管理的窗口、知识的窗口、对外政策的窗口）→1989 年的“三为主”（以发展工业为主、利用外资为主、出口创汇为主）→1991 年的“三为主一致力”（以工业为主、以吸收外资为主、以拓展出口为主、致力于发展高新技术产业）→2004 年的“三为主、两致力、一促进”（以提高吸收外资质量为主、以发展现代制造业为主、以优化出口结构为主、致力于发展高新技术产业、致力于发展高附加值服务业，促进国家级经济技术开发区向多功能综合性产业区转变）→ 2014 年的“三成为”（努力把国家级经开区建设成为带动地区经济发展和实施区域发展战略的重要载体、成为构建开放型经济新体制和培育吸引外资新优势的排头兵、成为科技创新驱动和绿色集约发展的示范区）。这说明，开发区以经济功能为主。所以，管理体制的身份

〔1〕 关于这方面的经典论著，请参见林毅夫、蔡昉、李周：《中国的奇迹：发展战略与经济改革》（增订版），上海三联书店、上海人民出版社 1999 年版。

制造尽量不宜触及现行政治性的政权体制，而且要亲商、服务、精简、统一、高效。

（二）中央依托“职责同构”“条块体制”的府际纵向体制对地方的相机控制的权力技术和政策主导的路径依赖

国家通过“职责同构”和“条块体制”的权力技术设计控制处理中央与地方的关系，影响了开发区这一特殊且重要现象的“身份”正名。中央与地方事务混同形成的职责同构，“是指在政府间关系中，不同层级的政府在纵向间职能、职责和机构设置上的高度统一、一致。用通俗的话来描述，就是指中国的每一级政府都管理大体相同的事情，相应地在政府机构设置上表现出‘上下对口、左右对齐’”。[1]这造就了政府竞争在体制要素配置上的起点公平，也为中央将事务向地方“层层分包”提供了体制载体，加上将竞争引入政权体系的“增长市场”建设，地方建设开发区的动力十足，中央也将开发区更多作为地方事务来对待，这就形塑了以“属地化为主、中央为辅”的开发区纵向管理体系。

在改革开放初期，由于薄弱的基础设施、严格的计划管制、较差的法治环境、园区载体的外部性、开发资金的严重短缺、开发人才的极度匮乏、园区知识的不足，为夯实开发区的竞争力，才形塑了高级别干部配置、高管制授权、党政企职能合一、超级财税安排、创新运作的默许的管委会超强自主体制。开发区创建之初和当下个别类型的开发区如自贸试验区（港）、浦东新区、深圳前海、珠海横琴等，中央在财税、信贷和其他行政权上给予高强度配置，并且早期还设置国务院特区办进行统一管理，1998 年机构改革，特区办并入体改办，将经济技术开发区划归原外经贸部，之后机构改革，由商务部归口管理，国家高新区则一直由科技部归口管理。之后，社会主义市场经济体制转化和法治化建设加速，管制放松、内外资两税合一、区域税收政府收紧、土地市场规范、“条条”收权、地方政策的模仿成本低，开发区的“政策绿洲”越来越少。针对当下实施新一轮改革创新和扩大开放战略的自贸试验区亦然，中央领导多次强调自贸试验区是创造改革红利，而不是政策洼地，探索可复制、可推广的改革创新经验，并快速推广。但地方政府运用行政委托授权、地方立法授权、预算倾斜、地方税收留成、用地指标优先安排等一

〔1〕 张志红：《当代中国政府间纵向关系研究》，天津人民出版社 2005 年版，第 270 页。

系列手段，相机维系“身份”，创设“区域租金”，支撑开发区的超额区域经济增长。加之，地方竞相提出建设开发区，中央更将开发区视为地方事务，归口管理转变成协调指导，给的只是一顶便于地方招商引资的“帽子”。这进一步增强了管委会“身份”的相机性，无疑影响了管委会“身份”的正名。

由于法治化建设的周期性，政策主导的路径依赖，政府间关系以及政府与社会间关系依赖于政治调整，地方政府竞争陷入“集体行动的困境”，离心偏移、隐瞒信息、机会主义行为如盲目扩张、无序发展的开发区热，同时“创新”不断如行政托管、擅自扩容等“地方性知识”，竞争恶性化，有损国家宏观战略利益和公民权益，而交往理性对工具理性又缺乏约束，权利和社会又无力抗衡权力，就只能依赖中国特色的“权力制约权力”，创造了“条块体制”权力制约技术。所谓“条块体制，是指以层级制和职能制相结合为基础，按上下对口和合同同类项原则建立起来的从中央到地方各个层级的政府大体上‘同构’的政府组织和管理模式”。〔1〕这是一种单中心的模式，中央是地方的母体。在技术层面，中央通过自上而下的数十个职能部门（条条）把表面统一的地方政府（块）切开，在激励（放权）与约束（收权）之间进行“放风筝式”的相机安排和非正式制度化的政治控制。对于政策主导的路径依赖，已在前面规则表达专章里进行系统阐述，在此不再赘述。

（三）国家行政的法学分析范式

目前，理论和实务界主要是单中心分析范式，“都以政府为焦点，仿佛它是个‘孤独’的机构，与广大范围的众多社会势力无关”。〔2〕亦然，法学界囿于概念法学的单中心分析范式，主要是通过国家行政主体类型解答开发区管理机构的“身份”困境。单中心范式内容包括全能政府或国家行政的观念、行政的国家独占性、行政法律关系的不对等性与行政主体的优越性、行政行为的单方性与强制性、行政救济的滞后性与有限性，造成了公共行政的多元化与行政法学研究范围的不能包容性、非政府公共组织的行政主体资格问题、非强制性行政方式在行政法学的地位问题、有限的救济与复杂多样的行政侵权行为之间的对接问题等困惑。〔3〕如前所述，在现有国家型行政主体难以解

〔1〕 周振超：《当代中国政府“条块关系”研究》，天津人民出版社 2009 年版。

〔2〕［美］格里·斯托克：“作为理论的治理：五个论点”，华夏风编译，载俞可平主编：《治理与善治》，社会科学文献出版社 2000 年版，第 36 页。

〔3〕 参见石佑启：《论公共行政与行政法学范式转换》，北京大学出版社 2003 年版。

释开发区管理机构的法律性质。

1. 内涵模糊，识别性不够。行政主体包含组织、职权、名义和责任四要素，职权要素为重中之重。但是，囿于单中心国家行政主体范式，我国行政主体理论在某种意义上只为满足行政诉讼责任主体确定的需求，行政诉讼法又只确定了国家行政主体即行政机关和授权组织两类被告，导致责任要素成为行政主体的第一识别标准，而没有将现实中的职权行使作为决定性识别标准，致使明确且可信客观识别标准缺失。相应，衡量管委会是否具有行政主体资格是个责任问题，而不是现实的权力行使问题，导致责任要素与职权要素脱离，导致没有将现实中客观的、易度量的职权行使作为决定性识别标准，行为与责任相分离。“因此，行政主体概念先天就存在某种模糊性”〔1〕，识别力不足。所以，当遇到法律纠纷时，派出机构不具备独立行政主体资格，除非受到法律法规的授权，但是实际的权力实施者又是派出机构，出现行为与责任相背离的悖论。实践中，作为政府派出机构的开发区管理机构以自己的名义，作出行政行为和民事行为，现实中也是以自己的名义参与诉讼，承担责任。司法实践也将开发区管理机构作为独立的行政主体。

2. 外延狭窄，开放性不够。传统行政主体只有行政机关和授权组织，非行政机关不论其是否现实行使行政权，成为行政主体必须要过法律、法规“授权”这一“独木桥”。在没有“授权”的情况下，行政权力的实际行使者如行业协会、开发区管委会将难以被确定为适格行政主体。目前，我国推进“政事分开”改革，探索将事业单位转为“法定机构”，广东已经开始先行先试，但是囿于国家单中心治理的路径依赖，现行登记主体类型中没有法定机构的席位，所以，法定机构不作为一种新型法人组织，继续作为事业单位法人进行登记管理。〔2〕广东省编办编写的《法定机构试点工作政策问答》明确：“法定机构暂不作为一种新型的法人组织形式，试点改革主要着眼于体制机制的管理创新。在现有的法律框架下，法定机构将继续作为事业单位法人进行登记管理。”“我们深圳前海管理局虽然是法定机构，但是登记为事业单位，市编办也会下文件，领导职数、机构设置、人员编制均由编办确定。”〔3〕

---

〔1〕 杨海坤、章志远：《中国行政法基本理论研究》，北京大学出版社 2004 年版，第 189 页。

〔2〕 参见 http://www.gdbb.gov.cn/detail.jsp? infoid=12759，最后访问日期：2015 年 2 月 16 日。

〔3〕 2014 年 1 月 5 日，对深圳前海管理局某工作人员的访谈。

第四节　开发区管委会“身份”正解：公务法人

“善治实际上是国家的权力向社会的回归，善治的过程就是一个还政于民的过程。”[1]善治的国度，各种资源在政府、市场、社会之间合理配置，对公共领域与私人领域合理界分，治理结构践行多元协作治理之道，确立起公共事务的多中心治理架构，即行政权社会化，有行政主体多元性、行为多样性和软性、功能发挥杠杆性等特点。在法治国家，非政府性组织的社会行政主体是国家治理的重要一环，社会行政主体与国家行政主体在求索国家官僚体系弊端的解决方案，自然会从社会或市场中寻找答案。虽然英美法系和大陆法系对社会行政主体的概念表述不一，大陆法系尤其是法国称之为公务法人，英美法系称之为法定机构或公法人，但理论依据和制度设计方案是类似的，都是政府与市场、社会关系不断优化的产物，都以新公共管理运动、治理变革、公务分权为主要理论基础，都推行合同式章程治理的企业化运作。

一、公务法人概述[2]

（一）公务法人是什么？

公务法人是指依据公法设立，在政府机构之外执行某种行政职能且独立承担权利义务的公法人。公务法人的广泛存在和发展是因为经济社会发生变迁，行政管理和公共事务的增多，但是政府现有的组织资源难以做到有效供给，出于对政府权力扩张的警惕和社会自主体制的信任，从现有的制度资源中，并且从国家行政主体之外，创新一种弥补短缺的功能组织，相应就创新了公务法人这一社会行政主体。公务法人可以依法行使行政权力，属于公法

---

〔1〕 俞可平：“中国公民社会的兴起与治理的变迁”，载俞可平主编：《治理与善治》，社会科学文献出版社 2000 年版，第 326 页。

〔2〕 这部分内容参考了左然：“公务法人研究”，载《行政法学研究》2007 年第 1 期；姜广俊：“公务法人制度探讨”，载《学术交流》2008 年第 4 期；正宇：“澳门的公务法人”，载《法制日报》2001 年 12 月 15 日；吉龙华：“论我国行政公务法人的法律定位”，载《云南行政学院学报》2005 年第 5 期。刘洁、李煌：“设立我国公务法人制度的构想”，载《南京财经大学学报》2004 年第 2 期；马怀德：“公务法人问题研究”，载《中国法学》2000 年第 4 期；王芳：“公务法人制度研究”，长春理工大学 2009 年硕士学位论文；王海波：“公务法人制度研究——以我国事业单位改革为例”，内蒙古大学 2008 年硕士学位论文。

人，但不是国家行政机关，而是社会性主体，独立实施公务行为、承担责任和自主管理，实行企业化管理，但是不以营利为目的，正确处理与市场的关系。公务法人主要存在于大陆法系国家，尤以法国为典型。公务法人一般存在于业务方面或专门领域方面，不以地域为基础，但个别地域也有公务法人，如法国 1972 年的法律就把大区政府作为一个公务法人，还有各种市镇联合组织。在我国澳门特别行政区，公务法人大致分为以下四类：一是具法人资格的机关即公务机关法人，如民航局、贸易投资促进局、金融管理局等；二是公共财团即公共基金会，如澳门基金会、社会保障基金等；三是公共企业，如土木工程实验室；四是公共团体，如律师公会等。公务法人的设置，使行政活动具有很大灵活性，保证行政对社会事务的有效管理，也避免政府因事事设立行政机构直接管理而造成机构庞大。

在英国，将政府行政机关序列之外的独立承担公共管理事务的机构称为公法人，即法定机构，特征如同公务法人，依据成文法或英国女王颁发的特许状，人格独立、财产独立、行为独立、责任自负，企业化运作，同时与行政机关密切联系，与国家行政主体分工的同时，也保证了治理的协同性。英国的公法人最早出现于 19 世纪，如 1834 年的济贫法委员会、1857 年的默西港口和码头委员会、1908 年的伦敦港务局、1926 年以英王特许状设立的英国广播公司等。但其规模性的制度供给是在二战后，经济社会的连带结构变化涌现出了大量的公共服务事务，需求在治理模式上进行创新，传统的制度难以满足治理需求，所以，创新了大量的公法人或法定机构。在国内，主要是珠三角，以我国香港地区和新加坡为师，将法定机构视为事业单位的改革方向，在开发区中，借鉴香港制度，开发区管理机构界定为法定机构的有海南洋浦开发区管理局（1993 年，因为当初开发主体是香港的熊谷组公司）、深圳前海管理局（2011 年，因为定位深港合作，对标香港的制度建设）和广州市南沙新区明珠湾开发建设管理局。但目前，广东事业单位向法定机构的改革基本上按下暂停键盘。

（二）公务法人的理论基础

1. 公务理论。19 世纪末，法国的布朗戈（Blanco）案件，使公务理论成为行政法理论基础和行政法适用标准，该历史性案件在行政法史上具有里程碑的意义。1873 年 2 月 8 日，法国权限争议法庭作出布朗戈案件的判决，第一次提出要把公务作为国家行政机关适用行政法的标准和依据，认为：因国家雇佣人员在公务活动中造成民事损害的侵权行为，不能只由民法典调整，或只认定为民事法律关系，与国家公务密切相关的侵权行为应同时纳入行政法的调整范围，对国家权力进行双重管控。在此基础上，波尔多大学教授莱昂·狄骥建立了公务学说，认为公共服务是现代公法的基础，是政府必须作为的强制性义务。古典自由经济时期，政府是“守夜人”角色，履行的职责以防御保护、警察维护秩序和司法解决纠纷等主权性、被动性的职责为主。随着经济社会的变迁，进入所谓的垄断资本主义时期，人们相互之间的依赖关系更加紧密，成为一种社会连带关系，商业竞争的、科技创新保护的、社会的、劳资的、国内外的诸多问题接踵而至，这一系列的新问题需要政府去解决或对新的治理方式产生了需求。因此，任何因其与社会团结的实现与促进不可分割，而必须由政府来加以规范和控制的活动，就是一项公共服务。[1]自由资本主义时期，从“守夜人政府”“小政府”，政府职责只限于国防、警察、税收和司法等活动。进入垄断资本主义时期，“守夜人的政府”无法满足日益增多的经济社会事务的需求，能动行政兴起，国家干预增强，介入到提高生活质量的公共服务之中，包括教育医疗、社会保障、区域治理、基础设施建设等事务中，公共服务进入公法领域，发展到服务型政府，公务理论成为公法制度的理论基础。

2. 行政分权理论。孟德斯鸠曾说：“一切有权力的人都容易滥用权力，这是万古不易的一条经验。有权力的人们使用权力，一直到有界限的地方才休止。”因此，社会对公共管理或服务大量需要和在市场经济条件下对政府机构规模约束的相互作用中孕生了公务分权理论。公务法人制度在法国产生的根源是基于政治性分权和技术性分权的需要。通过公务法人提供公共服务的优势在于，公务法人提供的服务具有专门性，区别于一般公共行政机构所提供的普通服务，一方面能避免一般行政上的官僚主义习气和僵化模式，自身保持一定程度的独立性，具有服务的灵活性。另一方面容易得到社会上的赞助。[2]囿于政治原因或者服务效能的需要，政府不可能直接承担所有事务，需要将行政权配置给社会性主体，政府不得不设立大量的公务法人来满足社会需要。

---

〔1〕［法］莱昂·狄骥：《公法的变迁　法律与国家》，郑戈、冷静译，辽海出版社、春风文艺出版社1999年版，第51~55页。

〔2〕参见王名扬：《法国行政法》，中国政法大学出版社1988年版；于安编著：《德国行政法》，清华大学出版社1999年版，第60~62页。

于是公务法人这一新型的社会性行政主体应运而生。因此，公务法人也是“法治规则下的选择”，设立法定、职权法定、程序法定、责任法定，具有独立主体资格。

3. 新公共管理运动。澳大利亚莫纳什大学的休斯教授认为：“传统的行政模式无法反映出现代公共服务所承担的广泛的、管理的以及政策制定的角色。”“官僚制的理性形式、不透明、组织僵化以及等级性的特性，使得它不可避免地会与民主制发生冲突。”“官僚制大大限制了个人自由”，“官僚制模式显然不如市场过程更有效率”。〔1〕20 世纪后期，全球化、信息化、市场化、法治化加速推进及竞争加剧，官僚制政府自身出现了财政、管理和信任危机，兴起了“重塑政府”“政府再造”“企业型政府”的新公共管理运动，主张以企业家精神、市场化手段改造公共部门，主要表现为：“掌舵而不是划桨”的催化杠杆型政府；“授权而不是服务”的社区自治型政府；引入市场竞争机制，生产与供给相分离的竞争型政府；不是机械性照章办事，有组织使命感的战略型政府；以顾客为导向，以需求为驱动的市场型政府；以实效为标准，投入产出的成本考核，而不是以投入为评估的事业型政府；以扁平化的参与协作治理为主，破除等级性官僚体系的分权型政府。〔2〕奥斯特罗姆将新公共管理范式称为“一个‘哥白尼式革命’的转折点”。〔3〕

4. 治理理论。当下方兴未艾的治理变革运动强调“协作治理”“多中心治理”，在国家最低标准和政策优先权的共识框架内，将权力和资源在中央、一线管理者、地方民主组织、消费者及社区中进行配置。〔4〕治理主要内容包括“政府职能的市场化、政府行为的法治化、政府决策的民主化、政府权力的多中心化”。〔5〕①行政主体的多元性。“第一点也是最重要的一点是，治理

〔1〕［澳］欧文·E. 休斯：《公共管理导论》，彭和平等译，中国人民大学出版社 2001 年版，第 46、47、54 页。

〔2〕参见［美］戴斯·奥斯本、特德·盖布勒：《改革政府——企业家精神改革着公共部门》，周敦仁等译，上海译文出版社 2006 年版。

〔3〕［美］文森特·奥斯特罗姆：《美国公共行政的思想危机》，毛寿龙译，上海三联书店 1999 年版，第 169 页。

〔4〕Stoker G，“New localism，Progressive Politics and Democracy”，A Gamble and T. Wright（ed.），*Restating the State*? Oxford Political Quarrely/Blackwell，2004，pp. 117~130.

〔5〕［美］埃莉诺·奥斯特罗姆：《公共事物的治理之道》，余逊达、陈旭东译，上海三联书店 2000 年版，第 1 页。

强调行为者的多元性与多样性。”〔1〕“治理的理性在于对话而非一家定乾坤。”〔2〕“一个多中心政治秩序意味着众多权威和责任的领域（或中心）交叠共存。”〔3〕②行政行为的多样性。“治理需求和能力问题有它们自己动态性、复杂性和多样性。因为它们与系统特征有关，所以，需求和能力问题的这些特点（很可能）不是短时间创造、检验并被采用的。这要求在被分割的职责和互补的职责之间建立开放的渠道，要有弹性并且要相互重视。”〔4〕③行政范围的有限性。“治理意味着永远存在不确定性，机构的设计因此就必须考虑人类的知识和认知能力，也应预计到其不足。”〔5〕

二、公务法人：开发区管委会身份困境的正解

“政治和经济组织都具有一组共同的基本特点，这正是我们的研究中心。发明这两种组织，是为了利用专业化（包括暴力行为的比较利益）带来的交易收益而使资本财富最大化。”〔6〕开发区作为改革开放的试验区，需要进行特殊的制度安排，在体制外做增量，节约改革开放的摩擦成本，妥善处理好改革、发展和稳定之间的关系，管委会设置减少了开发区承担改革开放和区域经济发展使命的风险和成本的制度安排，减少了改革成本，开发区治理中管委会的精简、高效、亲商相对于行政区政府而言，节约了组织成本或制度成本。“最佳的组织往往是那些能够灵活地根据正在变化的外部条件适时调整集权程度的组织。”〔7〕中国开发区作为渐进式改革之路的试验、示范区域，本身就是政府、市场和社会关系不断安排调适的产物，在制度安排上应满足开发

〔1〕［瑞士］皮埃尔·德·塞纳克伦斯：“治理与国际调节机制的危机”，冯炳昆编译，载俞可平主编：《治理与善治》，社会科学文献出版社 2000 年版，第 273 页。

〔2〕［英］鲍勃·杰索普：“治理的兴起及其失败的风险：以经济发展为例的论述”，漆芜编译，载俞可平主编：《治理与善治》，社会科学文献出版社 2000 年版，第 66 页。

〔3〕［美］迈克尔·麦金尼斯主编：《多中心治道与发展》，王文章等译，上海三联书店 2000 年版，第 2 页。

〔4〕［美］詹·库伊曼：“治理和治理能力：利用复杂性、动态性和多样性”，周红云编译，载俞可平主编：《治理与善治》，社会科学文献出版社 2000 年版，第 235 页。

〔5〕［美］格里·斯托克：“作为理论的治理：五个论点”，华夏风编译，载俞可平主编：《治理与善治》，社会科学文献出版社 2000 年版，第 47 页。

〔6〕［美］道格拉斯·C. 诺思：《经济史上的结构和变革》，厉以平译，商务印书馆 1992 年版。

〔7〕［美］弗朗西斯·福山：《国家构建——21 世纪的国家治理与世界秩序》，黄胜强、许铭原译，中国社会科学出版社 2007 年版，第 74 页。

区治理的功能需求，强调行政权社会化，将管委会界定为社会行政主体，引入公务法人制度。

（一）理论及实践已做了一定准备

对公务法人制度的引进，条件日趋成熟。公务法人是国家向地方、社会、市场还权和行政权社会化的产物，是对国家单一行政模式的矫正。我国改革开放，从分税制改革、国有企业改制、私有制主体身份的宪法确认、村集体民主自治的探索到行业协会自治能力的加强、社会组织管制的放松、事业单位分类制度改革、大部制及行政审批制度改革等，这充分诠释了一个国家不断向地方、社会、市场还权，行政权社会化和求索善治的过程。同时，开发区已经做了积极探索，虽然顶层设计仍显滞后，但地方竞争和资本流动约束开发区行政伸出的是“扶持之手”而非“攫取之手”。如前所述，开发区政府、市场与社会之间协同治理实践已初露端倪，政府文件和地方立法无不强调管理机构亲商、服务型政府的构建；负面清单模式、事中事后监管等创新的开发区试点，再到全国推广；广东的事业单位分类改革也进行了积极探索，尤其是深圳通过特区立法突破性地将前海管理局界定为社会行政主体——法定机构，公司化运作。在理论上，行政法学研究范式发生转换，在观念上从国家行政向公共行政转变、主体上多元化、行为多样化、救济有效化、相对人法律地位的提升等方面，已说明国家权力占绝对优势的一元国家行政范式正逐渐退出历史舞台，多元化的公共行政与社会行政范式日趋走向前台。〔1〕行政主体制度和公务法人制度研究历经学者们多年努力，硕果累累。治理理论、新公共管理运动和行政权社会化等前沿研究已有一定积累。〔2〕

法定机构，是指依据特定的法律设立和运行，主要承担公共服务职能，不列入行政机关序列，具有相对独立性和灵活性的公共机构。但是囿于传统国家行政范式，管理局法定机构仍然不作为独立的主体类型，按事业单位法人登记管理，消解了法定机构的独立性，如前海管理局的决策机构——理事会没有建立，干部任免、海外人员聘任等用人机制仍然适用行政事业单位办

〔1〕 参见石佑启：《论公共行政与行政法学范式转换》，北京大学出版社 2003 年版，第 129~216 页。

〔2〕 笔者于 2012 年 10 月 16 日在中国知网精确搜索“行政主体”，显示 11 607 条文献；精确搜索“公务法人”，显示公务法人制度研究有 273 个文献，加上行政主体理论研究涉及的公务法人制度，在笔者的阅读范围内，也有数量不少的文章涉及。治理理论研究、新公共管理运动、行政权社会化研究在国内文献很多。

法。我国选择法定机构的改革方向，边际矫正传统行政主体理论，学自儒家文化圈的新加坡和我国香港地区。而新加坡和我国香港地区的英美法传统与我国的大陆法系在概念体系上的冲突，法定机构在逻辑上难以与我国行政主体类型连贯，在名称上难以直接体现社会主体的特征，识别功能被削弱。因为，很多开发区管委会也依据地方立法设定，具有“法定性”，亦强调与社会、市场的协同治理。

（二）权力不断调收的顶层设计

在顶层设计上，我国从计划体制不断向市场体制转型，政府、市场、社会三者关系不断优化，国有企业改革、非公有制经济的宪法确权、社会组织的管制放松、事业单位分类制度改革、大部制及行政审批制度改革等等，无不诠释了一个 求索善治的历程，如非公有制经济从从属、过渡到补充、重要组成部分，国有企业不断退出，在竞争性领域的地位不断受到质疑。公务法人制度是政府、市场与社会关系正确处理、探索多中心治理的制度安排，是对国家单一行政模式的矫正。

（三）满足国际合作和区域治理需求

通过政府间行政协作、政府与市场间的公私合作，开发区共建或合作已成为国际经济外交和区域治理的重要现象。

1. 国际合作园区。一是境外合作园区方面。商务部国际贸易经济合作研究院和联合国开发计划署驻华代表处联合发布的《中国“一带一路”境外经贸合作区助力可持续发展报告》显示，截至 2018 年 9 月，中国企业在 46 个国家共建设初具规模的境外经贸合作区 113 家，累计投资 366. 3 亿美元，入区企业 4663 家，总产值 1117. 1 亿美元，上缴东道国税费 30. 8 亿美元。二是境内国际合作园区方面。根据商务部数据统计，截至 2019 年末，218 个国家级经开区参与共建园区 76 个；昆山经开区、烟台经开区、南京经开区、杭州经开区等对口援疆、援藏、援助边境合作区 134 个。据不完全统计，国内中外合作园区数量有 300 多个，其中，中德合作园区有 60 多个。

2. 国内合作园区。在都市圈、城市群和经济带等国家及区域发展战略中，园区已经成为重要的载体。如：广东省针对省内的珠三角地区与非珠三角地区的经济差异越来越大问题，实施“腾笼换鸟”的产业转移战略，建设了 40 多家产业合作园区；江苏省针对省经济发展水平自南-中-北呈显著的梯度差异，实施“南北挂钩共建苏北开发区”的发展策略；安徽省根据国务院正式批复《皖江城市带承接产业转移示范区规划》纷纷规划建设跨区域合作园区；上海市也纷纷走出去建设区域合作园区。对于此类合作性开发区，将管委会界定为某地政府的派出机关或派出机构则未免牵强，难以承载区域合作治理的功能。之前，笔者试着从事业单位的角度破局，但是事业单位作为计划经济体制下的产物，使分析难以脱离国家单一行政模式，仍然在法律、法规授权的国家行政模式里打转。而公务法人作为原生的社会性行政主体，固有的独立主体性、独立财产能力、功能的可塑性，载体功能更强，产权安排可兼容多个"政府股东"，而且有为满足行政合作需求而量身打造的地域公务法人制度，助益消解行政组织与空间结构耦合的行政区经济。这意味着公务法人组织体更具包容性，企业化的制度安排能满足多个合作主体即"政府股东"的制度需求，制度载体功能助益于政府、市场、社会的协同治理。

（四）彰显社会主义制度竞争优势的创新要求

亚当·斯密认为："土地是不能移动的，而资本则容易移动。土地所有者，必然是其地产所在国的一个公民。资本所有者则不然，他可说是一个世界公民，他不一定要附着于哪一个特定国家。一国如果为了要科以重税，而多方调查其财产，他就要舍此他适了。他并且会把资本移往其他国家，只要那里比较能随意经营事业，或者比较能安逸地享有财富。"[1]但这指的是国家与国家之间的竞争，并没触及一个国家内部的地方与地方之间的竞争。1956年，蒂伯特的《地方支出的纯粹理论》，首次提出了地方竞争的"蒂伯特模型"：充分的流动性使人民可以选择公共产品与税收的最佳组合的社区政府，以追求效用最大化。为此，社区政府将有效地提供公共产品，满足居民偏好，吸引有纳税能力的居民"用脚投票"。[2]奥茨进一步将研究对象从居民流动转向资本流动并认为，即使没有居民的自由流动性，财政分权的益处仍然存在，不同政府间为了吸引流动的资本要素而竞争，不同政府间会通过降低税率和供给交通、安全、基础设施等公共产品进行竞争，吸引流动性的资本要素。随着资本要素增加，经济发展，当地居民福利自然上升、税收就增加，这又使政府有足够能力提供更多的公共物品，进而实现社会成员的福

〔1〕［英］亚当·斯密：《国民财富的性质和原因研究》，郭大力、王亚南译，商务印书馆1974年版，第408页。

〔2〕Tiebout C, A pure theory of local expenditures, *Journal of Polotical Economy*, 1956, pp. 416~424.

利最大化。[1]柯武刚等指出，制度竞争助长政治企业家精神，从而创造性地、预先主动地加速生产力的增长。竞争抑制权势，促使政府为吸引公民和投资者而投入信息成本和交易成本。[2]也正是竞争约束，地方才会采取税收、公共物品供给、管制放松等手段优化辖区环境，限制了“怪兽的掠夺之手”，形成了“维护市场的财政联邦主义”和“增长市场”。

竞争则要遵守国际游戏规则，营造“仿真的国际投资环境”，参与全球治理变革，践行行政权社会化的“多中心治理”之道。开发区的基因就具有竞争性，当初设立第一批开发区目的之一就是引进外资、创收外汇，承接国际制造业转移，自贸试验区承载着人民币国际化战略、参与世界贸易格局治理的战略使命，广东自贸试验区和福建自贸试验区还承担着“一国两制”、和平统一，展现社会主义体制竞争优势的战略使命，同时，开发区将代表属地区域参与区域竞争以及园区之间竞争。所以，开发区是中央和地方改革发展的双重抓手，天生就应对“斯密竞争”（全球竞争）和“蒂伯特竞争”（地方竞争）。

（五）契合于开发区体制创新的国家战略定位

为应对竞争，国家对开发区的战略定位就是体制创新，谋取社会主义制度的竞争优势和制度自信。如自由贸易试验区重点在于政府职能转变、管理模式创新、贸易和投资便利化、推进人民币国际化的改革创新，为改革创新探索新模式、积累新经验[3]。“开发区从建立那天起就是对传统的计划经济投资体制的冲击和否定……改革色彩相当鲜明，完全符合中央建立开发区的初衷。”[4]但是传统体制具有强大的引力，“体制创新之路”举步维艰，囿于“条块体制”，中央的部门利益，将开发区体制创新功能推卸给了地方，如：1995年，原国家人事部在天津开发区召开了全国开发区体制改革工作研讨会，

---

〔1〕 Oates W E, *Fiscal competition and European Union: Contrasting perspective*, Regional Science & Urban Economics, 2001, pp. 133~145.

〔2〕［德］柯武刚、史漫飞：《制度经济学：社会秩序与公共政策》，韩朝华译，商务印书馆2000年版，第491页。

〔3〕 国务院关于印发中国（上海、天津、广东、福建）自由贸易试验区总体方案的通知中，均开宗明义强调自由贸易试验区试错政府职能转变、管理模式创新、贸易和投资便利化的改革创新，为全面深化改革和扩大开放探索新途径、积累新经验的重要意义。

〔4〕 皮黔生、王恺：《走出孤岛——中国经济技术开发区概论》，生活·读书·新知三联书店2004年版，第103页。

充分肯定了开发区的管理体制。上海自贸试验区负面清单的制作主体是上海市政府，并由国家发改委、商务部指导，但是自贸区涉及的外资准入、改革创新无一不涉及中央部门权力，导致中国首张负面清单成为《外商投资指导目录》的翻版，相应就可理解李克强总理在决策上海自贸试验区对中央部委的愤而拍桌；习近平总书记基层调研第一站选在深圳前海，意图开创改革开放的新一个春天。

由于体制机制创新滞后，开发区的身份不明，中央与地方事务分工不清，造成了开发区的整体地方化，国家战略地方化。如自贸试验区开发开放事关全局，理应由中央主导，但是在实际运行中行政化，呈现出地方化的趋势。①地方申报和中央审批的运行逻辑。由地方拟定申报方案，与中央进行多轮博弈，中央审批并以通知的形式下发，即使是当下国家顶级战略的自贸试验区亦不例外，由地方上报自贸试验区方案，中央审批并下发通知；自贸试验区涉及多个片区的，或由省政府下发具体建设方案的通知，如广东省；或由各片区所在地政府拟定具体方案申报，报省政府审批，如福建省。②在总体方案中明确地方的主导责任。目前，国务院分别下发的四个自贸试验区方案中，非常明确地强调了上海市政府、天津市政府、广东省政府、福建省政府的主导责任，要求各地方要精心组织好方案的实施工作。重大问题，要及时向国务院请示报告。相应，在各省也以通知的形式，层层转包，下发具体化的建设方案，并要求各片区所在地的市政府加强组织实施。如广东省“通知”要求广州南沙、深圳前海蛇口、珠海横琴三片区的所在地政府加强组织实施，遇到问题，径向广东省自贸试验区办公室反馈；福建省政府“批复”要求厦门市政府、福州市政府要精心组织好实施工作，对《实施方案》实施中的重大问题，要及时向省政府请示报告。由于城市竞争的增长市场宏观体制和超自主的自贸试验区体制安排，地方有更强的发展非理性意愿和动力，加之中央对自贸试验区的地方化安排，政策主导的模糊化、任意化，法律的刚性保障和约束不够，相应，自贸试验区的制度创新就依赖于中央对地方的相机性分配，支撑体系与战略定位错位，任务的完成和功能的发挥受到了影响。这必然造成各地一哄而上，进一步加剧自贸试验区的地方化。

改革已进入深水区、攻坚期，中央应犹如第一批国家经济技术开发区那样，顶层谋划，应继续抓住开发区制度创新的“牛鼻子”，处理好政府、市场与社会之间的关系，不走行政化老路，将管委会的机构性质界定为公务法人的社会行政主体性质。赋予开发区治理变革、体制创新的“实验室功能”，统一立法，将管委会“试错性”地界定为社会性行政主体——公务法人，做增量改革，在特定区域内，试点突破“职责同构”“条块分割”困局，扫除改革开放的障碍。推进人事制度、权力运行改革。

第五章

治理结构转型：从单一政府管理走向多元协作治理

新制度经济学认为，为了获取潜在收益，利益相关者就会采取行动，突破阻碍，进行制度变革。开发区是改革开放以来，政府、市场、社会和个人等利益诉求者或行动主体，进行不断降低体制成本和持续获得潜在收益的制度创新。面对不同的约束条件，开发区制度变迁的各个行动主体会有不同的组合、不同的契约结构和不同改革的利益均衡模式，进而生成了不同的治理结构。多中心治理是权力或权利在多元主体中的合理配置，发挥各自的比较优势，求索善治。新制度经济学认为，主体间的权责利制度安排就是产权的界定，权利配置影响制度绩效。管理体制运行是否有效或稳定取决于相关行为主体之间权责利的配置是否合理。"政治和经济组织都具有一组共同的基本特点，这正是我们的研究中心。发明这两种组织，是为了利用专业化（包括暴力行为的比较利益）带来的交易收益而使资本财富最大化。"〔1〕根据全球治理委员会的"治理"定义：多样化的公共、私人机构及个人参与管理共同事务的诸种手段之总和。这是一个使相互冲突或不同利益得以调和，并采取集体行动的可持续过程，包括正式规则的强制性遵守和非正式规则的自愿性安排、执行。〔2〕多元化、协作治理、网络化治理、公私伙伴关系、多中心体制等只是治理理论的表现形态或特征。由于存在制度运行成本，政府、市场、社会三者不可替代，有各自存在的边界，相互之间形成分工与合作的网络。开发区治理结构指的是政府、市场、社会在开发区这一特定地理空间的结构

〔1〕［美］道格拉斯·C. 诺思：《经济史上的结构和变革》，厉以平译，商务印书馆1992年版。

〔2〕 The Commission on Global Governance, *Our Global Neighborhood: the Report of the Commission on Global Governance*, Oxford University Press, 1995.

状态、相互作用方式和权力配置体系。开发区天生就是对全能型社会的边际撕裂，与行政区分工，引进外资，试行商品经济运行规则，探索政府与市场分工与合作的治理结构。但是，随着开发区向综合型城区变迁，之前充分市场化导向的治理模式却没有深入拓展，反而向传统体制复归，管制加强。在全面深入改革的新时期，市场在资源配置中起决定性作用，开发区对政府、市场、社会的多中心治理结构应进行深入探索。

第一节　开发区单一政府管理

中国开发区基本上是构建型的，政府因素在创建和发展中占据绝对地位，由政府主导确定开发模式和选择管理体制。如前所述，开发区的宏观制度环境是中国式“增长市场”，在这个增长市场中，开发区是重要的一环和竞争举措，所以总体上，开发区治理呈现出政府主导的特点。

一、政府主导单一模式的特征

开发区是绑在中国“增长市场”马车上的，只是政府供给产品的一种生产机制，政府主导型模式必然会表现在开发区建设开发和管理运营中。无论是宏观规划制定，还是微观的建设招商，都会突出强调政府的主导作用。主要特征有：

（一）规划决策的公众参与不足

1990年实施的《城市规划法》（已失效）规定了公众有遵守规划的义务和检举违章的权利；1991年原建设部发布的《城市规划编制办法》（已失效）规定规划的编制应广泛征求有关部门和当地居民的意见；2008年《城乡规划法》首次确立规划的公众参与机制，规定了“政府组织、专家领衔、部门合作、公众参与”的规划程序。但总体上，在开发区规划中，公众参与还处于象征性阶段。可以这样说，在开发区规划建设中，公民参与机制不完善，社会或市场的参与都是服务于政府目标或长官意志的。为了了解园区规划的科学性，笔者出于常识性判断，选定了开发区规划中涉及的整村搬迁样本进行调研，在珠三角某园区，笔者对园区周边政府工作人员、园区拆迁人员、涉及的村民分别提问了同样的问题，“您认为目前某村庄不拆迁，对园区开发影响大吗？”90%以上的访谈对象认为，这个村搬迁意义不大，因为是园区的边缘地带，不搬迁不会影响，并且园区规划这块土地也是配套住宅用地。在笔者访谈的珠三角某园区，发现一个更加典型的现象，该园区规划范围内，有个古村，有上百棵百年以上的古榕树，规划将该村进行搬迁，用来进行旅游开发，但是保留建筑。笔者基于常识在此质问：古村没有原住民，剥离了原来的生活方式，旅游开发区能有吸引力吗？由于违背了基本常识的城市规划，大拆大建，该村的整村搬迁问题仍然没解决，并且村民抢建出了一个新村，原来的古村风貌受到了严重破坏。

（二）土地获取的“掠夺之手”

“个人的选择行为同等地适用于分析所有的选择环境。”“当个人在作选择时，无论是市场行为还是政治行为，它们赋予的正值的财货之一便是可辨别的经济利益”，“市场和政治之间的实质差别在于他们在追求不同利益时所处的条件，而不在于个人追求的价值或利益的种类”。[1]美国经济学家安德烈·施莱弗和罗伯特·维什尼基于政治家们自私人的假设，指出政治家们的目标是追求私利，运用公权力将资源配置给自己及其支持者，形成利益联盟，打击政敌，以牺牲公共福利为代价中饱私囊，并不是社会福利的最大化，并通过对东欧国家和俄罗斯的转轨实践的分析，提出了政府“掠夺之手”的模型。[2]由于城市发展空间受限，并且成本高昂，开发区选址基本上都是乡村地区，土地从农民手里获得。同时，由于城乡的二元土地制度安排，政府垄断了土地一级市场，开发区从农民手里低价获取土地，再进行开发，分工业用地、商业用地、住宅用地进行分别定价，招商引资，获取开发收益。国家在 20 世纪 90 年代和 21 世纪初，分别进行了两次整顿。2004 年 8 月，清理出形形色色的各类开发区 6866 个，规划面积 3. 86 万平方公里。其中，除了国务院批准设立的 171 个园区，省级政府批准设立了 1094 个开发区，地方各级政府和各级部门林林总总设立了 5601 个开发区。[3]经过清理，开发区瘦身后，到 2006 年 12 月，全国名目繁多的开发区从 6866 个减少至 1568 个，规划面积由 3. 86

〔1〕［美］詹姆斯·麦·布坎南：“经济政策的宪法”，载柳适等编译：《诺贝尔经济学奖得主演讲集 1969~1997》，内蒙古人民出版社 1998 年版，第 413、414 页。

〔2〕参见［美］安德烈·施莱弗、罗伯特·维什尼：《掠夺之手：政府病及其治疗》，赵红军译，中信出版社 2004 年版。

〔3〕参见王延春：“中国三部委联手制订新政　国家级开发区酝酿转型”，载《经济观察报》2004 年 12 月 20 日。

万平方公里减少到9949平方公里，土地面积降幅竟达74.23%。同时，存在大批滥竽充数的开发区，圈地现象严重，用围墙围起来，但不使用，浪费土地，建花园式厂房，甚至建别墅，土地粗放使用，“征而不开”“开而不发”，造成大量耕地闲置撂荒，全国开发区土地43%闲置。〔1〕为了招商引资，开发区一味让利，激烈的开发区竞争使土地有偿化使用尤其是工业用地价格走向无偿化。笔者在珠三角地区调研，发现开发区的工业用地价格难以弥补开发区的土地开发成本。

（三）区域租金的政策创造

由于交易成本为正，不同的制度安排将创造不同的绩效。为短期内集聚发展要素，开发区参与竞争的方式之一就是通过特殊政策安排塑造超自主竞争体制，形成政策洼地，创造政策租金。郑江淮等认为，政策租是政府通过财税、土地、外汇、通关便利等政策制造，形成与之前不同、与其他区域非均衡，直接降低投资成本所形成的超额利润。〔2〕殷存毅等在对开发区政策租金的分析时，加入了空间要素，提出了区域租金概念，指出政策租金在空间上表现为区域租金。区域租金具有区域排他性，系开发区特有的优惠政策，只有开发区的企业才享有。〔3〕众所周知，开发区依靠的优惠政策（租金）起家，对于1984年最早的一批开发区，中央明确只给政策。随着中国“增长市场”的竞争愈演愈烈，各地竞相出台优惠政策，承诺资本在开发区可以获得超额经济利润，加速要素寻租和集聚，从而开发区获得非均衡经济增长，这有违平等的发展机会和公平的资源配置。在经济技术开发区初创阶段，经开发区准生证《沿海部分城市座谈会纪要》（中发〔1984〕13号）明确中央不给钱，只给政策：中央财政将新增税收全额返还所在城市用于开发区的建设发展，尤其是第一批开发区享受了两个五年全额返还+三年递减返还，享受了十年的100%税收的留成，按15%征收所得税。随着区域税收优惠收紧，2008年内外资两税合一，在中央层面，财税方面只有个别区域有特殊政策优惠尤其是财政税收优惠，如中西部地区的边境开发区和国家级经济技术开发区北

〔1〕参见刘秀浩：“全国开发区土地43%闲置　逾七成被撤销”，载《东方早报》2007年4月23日。

〔2〕参见郑江淮等：“企业‘扎堆’、技术升级与经济绩效——开发区集聚效应的实证分析”，载《经济研究》2008年第5期。

〔3〕参见殷存毅、汤志林：“增长市场、选择性政策与区域租金——以国家经济技术开发区为例”，载巫永平、吴德荣主编：《寻租与中国产业发展》，商务印书馆2010年版。

京中关村、深圳前海、珠海横琴、福建平潭、上海张江、武汉东湖、新疆喀什霍尔果斯、自贸试验区。但是开发区作为中国“增长市场”的重要一环，为了招商引资，各地纷纷出台政策，可谓“扑向底线的竞争”，成了让利竞赛，不仅地方税收返还，还给予各种配套支持政策，如科研补贴、政府采购、产业扶持基金等名目多样的政策安排。“上海、天津、江苏等6省市所属的87个开发区中，2005年有65个制定了明确的财政返税政策，有79个向企业返还120.15亿元。”[1]租金的链条包括了租金的生产、分配、追逐、使用及其后果等环节。所有这些环节都是特定政治经济制度、市场环境、社会环境和文化的产物。在中国，地方政府是租金链条中的一个关键环节。[2]科斯定理说明，由于交易费用为正，不同的权利界定和分配，则会带来不同效益的资源配置。[3]所以，不同的行政权配置将意味着租金生产、交易、分配、追逐、使用及绩效的不同。

（四）治理结构的行政偏向

在开发区内部治理的整体制度安排上，行政过重，掌握的资源过多，导致行业协会、社会中介服务机构发育不足。

1. 自律性行业组织功能发挥不足。开发区虽然是我国区域中产业最集聚的地方，区内行业协会理应发挥出积极效应，但是在笔者调研的数十个开发区中，对行业协会的作用发挥却令人感到不足，很多行业协会由开发区管理机构主导。招商部门出面主动牵头组成协会，协会与会员之间的关系非常松散，对行业治理作用发挥不大。

2. 专业的中介服务机构不足。园区企业投资服务完全可市场化，但在很多开发区却演变成了事业单位编制的企业投资服务中心，同时设置招商部门，最终造成行政机关膨胀。笔者在珠三角一开发区调研时，发现该园区只有几个大型龙头企业，但是管委会及其直属事业单位机构人员却达到300多人，很多完全可市场化的机构或依托母城的机构（如工程监测、企业办证服务、信息

---

〔1〕佚名：“开发区返税政策导致恶性竞争　引资不是让利大赛”，载《人民日报》2006年7月7日。

〔2〕Richard Boyd，“The Chinese Mode of Rent Utilization in Comparative Perspective”，in Rent Seeking inChina，eds，*Tak-Wing Ngo and Yongping Wu*，Lond and New York：Routledge，2009，p. 269.

〔3〕参见［美］R. 科斯等：《财产权利与制度变迁——产权学派与新制度学派译文集》，刘守英等译，上海三联书店、上海人民出版社1994年版。

咨询、公共技术平台）内部化为事业单位。同时，促进产业集群健康发展的产业促进组织、信息咨询机构、市场中介组织、市场监测检验鉴定机构发展不足。

二、开发区政府主导管理模式的样态

政府主导的开发区治理，也体现出多元化因素，不但体现在政府间的关系安排上，而且表现在市场、社会对开发区整体治理上的不同参与。如政府之间将开发区作为区域治理的重要手段，表现为政府间协同治理，在开发区中观管理体制上，尤其是在开发初期，为了提高效率，节约协调、决策、执行、监督成本，常设有领导小组或联席会议等体制结构因素，如自贸试验区构建了中央、省、市治理机制，在中央创设了以国务院副总理牵头、中央各部委参与、地方参与的高规格协调机制，在属地省市创设了开发建设领导小组，甚至更有保障和合理性的机制，如针对广东自贸试验区深圳前海蛇口片区，深圳市叠加中央、广东省机制，设置了开发建设领导小组、设置了管委会、国家领导人牵头的咨询委员会；珠海横琴新区设置了“发展决策委员会”“管委会”和“发展咨询委员会”决策、执行、监督“三位一体”的组织架构。同时，叠加传统优势，借力深圳前海、广州南沙、珠海横琴构建了由国家发改委牵头的17个部委参与的部际协调机制；北京中关村、武汉东湖、上海张江等国家自主创新示范区分别设立了科技部牵头的十几个部委参与部际协调小组；对于苏州工业园区、天津中苏生态园，中新双方设立中新联合协调理事会，由中新两国各派一位副总理任共同主席，确定合作的总体方向、商议重大问题。苏州市政府与新加坡裕廊管理局组成双边工作委员会，细化、执行理事会的决策。在这里需要指出，由于经济技术开发区的第一阶段涉及中央与地方的财政关系，并且持续了十多年，所以由国务院特区办统筹。高新区是国家部门主导实施火炬计划的重要组成部分，强调自主创新，更多在毗邻高校科研密集的建成区设置，不需要区域的封闭管理，所以高新区统筹就没在最高行政机关层面新增专门管理机构。[1]

（一）管委会集中治理型模式

这是行政主导型模式中的突出表现样态，一般由市政府设立和授权管委会全面管理开发区的建设和发展，并配置给管委会较大的经济管理权和规划

〔1〕 参见鲍克：《中国开发区研究：入世后开发区微观体制设计》，人民出版社2002年版，第63页。

建设权，管委会根据整体职能分解内设招商、规划建设、科技发展、经济贸易等部门，国家、省直属机构的人事权或某些职能充分考量管委会意见。这种模式比较普遍，有利于开发区的封闭运行，进行体制创新，动用政府权威协调、调度区内外各种资源，如征地拆迁、规划建设、项目审批、出口通关、经济协调、优惠政策、亲商服务等，提高办事效率。但是也有不利之处，如可能脱离整个城市的整体发展规划，偏离设置开发区的战略目的，管委会行政主体身份受到合法性质疑、机构膨胀、政企不分、人事制度创新维艰。在实践中，有一种政企合一型管理模式，即管委会控股或实际控制一个园区发展总公司或控股公司或集团公司，公司一般负责基础设施建设，二者人员混同，公司没有独立性，属于行政性公司。管委会宏观决策和微观管理合一，管委会与公司二位一体，如漳州招商局经济技术开发区。笔者认为，这是管委会集中管理模式的一种表现形式。

有学者认为存在一种与管委会集中管理型模式相并行类型即管委会纵向协调型模式。强调由所在城市的政府全面领导开发区的建设与管理，地方政府设置管委会，成员由原政府职能部门主要负责人组成，职能亦由相关职能部门履行，管委会只负责协调，不直接参与开发区的日常建设管理和经营管理。〔1〕但笔者搜索相关材料和实践考证，未发现实践中国家级开发区存在这种管委会模式。最为相近的开发区管理机构运行方式是深圳高新区行政管理机构，高新区由市政府统一规划和统一管理，高新区管理机构以协调或协助市有关部门工作为主，如行政审批只是初审。〔2〕笔者前往深圳高新区实证调研发现，其行政管理机构基本虚拟化，没有管委会设置，更多是以领导小组办公室（与深圳科技创新委员会合署办公）名义对外办公。有学者提出一种开发区政府直管型管理体制，只设置开发区办公室，但只负责各部门的协调工作，组织、审查、监督有关部门处理开发区的重大问题和日常工作，不直接参与开发区的建设和管理。〔3〕这与纵向协调型模式有异曲同工之义，并且能解释深圳高新区管理机构的运行方式。笔者认为这种模式不能称之为一种类型，只是个别现象，因为类型是对多样性现实予以归纳，是抽象化、一般

〔1〕 参见朱永新等：《中国开发区组织管理体制与地方政府机构改革》，天津人民出版社 2001 年版，第 103~105 页。

〔2〕 参见《深圳经济特区高新技术产业园区条例》。

〔3〕 参见杨玉杰：“我国开发区管理体制类型及其比较”，载《商业时代》2010 年第 1 期。

化思考的产物，并赋予其特定解释性或理解性意义，以助于体系性分析。[1]

（二）协作型管理模式

现在，出现了一种新的行政主导模式，与行政区或者跨区域混合管理。混合管理模式主要是指管委会通过委托管理，即常说的“托管”，与行政区合署管理或合一等方式，将开发区管理职能和相关资源辐射到周边区域，客观上也拓展了开发区的发展空间，主要发生在长三角和珠三角地区，很多城市也有这种模式如大连、烟台、广州、苏州、青岛、福州、宁波、重庆、杭州、武汉、合肥、长沙等。主要有四种类型：

1. 托管乡镇（开发区+乡镇或街道）管理模式。受市政府或周边行政区委托，管委会对周边乡镇进行经济社会的统一管理，将周边乡镇发展纳入统一规划建设。如武汉东湖高新区对江夏区、洪山区部分镇、村的托管，苏州工业园区对吴县（1995年撤销）郊区镇村的托管，重庆高新区对石桥街道办的托管。

2. 区政合一模式。①开发区与相邻行政区合署。如青岛开发区四区合一，主体是经济技术开发区，在经济技术开发区内设立高新技术产业开发区、保税区、出口加工区等园中园，之后与黄岛区合署，开发区工委与黄岛区工委、管委会与政府合署办公，并且不断优化分工，管委会主要负责经济发展、外经外贸、招商引资、协调服务和城市建设等事务，区政府主要负责城市管理、市场监管、劳动和社会保障、社会治安、社会事务、公共服务、农村管理。②依托开发区新设行政区。如广州以广州经济技术开发区、高新技术产业开发区、出口加工区、保税区为依托，将周边一些镇街整合，设立萝岗区，之后又与黄埔区整合。区区合一模式主因在于随着开发区的发展，从单一的经济功能区走向多功能的综合产业区，开发区发展空间需要拓展，教科文卫、生活配套、社会管理、公共服务等职能需要加强的需求，进一步发挥开发区的辐射带动作用等因素。[2]笔者认为，区政合一模式中的管委会角色已成一种权宜式选择，只是为了拥有开发区这顶帽子，便于地方招商引资、融资平台打造及承接中央赋予的政策，便于中央有个开发区抓手以落实相关政策。

---

〔1〕 参见［德］卡尔·拉伦茨：《法学方法论》，陈爱娥译，商务印书馆2003年版，第337~348页。

〔2〕 详细阐述可参见李志群等编：《开发区大有希望》，中国财经经济出版社2011年版，第59~61页。

但这也是中央与地方力量博弈的结果，中央设立开发区的战略目标之一就是在现有体制之外，进行体制创新。虽然政区合一偏离了中央设立开发区的战略意图，但是中央也想利用好开发区这个平台以对地方经济进行调控或进行试错性改革。然而开发区以地方化为主导，中央予以妥协性认可。笔者于2013年5月与广州开发区某官员座谈，问及区政合一后管委会存在的必要性。对方回答是很有必要，因为“有了管委会这个载体，将有利于上级政府赋予的权限，如商务部将外商投资审批的省级权限赋予了国家经济技术开发区管委会，管委会作为经济功能区的行政管理机构，对外洽谈联络，能回避行政区的一些限制，如银行融资，现在银行银根收紧，对地方融资平台控制很严，但是对于我们萝岗区，可灵活以广州开发区即经济功能区对待，更利于融资，利于一区多园建设模式，有些园中园虽然是在行政区之外的，如天河软件园、白云区民营科技园、南沙资讯园、越秀黄花岗科技园，但也受我们管”。③依托行政区与开发区，设立新行政区。如天津滨海新区，依托国家级开发区、综合保税区、国家高新区、出口加工区、保税物流园区、保税港区和塘沽区、汉沽区、大港区三个行政区，设立行政区天津滨海新区，组建负责社会管理职能的塘沽、汉沽、大港三个管委会，组建负责经济管理职能的九个功能区管委会，皆为区政府的派出机构。④将行政区直接设为开发区。如珠海横琴新区将横琴镇所有辖区直接设为新区（1992年就已设为省级经济技术开发区），横琴新区工委副书记兼横琴镇书记，横琴新区涉及人大预算、社会管理事项由横琴镇人大、政府审议或负责，福建平潭新区在平潭县的所有辖区设为平潭新区。

3. 区政协治型。①管委会与行政区分工协治。管委会经济功能主导，社会管理由原属地或相邻行政区管理。为使管委会专注于经济发展和避免机构膨胀或重复建设，开发区的社会管理事务原属地或相邻行政区管理，管委会与相关政府协同治理。如深圳前海的社会管理由南山区政府负责，佛山高新区的社会管理由周边镇街负责等。②行政区与管委会综合协治。如重庆两江新区管理体制可概括为“1+3”（两江新区管委会会同江北、渝北、北碚三个行政区治理）和“3托1”（两江新区管委会托管北部新区管委会、两路寸滩保税港区管委会，下设两江新区工业开发区管委会），下设两江新区工业区管委会与两江新区开发投资集团有限公司合署办公、政企一体。同时，以资本为纽带，按照55∶45的比例，由两江新区开发集团代表两江新区管委会与三个行政区组建联合开发公司，分别共同组建了重庆两江新区鱼复工业园建设投资有限公司、重庆两江新区水土高新技术产业园建设投资有限公司、重庆两江新区龙兴工业园建设投资有限公司，并设立三个与三个联合公司相对应，且合署办公的管委会。两江新区社会管理事务仍由江北、渝北、北碚三个行政区负责。2015 年 4 月 21 日（挂牌），上海自贸试验区扩区后，自贸试验区管委会与上海浦东新区政府、上海张江国家自主高新区管委会协同治理自贸试验区。

4. 区域政府间协同治理型。这主要发生在区域异地共建的开发区，如深汕特别合作示范区、江苏南北共建的开发区、广东产业转移示范工业园区、广东顺德清远（英德）经济合作区。

5. 多类管委会协同治理型。这主要发生在一区多园的开发区中，如一区十六园的中关村，中关村科技园区管委会只对海淀园区进行直接管理，对其他园中园只进行综合指导包括规划与协调，不直接参与园区的具体管理，其他园中园的实质性管理权由各园管委会享有。[1]如重庆两江新区，两江新区管委会再下设两江工业区，还有一区六园的佛山高新区。广东自贸试验区自贸办与旗下三大片区即广州南沙、深圳前海蛇口、珠海横琴等片区管委会的协同治理。

三、国外开发区治理模式简述

开发区始于西方，1547 年的意大利热那亚湾的里南那港是开发区的雏形。1951 年以来，毗邻斯坦福大学的美国硅谷成为世界第一个高科技园区。他山之石、可以攻玉，对于海外开发区的管理模式的了解，有助于我们对管委会角色的科学认识。世界开发区管理体制一般可分为两个层次：一是宏观型，对开发区进行宏观指导、协调、监督的国家级管理机构，如美国联邦政府和全国性的管理机构，包括美国外贸区委员会、海关总署和全国外贸区协会；二是微观型，对开发区区内活动进行组织领导的地方组织体系，如美国州和地方政府的开发区管理机构。[2]我们论述所关注的更多指微观管理体制。对

〔1〕 参见《中关村国家自主创新示范区条例》《中关村科技园区管理体制改革方案》（京政办发〔2001〕29 号）。

〔2〕 参见朱永新等：《中国开发区组织管理体制与地方政府机构改革》，天津人民出版社 2001 年版，第 79~80 页。

于开发区微观管理体制，有学者认为，鉴于政府、大学或科研机构、企业的三元参与，国外科学工业园区管理模式有政府管理型（如日本筑波科学城由科技厅计划局负责管理）、大学或科研机构管理型（如英国剑桥科学研究园由圣三一学院管理）、公司管理型（英国和印度几乎所有的研究园采取这种模式）和基金会管理型（如美国北卡罗来纳三角研究园由三角研究基金会管理）四种类型。〔1〕有学者认为，虽然各国经济自由区具体约束条件不一，管理体制多样化，但具代表性的还是三类：企业型管理模式、行政型管理模式、混合型管理模式。并且，欧美等发达国家一般都实行公司形式的管理体制，主要通过经济杠杆和经济法制进行管理，政府行政干预的程度较低。〔2〕笔者认为，应将市场主导型作为西方开发区的一种模式，包括企业主导建构型和市场自发型。其中，企业主导型只是市场主导型的一种子类，存在建构的涵义，只是以企业为主导建构主体而已，市场自发型是指由市场自生自发演化扩展成园区，如硅谷首创了一种学、研、产三位一体的发展模式，美国政府只起到中介或者服务者作用，与硅谷企业、学校、金融机构和公共机构之间形成一种网络型合作关系。政府对硅谷的投入主要在于政府采购订单、研发投入、规划建设等以做平台为主，助推硅谷企业发展壮大和技术扩散。〔3〕这里要指出，混合型不纯粹指为政府与市场的混合，在西方有一种混合型案例即政府与社会的模式，是政府与商会共同开发的模式，如德国慕尼黑高科技工业园区由慕尼黑政府与第三方社会组织慕尼黑商会共同投资设立。〔4〕学者将国外科技园区管理体制进行了进一步梳理（如下表所示）。〔5〕

---

〔1〕 参见钟坚：《世界硅谷模式的制度分析》，中国社会科学出版社 2001 年版；杨明瑞："国外高新区管理模式与体制研究"，载《沿海企业与科技》2006 年第 2 期。

〔2〕 参见朱永新等：《中国开发区组织管理体制与地方政府机构改革》，天津人民出版社 2001 年版，第 72~94 页。

〔3〕 参见左学金："国内外开发区模式比较及经验：典型案例研究"，载《社会科学》2008 年第 9 期。

〔4〕 参见左学金："国内外开发区模式比较及经验：典型案例研究"，载《社会科学》2008 年第 9 期。

〔5〕 武汉东湖高新区战略研究院：《科技园区的创新性品格——高新区体制机制创新研究》，人民出版社 2010 年版，第 154 页。

表 5-1　国外科技园区管理体制的类型及主要特征

类型	主要特征	典型代表	优点	缺点
政府管理型	政府统一规划、建设、管理和经营	日本筑波科学城	能为科技园区的发展提供较为宽松的物质环境和智力环境	政府的行政干预较强，使得科技园区的独立性较差
大学和科研机构管理型	由大学和科研机构设立专门机构和人员对大学校园内的科学园或孵化器进行管理	英国剑桥科学园	消除了来自政府的一些不必要的行政干预，实行自主管理，发展自由度较大，对中小型投资者有较大的吸引力	科技园区的权威性和协调性受到较大影响，资金保障等方面面临诸多问题
公司管理型	由各方组成的董事会领导下经理负责的企业管理体制	德国创业者中心、澳大利亚的科学园	既能得到政府及有关部门的大力支持和资助，同时又受到上级和有关部门的领导、监督	企业管理人员缺乏科技园区的管理经验，经理人存在委托代理风险
协会管理型	由政府、企业、银行、大学和其他机构分担义务，共同承担管理职能的综合管理体制	法国法兰西科学岛	管理权力和利益风险挂钩，责、权、利三者得到统一	政府和科研机构是实际的主导者，而承担的义务较少
联合机构管理型	基金会全面管理和指导园区的建设和规划，对园区内各单位的内部事务无权干预	美国北卡罗来纳三角研究院	政府有计划地与大学相结合，促进教育、科研与生产相结合	理事会的组成难以协调各方人员，决策时难以形成统一意见，决策和日常管理成本高

四、我国开发区治理中的渐进多元和协作

开发区制度变迁常常从市场开始，但复制推广却常常由政府强制推行，从自下而上开始，自上而下推广。开发区治理最早是企业主导的，而不是政府主导。随着市场化的推进，开发区治理的企业参与越来越明显，行政管理机构和企业的分工越来越明确。

（一）开发区总体开发模式的渐进多元

我国开发区总体开发模式目前已呈现多元化格局，除了前述的单一政府主导模式之外，实践中还有企业主导型、混合型。

1. 企业主导型。企业主导型体制一般是指由独立的经济组织如开发总公司建设开发区的一种模式，公司不仅承担规划建设、招商运营，还要承担土地征用、人员安置、资金筹措、日常管理协调，管理与开发皆由公司承担。集区域市场开发与行政管理于一身的纯粹企业主导开发体制严格而言应是政府主导型模式的一种。现在有些开发区虽然设有管委会，但经依法批准，由公司参与一级土地开发，笔者认为这种模式也是属于企业主导型。市场化的企业主导型开发模式主要是指没有行政管理权，但有一级土地开发经营权，并能自主决策运营的企业开发体制。纯粹企业主导型开发体制发端于蛇口工业园区，主要有最早一批开发区中的上海虹桥、漕河泾、闵行，有两种公司资本结构即外商独资（如早期蛇口工业区的香港招商局）、中外合资（上海闵行、漕河泾、虹桥起步时均与港资合资成立联合发展有限公司）。参与一级土地开发的企业主导型体制是指管委会履行行政管理、公共管理和社会服务职能，由企业进行一级土地开发和招商运营的管理体制。企业资本结构有几类，外商独资（如 1992 年，香港熊谷组开发海南洋浦经济开发区）、国资独资（1993 年，中信集团开发宁波大榭开发区）、中外合资（和新加坡合资开发的苏州工业园）、国内独资（如华夏幸福基业开发的河北固安工业园区）。福建漳州招商局经济技术开发区呈现出一种独特现象，由招商局集团、福建省交通运输集团有限责任公司、漳州市人民政府、龙海市人民政府、福建省港航管理局成立开发公司联合开发，但由招商局集团负责经营管理，管委会和有限公司政企合一。虽然是招商局负责开发，但实为行政公司，融行政管理和开发建设于一身，这种现象属于政府主导模式。

企业主导的优势在于体现开发区开发的专业化、市场化，引入多元开发主体；劣势在于开发公司缺少政府职能，权威性不够，难以协调区内外规划和管理工作，时而会偏离开发区战略发展方向，存在企业办社会的问题。[1]

---

〔1〕 严格而言，公司主导型管理体制最彻底的是蛇口工业园区。因为企业办社会服务、企业做政府管理或者政、社、企“三位一体”。上海三个开发区属于城市改造型开发区，面积较小，社会公共事业有既存的管理组织，无须开发商负责，这与蛇口开发区有一定的区别。

集区域管理与市场开发于一身的纯粹型企业主导型模式已成为历史，现在更多是表现在开发区城市经营中“市场之手”与“行政之手”分工合作的混合型模式。对于小型开发区中尤其是开发区的园中园，如高校或科研机构主导的开发区。高校或科研机构主导的开发区，笔者将之归类于企业主导型，因为高校为推进产、学、研转换，会投资设立企业，进行市场化运作。实践中，对于园中园的开发基本上是企业主导，从20世纪80年代中期，日本、韩国等国在大连、沈阳等地工业园区开发模式，到现在各类园中园，如东莞松山湖的以色列工业园模式，基本属于企业主导型模式。还有一种，虽然开发区公司有一级土地开发经营权，但是公司“形骸化”，如两江新区、深圳前海，这属于政府主导型模式。

2. 混合型。混合型一般是指管委会与开发公司良好分工，管委会主要在于宏观指导、行政管理和公共服务，而涉及市场性行为由开发公司去运作。混合型意味着市场之手与行政之手的良好分工，各自发挥资源配置的比较优势，公司可能直接或间接参与一级土地开发、招商引资，但是这些行为都应符合园区的发展规划，管委会对此能进行有效和有力的管控，基本特征为“企业先行、政府推动、市场运作”。有的开发区由公司开发，但是管委会不能进行有效的战略管控，偏离园区的发展方向和设立开发区的战略意图，如早期的“特区中特区”海南洋浦经济开发区的主导开发商香港雄谷组有限公司乘海南房地产热，不发展产业而炒地皮，洋浦管理局无力阻止。这种模式，虽然设立了管理局，但是行政与企业没有形成良好的互动关系，对违背开发区发展战略、进行短期型投机的企业外部性行为无力纠正，企业独大。笔者将其归类为企业主导型。

随着，市场化进程的加快，地方财政约束，微观体制上纯粹的行政主导模式越来越少，较多的是开发区混合型管理模式。在混合型模式中，有些企业也会参与到一级土地开发中，但是参与的深度和广度不如企业主导型体制中的企业。对于，开发区的公司结构或为国资、或为外资、或为民营，公司只要是按市场运行规则经营管理，实际控制人按公司规则进行治理，公司资本结构是国资甚至开发区管委会为股东或实际控制人，也应归类于开发区建设运营的“市场之手”。还有，前海规划面积15平方公里，但是部分为企业用地，其中香港招商局拥有3.9平方公里土地，中集集团有0.52万平方公里土地，深圳国际有约0.5万平方公里。同时由于蛇口由香港招商局主导开发，广东自贸试验区呈现出更加多元化的建设模式。为了平衡好多方利益，目前，深圳前海拟与招商局集团共同组建开发公司进行开发，形成央企和管理局共同开发的混合模式。在此要提及，现实中有一种社会组织主导的开发区建设模式，如广东揭阳的中德金属生态城。该开发区由 2012 年 6 月成立的揭阳市金属企业联合会主导开发，该联合会组织发起的产业投资基金进行市场化运作，之后获得省政府认可，推动与德国的合作，创新了社会主导，政府、市场、社会协同开发模式和充分统筹国际国内两个市场的国际合作模式。

（二）开发区区内治理的边际创新

如前所述，开发区历经 30 多年的发展，治理已呈多元化，改革传统管制型政府，建设服务型政府，率先试行商品经济规则，管制不断放松，开放包容各种所有制经济和来自五湖四海的从业人员，市场化、国际化程度高，产业集群化发展孕生了契约意识、规则文化、营商文化等区域社会资本。

1. 管理机构企业化。开发区管理机构是准一级政府职权，统一领导和封闭管理开发区的建设运营，犹如一级政府对辖区的管理，大多数开发区成立一级财政，以自己的名义，实际上独立实施行政行为和独立承担责任。同时，管理机构不断探索引入企业管理法则，市场化导向，以顾客为导向，精简、高效、亲商、绩效考核、成本控制，探索去行政化，如很多开发区管委会引入 ISO9000 全面质量管理标准化体系，深圳通过立法规定前海管理局进行企业化运作。

2. 公共产品生产供给多元化。在开发区，存在政、产、学、研、资、介（政府、企业、科研、金融、中介组织）对科技创新的网络支撑体系构建包括政府、市场、行业组织、科研机构对创业基地或孵化器和研发中心的生产、供给及后续服务运营的多元化模式。包括政府发起、社会资本参与、市场运营的产业引导基金，与商会及市场主体共建的科技金融公司，产业配套上也积极探索多元供给主体及多元供给渠道，协同企业共建的外来工保障房建设及职业教育，污水治理的 BOT（建设—经营—移交）模式、基础设施建设 BT（建设—移交）模式等。

3. 非强制性行政行为探索。开发区“投资者是帝王”的亲商行政，行政行为的非强制性行为比重相对较大，表现为行政规划、指导、协议、给付等，如总体发展规划、产业发展规划、基础设施规划、用地规划、社会和人口规划、留学人员创业支助、人才引进专项给付、科技创新支持给付、用工招录及培训帮助、服务外包，协同协会、企业、专业人士的重大决策和政策构建，如由各界人士组成的深圳前海咨询委员会、珠海横琴发展咨询委员会。

4. 开发区行政服务化。提出了“服务至上、效率为先”，“一切以企业为中心、服务也是生产力”等一系列以服务为核心的理念，不断进行亲商便民的制度创新。如 1998 年大连经济技术开发区首创的一站式服务大厅模式。一站式服务指的是构建招商、建设、投产、运营的“保姆式”一条龙服务体系，一个窗口对外、一个印章生效，网上审批和大厅审批并行、电子政务普及化，推行行政服务承诺制和有效的投诉评议制等。

5. 探索区域治理。如前所述在开发区国际经济合作和国内外区域合作中，已经在践行，在跨行政区和跨国治理中也成为一种重要现象。鉴于开发区在区域治理的功效，《国家“十四五”规划纲要》明确提出：“完善区域合作与利益调节机制，支持流域上下游、粮食主产区主销区、资源输出地输入地之间开展多种形式的利益补偿，鼓励探索共建园区、飞地经济等利益共享模式。”国家发展和改革委员会于 2015 年 12 月 28 日发布的《关于进一步加强区域合作工作的指导意见》(发改地区〔2015〕3107 号）要求，为推动实施“一带一路”建设、京津冀协同发展、长江经济带建设三大国家战略，加快区域合作的开发区建设，并强调了开发区在各项合作举措的平台功能。为充分发挥好开发区的平台功能，实施长江经济带建设国家战略，还专门出台了《关于建设长江经济带国家级转型升级示范开发区的实施意见》(发改外资〔2015〕1294 号)。

6. 行业协会的治理参与。虽然整体上行业自主行动机制即行业协会等社会组织不发达，但是在开发区，行业协会尤其在知识密集型产业中已经逐步发挥作用。2013 年 6 月 5 日，笔者对四川某开发区软件行业协会工作人员进行访谈，其说道：“我们园区的软件协会，在行业管理、标准制定、各种交流平台的搭建、与政府的沟通、知识产权的保护、行业信息的收集和发布等方面，已经发挥出积极作用。”

第二节　开发区协作治理的理论基础

协作治理或多中心治理是指国家、社会、市场在公共领域治理的共同参与，各自发挥比较优势，分工、专业化与竞合，形成善治。中国开发区是国家权力不断收缩、调适和市场、社会不断参与的产物。改革开放前，我国社会结构是政府完全主导的单一管理体制社会，政治权力较为集中，计划经济占绝对优势。邹谠将这种结构概括为“全能主义政治”，[1]孙立平将这种高度集中化的结构称之为“总体性社会”。[2]改革开放后，实行双轨制，逐步开始在各个方面进行突破。开发区作为特定功能区，与行政区进行分工，引进外资，在封闭的“孤岛”里试行商品经济运行规则。所以，开发区本身就是国家治理多中心化的产物。

一、协作治理的分工理论基础

分工思想最早可追溯到古希腊时期的柏拉图。但是，古典经济学时期的亚当·斯密第一次从经济学意义上对分工进行了论述，新古典经济学时期的马歇尔用规模经济概念替代了专业化经济概念，同时期的马克思对分工与协作进行了较为深刻的研究。随后，杨格指出马歇尔的替代是个错误，但直到20世纪50年代，随着产业组织和经济增长理论的发展，经济学家们才再次认识到分工的重要意义。20世纪80年代以来，以杨小凯为代表的新兴古典经济学家，用现代分析方法分析了分工问题。

（一）柏拉图的分工思想

虽然柏拉图论述分工旨在说明身份不平等，认为贵族、统治者适合从事脑力劳动，有的人适合从事体力劳动，这种生产、职业专业化的分工能提高劳动效率，但是柏拉图的分工思想提出了生产、职业专业化对于人的能力的最大发挥及多样化需求满足的必要性和重要性，并把分工与交换联系起来。柏拉图的《理想国》提到，分工根源在于人需求的多样性和个人能力局限性之间的矛盾，人们要专注于自己擅长的生产活动的同时，要通过产品的各种交换来满足人的多样性需求，分工是产品交换的基础。[3]

（二）亚当·斯密的分工理论

亚当·斯密是第一个对分工理论进行系统研究的经济学家。《国民财富的性质和原因的研究》一书的前三章对分工问题进行了系统研究，提出了“经

〔1〕参见邹谠：《二十世纪中国政治：从宏观历史与微观行动的角度看》，牛津大学（香港）出版社2004年版。

〔2〕参见孙立平：《转型与断裂：改革以来中国社会结构的变迁》，清华大学出版社2004年版。

〔3〕［古希腊］柏拉图：《理想国》，郭斌和、张竹明译，商务印书馆1986年版，第67~78页。

济发展的斯密动力”和“分工受市场范围限制”的著名命题。亚当·斯密认为分工和专业化是经济增长的源泉。劳动创造财富的主要原因在于劳动分工，劳动分工的发展和深化提高了劳动生产率，分工、专业化导致技术进步和劳动生产率的提高，进而产生报酬递增，增进了国民财富。因为，第一，劳动者的技巧因业专而日进；第二，分工节约一种工作转换到另一种工作的时间成本和无谓消耗；第三，标准化、精密化的机械发明，节约了劳动力，扩展了人的能力，一人能担当多种角色。分工的缘由是自私倾向的交换，“是不以广大效用为目标的一种人类倾向所缓慢而逐渐造成的结果，这种倾向就是互通有无，物物交换，互相交易”。[1]同时，分工依赖于市场范围的扩大，市场范围的扩大又促进了分工深化，分工与经济增长互为因果。“分工起因于交换能力，分工的程度，因此总要受交换能力大小的限制，换言之，要受市场广狭的限制。市场要是过小，那就不能鼓励人们终生专务一业。因为在这种状态下，他们不能用自己消费不了的自己劳动生产物的剩余部分。”[2]

（三）杨格的分工理论

美国经济学家杨格对亚当·斯密思想进行了发展，亚当·斯密主要是在单一产业或企业内部组织论述分工的，杨格从更大范围产业间和社会分工的角度论述分工，指出：“一般同意，亚当·斯密说明了分工导致发明，因为工人从事某项专门操作，逐渐会发现完成同一结果的更好的方法，但是，他忽略了主要之点，即分工使一组复杂的过程转化为相继完成的简单过程，其中某些过程终于导致机器的采用。在使用机器，采用间接过程时，分工进一步发展了，后者从经济角度看又受到市场范围的限制。”“第一点是，表现为报酬递增的主要经济是生产的资本化或迂回方法的经济，这些经济又主要与现代形式的劳动分工的经济相等同，第二点是，迂回方法的经济，比其他形式的劳动分工的经济更多地取决于市场的规模。”杨格指出，报酬递增不是由工厂或产业规模产生，而是由专业化和分工产生。“首先，通过观察个别企业和个别产业的规模的变化效应，是弄不清楚报酬递增机制的，因为，产业的不断分工和专业化是报酬递增得以实现的过程的一个基本组成部分。必须把产业经

---

〔1〕［英］亚当·斯密：《国民财富的性质和原因的研究》（上卷），郭大力、王亚南译，商务印书馆1974年版，第12页。

〔2〕［英］亚当·斯密：《国民财富的性质和原因的研究》（上卷），郭大力、王亚南译，商务印书馆1974年版，第8~16页。

营看作是相互联系的整体。其次，报酬递增取决于劳动分工的发展，现代形式的劳动分工的主要经济是以迂回或间接方式使用劳动所取得的经济。最后，劳动分工取决于市场规模，而市场规模又取决于劳动分工。”〔1〕所以，杨格定理可以表述为“分工一般地取决于分工”，但这“绝不是同义反复”，前一个“分工”是组织内部分工，后一个“分工”是产业间分工或社会分工，组织内部分工受到市场范围的限制，而市场范围又受到社会分工的限制，组织内部分工与社会分工循环累积，推动经济进步和报酬递增。

（四）杨小凯的分工理论

杨小凯的新兴古典经济学将分工与交易费用理论结合在一起。杨小凯等人认为，市场不仅有效配置资源，而且寻求有效率的专业化水平和分工水平。分工是一种制度性、结构性安排，牵涉个人与个人、组织与组织间的关系，分工的演进，将会产生技术进步、生产率提高、个人及组织间依存度提升和经济组织的结构性变迁等现象。〔2〕杨小凯指出，每个人身具生产者和消费者的多重角色，专业化可以提高生产率，减少稀缺性，但会增加交易费用，所以有利用专业化效益和增加交易费用的两难冲突。当分工的程度越高、生产率越高、交易费用越高，分工的程度取决于交易费用的大小。所以，分工的程度与交易费用之间就存在着两难冲突，相应就要通过包括正式制度与非正式制度的创新降低交易费用，促进分工深化，推进经济增长。〔3〕杨小凯等人的新兴古典经济学分工是个自发演进的过程。初始阶段，人们生产活动简单，生产率很低，交易费用高，选择自给自足。随着分工深化和市场拓展，生产率就慢慢改进，交易成本降低，逐渐出现专业化经济，反之，使生产率进一步上升，进一步提高交易成本的支付能力和社会分工水平，又进一步增加专业化水平，出现良性循环累积过程，分工与市场拓展、经济增长相互促进。〔4〕

---

〔1〕［美］阿林·杨格：“报酬递增与经济进步”，载贾根良：《劳动分工、制度变迁与经济发展》，南开大学出版社 1999 年版，第 224~231 页。

〔2〕［澳］杨小凯、黄有光：《专业化与经济组织——一种新兴古典微观经济学框架》，张玉纲译，经济科学出版社 1999 年版，第 137~207 页。

〔3〕［澳］杨小凯：《经济学：新兴古典与新古典框架》，张定胜等译，社会科学文献出版社 2003 年版，第 197~198 页。

〔4〕杨小凯、张永生：《新兴古典经济学与超边际分析》（修订版），社会科学文献出版社 2003 年版，第 167~170 页。

（五）开发区是分工的空间制度形态

开发区的重要理论基础之一就是产业集群理论，该理论研究的是产业的空间组织形态、资源的空间配置以及经济活动的空间区位问题，认为集聚是分工的空间组织形态。源于分工的经济增长（报酬递增）在空间上表现为经济活动在地理上的集中，即集聚这种组织形态。施蒂格勒在《市场容量限制劳动分工》一文中指出："区域化是提高产业经济规模，从而获得专业化利益的一种方式……在一个市场区域里，地理分散是一种'奢侈品'……产业的区域化程度越高（某种意义上产业规模是不变的），则单个工厂的专业化程度越高。"[1]克鲁格曼在其开创性著作《地理和贸易》中揭示了这样一个事实："经济活动最突出的地理特征是什么？一个简短的回答肯定是集中。这无疑表明，这种生产在地理上的集中正是某种收益递增的普遍影响的明证。"[2]"即使初始状态根本不存在任何不同，即假设全球自然资源是均匀配置的，专业化的情形和活动的集中仍不可避免地会按照经济的、社会的和政治的原理而出现。"[3]经济发展需要充满活力的公有制、私有制、混合制微观经济主体，但是改革开放之初，一方面国有企业本身活力不足，亟待改革，增强国企活力成为城市经济体制改革的核心，另一方面私有经济由于制度歧视发展不足。所以，坚持对外开放成为基本国策，以开放促改革、促创新、促发展，同时为了减少改革开放风险和做大承接国际产业转移，以开发区做局部试点，重点引进外资，走区域专业化道路，为我国改革开放探路。

二、协作治理的产业集群理论基础

产业集群理论是开发区的重要理论基础，该理论认为产业集群是区域竞争力的密码，产业集群结构是政府、社会、市场、科研等多种力量分工合作、协同治理的结果。产业集群是"某一特定领域内相互联系的、在地理位置上集中的公司和机构的集合。包括一批对竞争起重要作用的、相互联系的产业

---

〔1〕［美］施蒂格勒："市场容量限制劳动分工"，载［美］G. J. 施蒂格勒：《产业组织和政府管制》，潘振民译，生活·读书·新知三联书店上海分店1989年版，第33页。

〔2〕［美］保罗·克鲁格曼：《地理和贸易》，张兆杰译，北京大学出版社、中国人民大学出版社2000年版，第5页。

〔3〕转引自［日］藤田昌久、［比］雅克·弗朗科斯·蒂斯：《集聚经济学——城市　产业区位与区域增长》，刘峰等译，西南财经大学出版社2004年版，第34页。

和其他实体。例如，它们包括零部件、机器和服务等专业化投入的供应商和专业化基础设施的提供者。还经常向下延伸至销售渠道和客户，并从侧面扩展到辅助性产品的供应商，以及与技能技术或投入相关的产业公司。最后，还包括提供专业化培训、教育、信息研究和技术支持的政府和其他机构——例如大学、标准的制定机构、智囊团、职业培训的提供者和贸易联盟等”。[1]对产业集聚的研究，最早可追溯到亚当·斯密，《国民财富的性质和原因的研究》写到分工与市场范围、行业发展与市场竞争环境的关系，其中就含有产业集聚思想，并指出专业化分工是规模报酬递增规律的根本原因。[2]第一个阐述产业集群理论的是经济学家马歇尔，《经济学原理》认为外部经济和规模经济所产生的知识技术、基础设施、劳动力市场等几个方面的共享是产业集聚的经济动因。[3]

（一）产业集群的钻石模型

波特在《国家竞争优势》一书中，基于对十个发达国家的产业研究，认为区域竞争力、国家竞争力的密码是产业集群的发展，创立了国家竞争优势的钻石模型。该模型包括四个基本要素和二个辅助性要素：一是生产要素——互通有无的根本，包括初级生产要素和高级生产要素，人力资源、自然资源、知识资源、资本资源、基础设施等；二是需求条件——产业冲刺的动力，包括本国市场的需求结构、需求规模、需求拉动方式，需求的全球性、超前性和挑剔性；三是相关产业与支持性产业——休戚与共的优势网络，包括上游供给产业及相关产业的竞争优势；四是企业战略、企业结构和同业竞争，包括企业的形成与组织管理方式、竞争激烈程度、创新和企业家才能等。此外，机会和政府作为另外两个辅助要素影响着上述四个要素（机会角色可遇不可求和政府角色干预与放任的平衡）。这六方面的要素彼此互动、相互影响、相互加强，共同生成增强了区域、国家竞争力的砝码。[4]

---

[1] ［美］迈克·E. 波特：“簇群与新竞争经济学”，郑海燕译，载《经济社会体制比较》2000年第2期。

[2] ［英］亚当·斯密：《国民财富的性质和原因的研究》，郭大力、王亚南译，商务印书馆1974年版，第284页。

[3] ［英］马歇尔：《经济学原理》，朱志泰、陈良壁译，商务印书馆1964年版，第278~280页。

[4] ［美］迈克尔·波特：《国家竞争优势》（第2版），李明轩、邱如美译，中信出版社2012年版，第63~116页。

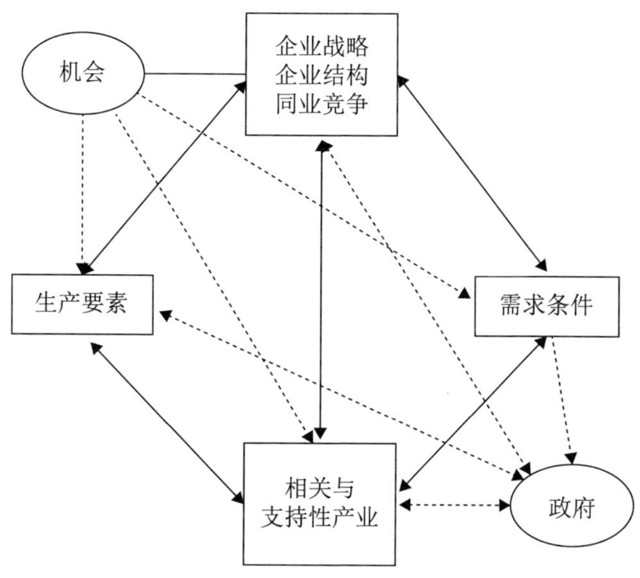

图 5-1　完整的钻石模型

（二）产业集群效应

1. 正面效应。①学习效应。研发设计机构、生产企业、服务性行业机构、中介组织等多元主体的集聚，竞争与合作，形成了经济性和社会性的网络关系，相互学习模仿，人员、知识、信息流动、扩散、积累。②分工效应。亚当·斯密在《国民财富的性质和原因的研究》的开篇就阐述了分工的效果："劳动生产力上最大的增进，以及运用劳动时所表现出的更大的熟练、技巧和判断力，似乎都是分工的结果。"斯密认为劳动创造财富的主要原因就在于劳动分工。而产业集群研发、原材料、零部件、半成品、物流仓储、展览、营销等环节的分工，各自发挥比较优势，创造财富。③组织效应。集群将各种资源有效地组织起来，集群中的主体通过区域网络组织密切地联系在一起，互为依赖，销售环节的信息会迅速地反馈到整个集群，并作出反应，形成团队作战力，形成长久稳定的联系，弱化机会主义，形成相互信任的社会资本，降低交易成本。④创新效应。集群主体的空间相邻、产业关联、人力资源共享、知识信息的流动和共享、有针对性的公共研发平台、市场到研发环节的及时畅通，使集群增强了学习和创新的能力。⑤规模效应。资源要素的共享摊薄了集群主体的成本，集群企业众多，市场规模大，充分竞争，物美价廉的商品大量充斥，空间相邻节约了大量的物流仓储成本，企业集聚也使物流、信息、营销、金融、法律、会计等生产性服务业支持有力而便捷。[1]

2. 负面效应。①知识产权和产品质量问题。集群内企业的恶性竞争，不惜假冒伪劣，出现劣币驱逐良币的柠檬市场效应，影响区域品牌。如早年浙江安康的保温杯，因假冒伪劣问题，整个集群很快消失。②封闭性问题。集群不开放，低端锁定，如东莞完全依靠制造业形成的家具、服装、电子产品等产业集群，由于缺少开放性，对政、产、学、研认识不够，中介服务组织缺乏，锁定于产业链低端的制造环节，高端的研发、营销环节高度依赖集群外主体，创新不足。③对生态环境的影响。企业集聚，增加了能源消耗和工业排放，也影响了周边的生态环境。④公共服务和社会管理问题。企业集聚，从业人员多且流动性强，对硬件和软件等基础设施要求增高，尤其是社会保障、交易、医疗等公共服务体系方面。[2]

依照产业集群理论，产业发展是个产业生态问题，不是孤军奋战。现在，我国经济市场规模和范围自生自发扩大，分工和专业化程度加深，资源在更大的范围（包括参与全球）进行配置，区域之间的分工和合作关系越来越紧密。当下开发区已经不可能像早年那样成为“孤岛”，与国内市场相对隔离，而是统筹国内国际市场和整合资源的开放平台。所以，习近平总书记视察前海时才会要求前海开发开放要做到“依托香港、服务内地、面向世界”，这其实是要求前海从香港找自己的核心竞争力、从内地找自己的支撑性市场、从世界找国际治理分工路径，成为中国企业“走出去”和国际企业“引进来”的通道和平台。

还有，协作治理的互联网理论基础，当今世界已进入互联网的信息化时代，互联网已融入经济、生活、政治的方方面面，从中央到地方、从政府到企业纷纷推出和实施互联网+战略和举措，有人认为“互联网+”时代有跨界

---

〔1〕 参见盖文启：《集群竞争：中国高新区发展的未来之路》，经济科学出版社 2007 年版，第 38~53 页；徐康宁：《产业聚集形成的源泉》，人民出版社 2006 年版，第 242~284 页。

〔2〕 参见林涛：《产业集群合作行动》，科学出版社 2010 年版；易明：《产业集群治理体系研究》，中国地质大学出版社 2011 年版；杨慧：《面向可持续创新的产业集群治理》，上海三联书店 2008 年版。

融合、创新驱动、重塑结构、尊重人性、开放生态、连接一切等六大特征，[1]本质是连接一切，去中心化、平台化、平等化、个性化、定制化，这标志着互联网、云计算、大数据等正在从简单的工具快速成为整个社会的基础设施和核心理念。

第三节　开发区协作治理的转型

"治理的合理性在于对话而非一家定乾坤。"[2]分工与专业化，"人尽其才、物尽其用"，发挥各自的比较优势，方能使资源被最大化使用。科斯定理说明，由于制度运行成本为正，权利的初始配置会影响绩效表现。法治作为一种制度安排，对权力与权利的合理配置，就是为了使政府、社会、市场各司其职，不要越位缺位，分工与合作，形成能发挥各自比较优势的权力、权利网络。这必然在治理上要求从单中心管理走向多元协作治理。开发区产业集群作为一个网络体系，政府、市场（如各类市场主体）、社会（如行业协会）参与其中、分工与合作。区域多中心治理结构在权力或权利配置上必然意味着分为市场权利、行政权力、社会权利或权力的混合体，促进产业集群正面效应，抑制负面效应。一种多中心政治秩序意味着众多权威和责任领域（或中心）交叠共存。"发展必定是在各种规模上同时发生的，所有层次的政治互动都欢迎从个人到地方社群的投入。""一种多个且相互重叠的管辖体系能够最有成效地提供公共服务，这种体系使得公共服务的生产者以一种适应特定活动的最有效率的规模来运作。"[3]易明认为产业集群网络权力体系包括政府、社会组织和企业（如图5-2所示）。[4]

---

〔1〕参见马化腾等：《互联网+ 国家战略行动路线图》，中信出版集团2015年版。

〔2〕［英］鲍勃·杰索普："治理的兴起及其失败的风险：以经济发展为例的论述"，漆芜编译，载俞可平主编：《治理与善治》，社会科学文献出版社2000年版，第66页。

〔3〕［美］迈克尔·麦金尼斯主编：《多中心治道与发展》，王文章等译，上海三联书店2000年版，第2、3、12页。

〔4〕易明：《产业集群治理体系研究》，中国地质大学出版社2011年版，第88页。

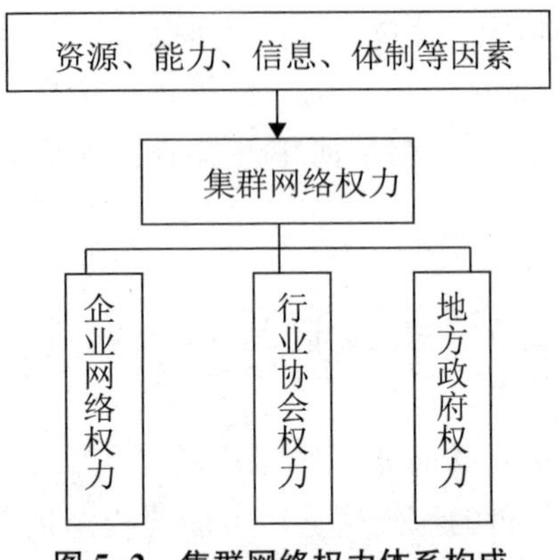

图 5-2 集群网络权力体系构成

一、政府治理：转变政府职能

“在多中心协作治理中，政治权威应该支持各种层次的群体和社群有能力自治……政府权威在各种层面都是有重要作用的，所有作用在本质上都是支持性的。”[1]从波特的钻石模型中，我们可看出政府的角色只是辅助性的，这也说明开发区是分工与合作的区域网络，包括企业之间的互动网络、政企互动网络、政产学研的互动网络。在多元协作治理机制中，开发区管理机构自身只是区域契约关系群中的节点，政府作用发挥主要在于消除市场失灵或治理园区产业集群发展的负面效应，主要体现在行政管理和公共服务方面，如前所述，在探索治理能力和体系现代化方面，开发区的服务型行政已经作出积极探索。

（一）有限政府（三张清单）

有限政府概括地说就是三张清单治理，对于私权利和公权力的“为与不为”的明确界定，“将权力关进制度的笼子”：一是负面权利清单，对于私权利而言，“法不禁止即可为”。政府只是开发区网络中的一环，要明确自身在开发区发展中的作用是有限的、有边界的，不能越位。二是正面权力清单，对于公权力而言，“法无授权即禁止”。三是责任清单。对于公权力而言，“法定责任必须为”，否则，将追究法律责任。

[1] ［美］迈克尔·麦金尼斯主编：《多中心治道与发展》，王文章等译，上海三联书店 2000 年版，第 20 页。

1. 负面权利清单。“负面清单”是“法不禁止即许可”的法治规则的具体化制度措施，原是指外资准入对某些与国民待遇不符，以清单形式公开列明，在一些实行对外资最惠国待遇的国家，实际上就是给出外商投资领域的“黑名单”。随着市场化、国际化、法治化的推进，负面清单模式成为对内对外开放共用的模式，在这个名单之外，“法不禁止即可为”，要求政府简政放权、减少审批事项和放松管制，本质上是政府职能转换。党的十八届三中全会提出：“实行统一的市场准入制度，在制定负面清单基础上，各类市场主体可依法平等进入清单之外领域。探索对外商投资实行准入前国民待遇加负面清单的管理模式。”这种模式在我国开发区率先突破，如2000年的《中关村科技园区条例》率先确定了“法不禁止即可为”的法治原则，自贸试验区实行负面清单+外资准入前国民待遇。随着，对外对内开放的进一步推进，负面清单模式不断瘦身。2013年9月至2021年8月，我国自贸试验区负面清单几度缩减，从190条减到33条，“瘦身”程度超过80%。2021年7月，商务部发布《海南自由贸易港跨境服务贸易特别管理措施（负面清单）》（2021年版），共11个门类70项特别管理措施，负面清单外的领域在海南自贸港内按照境内外服务及服务提供者待遇一致原则实施管理，这是我国首张跨境服务贸易负面清单，继外资准入负面清单之后又一重大的制度性开放举措。

2. 正面权力清单。法治国家不是公权力包办一切的全能国家，权力是有限的、阳光的，权力全能、秘密行政必然导致腐败，这是万古不变的规律。法治对公权力的要求是“法无授权不可为”，将权力关进制度的笼子里，将权力罗列，公开公示，接受监督，而不是在国家机关内部封闭环境运行。十八届三中全会提出：“推行地方各级政府及其工作部门权力清单制度，依法公开权力运行流程。”2014年年初，国务院决定向社会公开国务院各部门目前保留的行政审批事项清单，以锁定各部门行政审批项目“底数”，接受社会监督。2005年河北省邯郸市探索性地在国内公布了市长权力清单，这是我国最早的地方政府权力清单。现在开发区也进行了积极探索。

正面权力清单要求权力法定、职责法定、程序法定、运行公开，助益形成权责清晰、程序合理、公开透明、监督有效的权力运行体系，对公权力进行动态普查，将权力进行分类、归集、整理、列表、公开，避免权力运行中的无序、乱作为、不作为。一是制作权力清单。按照法律、法规规定，进行权力普查，摸底调查，对种类繁多、数量庞大、不合法的权力进行清理，明确行政审批、执法监管事项、流程、环节、时效、责任、法律依据，做到可执行、可考核、可问责。二是公开透明。凡是不涉及国家机密的，将清单公开、疑虑公开，杜绝秘密行政，公开的方式要多样化，而不是仅仅在本单位的公告栏公告，要通过公告、登报、电子政务等各种方式进行公开。三是行使和纠偏。动态地对权力进行规范和纠偏，不符合规则的权力及时清理、对缺少规则依据的权力加强制度规范、对不科学的权力配置进行调适等。

对于开发区而言，在正面权力清单方面的探索较早，虽然当时没有正面权力清单的名义，但是在亲商的制度文化和设计上，政务公开、明确部门职责、电子政务早就进行了探索，实行“宽职能、少机构”的“大部门制”，探索“一个窗口对外”“一个印章生效”的“一站式服务”，尤其是在探索行政权力标准化建设上，推行 ISO9001 标准建设，按照开发区的经济社会生态的政府需求和 ISO9001 质量管理标准体系，分行政审批、执法监督和公共产品，编制各部门的权力清单，表现为办事指南、服务质量手册等文本，重点针对权力质量进行管控，将权力解剖，分成各个环节，强调时效，通过各种渠道收集反馈信息、征求服务评价、整改回访、纳入年度考核，严格保证开发区的权力质量，提高园区的软实力。甚至有些开发区旗帜鲜明地提出企业型政府，如深圳前海管理局，不但机构性质为非国家行政主体，而且内部管理按企业化进行。

3. 责任清单。责任清单明确公权力“法有规定必须为”，否则将启动问责程序，进行问责。责任清单实质上正面权力清单的另外一面，并且是做实权力清单，避免“乡愿式”的改革口号。现实中，存在着政府办事推诿扯皮、环节过多、利用权力设租寻租等突出问题。建立清单，围绕“清权、建权、制权、晒权”等主要环节，全面梳理、公开透明现有权力，优化流程，明确依据、时限、程序，构建清单动态管理机制，强化权力监督和问责。同时，要按照权责一致的原则，逐一厘清与行政职权相对应的责任事项，建立责任清单，明确责任主体，健全问责机制，对不按权力清单履行职权的单位和人员，依法依纪追究责任。

（二）有效政府

“小政府、大社会”是传统集权体系的改革方向，塞缪尔·P. 亨廷顿

（Samuel P. Huntington）在《变化社会中的政治秩序》[1]（*Political Order in Changing Societies*）一书中，开篇就提出：各国之间最重要的政治分野，不在于他们政府的形式，而在于他们政府的有效程度。政府改革并不在于追求理论上完美的政府形式，而应通过具体的举措强化政府的效能，即以民生为依归，致力于解决社会治理的难题，提高普罗大众的福祉，这才是政府改革的应有之义。转变政府职能，强调有限政府是对政府全能化的反思和纠偏，而不是让政府无所作为，关键在于发挥政府的比较优势，和市场、社会形成良好的分工，在于做其所长之事、不做其所短之活。所以，应充分发挥行政在塑造市场宏观环境、市场监管和民生建设的比较优势。由于经济的宏观调控只有中央才能进行，开发区政府要在产业引导、市场监管和民生建设上保证其行政是有效的。

当下，从经济政策单一中心走向经济、社会政策双中心，发展型社会政策已成共识。开发区政府虽然规模“小”，但要能力“强”，效能高。“强政府”领域：民生的社会保障性事业；抵御传统体制干预，理顺园区治理的几大关系；帮扶企业“走出去”（国际化），构建海外“指控”预防战略和应对措施；环境保护，市场秩序监管，诚信体系构建，支持行业自律及社会自治，培育“强社会”；宏观方向把控，现代服务业发展，实现园区战略目标；“强”在杠杆功能的发挥，宏观方向的把控，而不是对微观市场和中观社会的替代。在此要强调法律下的治理，“强政府、强社会”是在法律下的“强”，但不能到处“逞强”而“越位”；“小政府、大社会”是在法律下的“小”，但不能选择性“示弱”而“缺位”。开发区是区域竞争的重大平台，为招商引资，体制不断创新，“亲商”的服务型行政规模“小”，但服务好，有一定的示范性。在经济社会并重，民生问题和“强社会”日趋关键的当下，应在法律下的“小政府、大社会”但也是“强政府、强社会”方面创新和示范。总之，法治下，规模小只是关键点之一，强化开发区经济社会双轮驱动和利用好国际、国内两个市场的治理效能才为重点。

1. 产业规划引导。我国开发区是构建型的，是为产业集群发展量身定做的定制化空间载体，服务于改革开放的探索试验和区域经济发展。区域经济

〔1〕［美］塞缪尔·P. 亨廷顿：《变化社会中的政治秩序》，王冠华等译，上海世纪出版集团2008年版。

社会问题的解决最终需要产业的支撑。所以说，产业健康发展无疑是开发区的头等大事。当下，我国市场经济机制和创新机制还需加强，应当破除影响制度发展的障碍，发挥政府的比较优势。

（1）产业规划对规划体系的引导。一是明确产业规划的优先时序。由于我国开发区是产业发展的定制性空间，在园区规划体系当中，编制时序应该是排前的，或者说先有产业规划，才有空间设计，城市设计是服务于产业规划的。因为不同的产业对空间需求、基础设施需求不一样，同时产业从业人员的生活配套安排也会有所不同。但是在实际规划编制中，城市规划独领风骚，产业规划远远滞后于城市硬件规划，空间安排上与产业需求脱节，在执行过程中随意性较大，影响了城市规划的科学性，增加了开发区的建设成本。二是增强产业规划执行的刚性。由于增长市场的竞争压力，按照园区产业规划执行，成绩慢，有些开发区管理机构往往置产业规划于不顾，“胡子眉毛一把抓”，企业准入失范，盲目引进企业，同质竞争，有些高新区的企业生态更多是低端、劳动力密集型企业，影响园区科学发展。

（2）规范直接政策优惠。法律并不排斥政策体系的构建，但是要求政策体系的安排要符合法律的规定或基本原则，但是目前，开发区普遍实行直接的政策优惠，在土地、用水、用电等方面给予直接的税收优惠，对企业进行直接的财政补助，扭曲生产要素价格。对于此类的政策优惠竞争的现象，实际上的绩效令人质疑，中央也试图管控，但缺少刚性措施。党的十八届三中全会提出，要按照统一税制、公平税负、促进公平竞争的原则，加强对税收优惠特别是区域税收优惠政策的规范管理。税收优惠政策统一由专门税收法律法规规定，清理规范税收优惠政策。2014 年 11 月 27 日的《关于清理规范税收等优惠政策的通知》（国发〔2014〕62 号）要求，切实规范和全面清理已有的各类税收等优惠政策。2015 年 5 月 10 日，国务院发布《关于税收等优惠政策相关事项的通知》（国发〔2015〕25 号），暂停税收清理。开发区是地方经济发展的龙头，但政策优惠的不公平竞争现象在一定程度上消解、影响了开发区的转型升级。实际上，国家需要的是在开发区先行先试税制改革，形成可复制可推广的经验和模式，而不是搞区域税收优惠，造成不平等竞争。

（3）科学制定产业政策体系。目前我国开发区的产业政策体系存在脱法化的、一定程度的恶性竞争。科学制定产业政策体系要求对于产业发展的市场性引导、公共性补助等间接性的杠杆发挥，而不是直接性的政策优惠。如：通过财政投入发起产业引导基金，引导社会资本参与产业投资，对学校、医院、青少年创业基地等公共服务型平台给予财政资助，通过政府采购购买行业协会的公共服务、购买园区企业的产品，搭建产、学、研、资、介的合作网络，促进科技成果产业化，完善知识产权保护，对研发环节、品牌打造、专利申请、保护维权等给予支持，在社会信用体系建设方面，整合各方力量建设数据库、发布信用指数、进行信用奖惩和维权等，不一而足。

2. 市场监管。开发区政府职能转换不但表现在与行政区区别不大的市场秩序维护上，更要在政府大监管体系中作出创新。

（1）市场秩序治理。诺思认为："国家应当提供保护和公正的市场环境，当有组织专门从事这些服务时，所得到的社会总收入要高于社会上每个人保护其各自财产时所得到的社会总收入。""与发明法律、司法和防御制度有关的规模经济则是文明的根本来源；在第一次经济革命以后的一千年间所创造出的国家乃是以后一切经济发展的必要条件。"〔1〕国家对正式规则的暴力垄断权，使国家在实施上有规模优势和比较优势，是暴力强制实施的最终第三方。〔2〕开发区是个企业扎堆的地方，市场秩序和大环境的健康发展影响开发区产业集群的良性发展，包括财产权利的有效保护、契约的严格实施、市场竞争秩序的维护等方面。笔者调研发现，对于开发区的市场秩序维护，知识产权保护和反不正当竞争是重点，因为开发区企业、科研机构、高端人才是主流结构，运行中出现的问题主要是知识产权侵权、商业对手竞争和建设、维护市场信用和开发区的区域品牌。

（2）探索一体化的行政监管体系。由于我国的"条块行政体制"，监管职能分散，如金融监管涉及"一行两会"，即人民银行、银保监会、证监会，商品质量监管涉及工商、质量技术监督局、食品药品监督、烟草部门、盐业部门等，经常出现推诿扯皮现象。目前，开发区已积极探索一体化的行政监管体系，推动综合执法体系建设，南沙组建集工商、质监、食药监等职能为一体的市场监督管理局；如深圳前海拟设立整合公安、城管、环境等执法事

〔1〕［美］道格拉斯·C. 诺思：《经济史上的结构和变革》，厉以平译，商务印书馆 1992 年版，第 11~25 页。

〔2〕参见［美］科斯等著，［法］克劳德·梅纳尔编：《制度、契约与组织——从新制度经济学角度的透视》，刘刚等译，经济科学出版社 2003 年版，第 246~272 页。

项的综合执法局；珠海横琴综合执法局正式成立运作，具有城市管理、食品药品监督、工商管理、国土资源、环保卫生等6项行政管理职能和25项执法职能。同时，更具有战略意义的是，深圳前海整合金融监管资源，努力推进金融市场的行政一体化监管体系。一位管理人员认为："现在，先进国家的金融监管都是功能监管和混业监管，而我们国家是以机构监管为主，导致一方面监管过度，另一方面造成监管漏洞。前海是国家批复的我国金融业对外开放的试验窗口，在金融监管上应该突破传统体制，不但要整合金融监管资源，而且要监管资源前移，现在我们已争取证监会批准深圳监管局在前海设立了证券监管办公室。但是，这还是老路子，下一步我们将再争取设立一行三会（今两会）的前海办，先分别设立，再整合，一步一步地来，慢慢推进。现在，上海自贸试验区也在抓这个金融监管一体化的改革创新，但是我们前海起步更早。"上海自贸试验区方案也明确提出："进一步强化监管协作。以切实维护国家安全和市场公平竞争为原则，加强各有关部门与上海市政府的协同，提高维护经济社会安全的服务保障能力。试验区配合国务院有关部门严格实施经营者集中反垄断审查。加强海关、质检、工商、税务、外汇等管理部门的协作。加快完善一体化监管方式，推进组建统一高效的口岸监管机构。探索试验区统一电子围网管理，建立风险可控的海关监管机制。"

（3）积极探索事中事后的动态监管创新。随着商事登记的"单一窗口""注册资本认缴制""证照分离""多证合一"和"负面清单"管理模式的深入改革，前端的市场准入越来越开放。目前，前海已实现"外商投资企业备案证明、商事主体营业执照、组织机构代码证、税务登记证、刻章许可证和社保登记证"等"六证联办"；南沙"一口受理"可实现11个部门的证件联办，"八证合一、一照一码"，涉及工商、质监、国税、地税、公安、投促、人社、统计、食药监、海关、检验检疫等11个部门，发放了全国首张海关进出口企业登记"一照一码"《营业执照》，但是中端、后端的市场监管亟待创新。

开发区产业集群理论和实践已说明，开发区权力网络多元化趋势明显，开发区治理主体和方式多元化必将演化为事中、事后监管。加快推进社会信用体系建设，建构以信息信用监管为核心的监管制度，形成一处失信、处处受限的环境，汇集企业的登记注册、监管、资质认证、纳税、信贷、诉讼、结案等信息，对市场主体实施信用分类监管，对企业公示信息进行随机抽查。

建设信用信息共享交换平台和企业信用信息公示系统，推进政府部门、行业协会、社会组织信用信息共享共用，强化信用体系的约束作用，构建以信息归集共享为基础，信息公示为手段，信用监管为核心的监管制度；构建产业安全制度，构建安全审查制度和反垄断审查制度，目的是防范扩大外资准入和开放后可能产生的风险，起到对外商投资风险的“防火墙”作用，并营造一个公平竞争环境；构建社会力量参与市场监督制度，赋予消费者更多的权益，发挥行业协会和专业服务机构在行业准入、认证鉴定、评审评估、标准制定、竞争秩序维护等方面的作用；构建信息共享和综合执法制度，建设信息共享和服务平台，建立各部门联动执法、协调合作机制。目前，自贸试验区正在积极推动，如全面实行企业年度报告公示和经营异常名录制度、南沙市场监管信息平台、前海信用平台、横琴“诚信岛”，建立以商务诚信为核心的全流程监管体系。

3. 公共服务。历经 30 多年的发展，开发区已积累了庞大的经济实力。在全面深入改革开放的新时期，理应再次起航，中央与地方共同在开发区探索公共服务包括义务教育、基础医疗与公共卫生，基本社会保障、公共就业服务、基本住房保障、社会信用体系或诚信文化构建。对此，前面已有论述，在此不再重复。

二、市场治理：在资源配置中起决定性作用

要素价格的市场定价和组合提升，不但需要政府松绑，也需要市场服务体系的完善，主要在于服务开发区实体经济的现代服务业。政府职能转变和市场服务体系完善实为一个硬币的两面，政府职能不转变，管得过多、统得过死，市场治理权利必将受到削减，导致市民社会营养不良。开发区承接国际产业转移更多是在制造业和高新技术产业，实体经济发达，相对而言现代服务业经济发展不足，影响了实体经济的内涵提升和存量做优。虽然开发区在实体经济行业率先对内对外开放，但是在现代服务业行业仍然管制很多，对内对外步步维艰，整体上导致中介服务组织发展不足。另外，开发区超自主体制，党政机构、开发公司合一，政企不分，影响了政府职能转换和市场治理效能。

（一）市场体系建设

1. 金融组织体系建设。随着进入全面深入改革开放时期，我国的金融管

制逐步放松，已经在特定功能区开始尝试金融创新，放宽金融主体、业务准入门槛，如深圳前海、上海自贸试验区。由于宏观环境的金融创新不足和金融的大客户偏好，开发区大量的中小企业存在融资困难问题。为了解决融资难的问题，开发区采取了多种行政措施鼓励银行放贷授信，但是见效甚微，关键应专注于金融服务体系的构建。不同的金融组织，意味着将提供不同的金融产品，服务于不同的客户目标。如科技银行主要服务于中小微企业、社区银行主要服务于社区居民、风险投资基金主要服务于种子期和创业期企业、私募基金主要服务于发展期和上市前企业、投资银行主要服务于上市企业、场外股权交易中心和场内证券交易所分别服务于不同规模的企业股权融资及交易等。

2. 交易平台建设。交易平台集聚商品供求、价格、质量、种类等各种市场信息，降低企业搜寻、谈判、运输、了解市场变化、共享平台网络等各类交易成本，进一步降低交易风险，促进分工、专业化和合作。如前海股权交易中心、广州的中大服装交易城、佛山的塑胶交易市场、人才市场等。

3. 第三方服务体系建设。制造业的发展规律是将服务业逐步从制造业内部分化出来，形成一个独立的行业，专业化发展，与实体经济分工合作，包括法律、会计、咨询、物流、信息、科技服务、监测鉴定认证等各类市场体系。还有仲裁、调节的纠纷解决服务机制。

（二）政企分开

开发区基本上设有国有开发公司，但名称不一，早年称之为开发总公司，现在基本上称为投资控股公司。开发区一般是超自主体制安排，开发区党政管理机构和国有开发公司三位一体，政企不分，影响了政府职能转换及与市场关系的妥善处理。

1. 开发区国有开发公司现象解释。①开发区公司的产生原因。一是开发资金约束。开发区选址基本上在城市边缘地区，开发区创业的核心资源和原始资本就是土地，开发资金紧张。为了满足园区土地开发的资本需求和有效控制开发风险，不少开发区借鉴早年蛇口工业区公司主导型开发模式的经验，设立国有开发公司，作为杠杆工具和投融资平台。二是发挥产业引导作用。早年，外资对我国的制度环境抱观望状态，需要有国有企业的产业引导，如宝洁公司投资广州开发区时，广州开发区国资公司就有参股。再有，就是产业初创阶段，前景不明，投资周期长、风险大，需要国有企业的引导，如东莞松山湖控股投资的产业引导基金。三是开发区模式推广。开发区模式要推广，需要市场之手的推进，国有开发公司是很好的平台，进行区域合作，甚至走出国门。②国有开发公司的操作实践。开发区国有开发公司的运作逻辑是与政府一体化运作形成资金大循环对土地进行开发：拿到土地→基础设施建设→招商引资（出租或转让），周而复始，形成“企业投入产出”现金流循环。但开发公司天生的平台功能，是实现政府园区开发的战略工具，政策性业务尤其是在园区开发之初占据主要部分，园区政府行为外化为园区开发公司的内部行为或园区政府将开发公司内部化为政府的一个部门。这样，整个园区两大主体政府和开发公司就相互合作，形成了政府、企业连在一起的资金大循环，财政兜底担保，企业贷款起家、负债经营，进行土地开发，但由于区域竞争激烈，地价向低部竞争，工业用地的地价无法弥补开发成本，招商引资企业投产纳税后，政府通过财政税收进行补贴或偿还，这样周而复始，极大地发挥园区控股的杠杆作用，企业、银行、政府联袂开发。线路图：银行贷款、财政投资→园区控股资本→基础设施建设→出让土地、客商纳税→财政偿还，为了与银行建立稳定的资金循环关系，利用会计手法将基础设施等公益性资产注入开发公司，做大公司的资产规模，形成“虚胖”吸引力。同时，将土地出让收入和税收等财政收入偿付给开发公司，制造公司稳定的现金流。

2. 推行政企分开。①人员市场化。现在园区开发公司的管理人员与政府人员混同，尤其是高层管理人员，一边是公务员，另一边是企业高管，应进行剥离。②分类管理。退出已经充分竞争性领域，尤其是非保障性的商业化地产开发。地产开发是园区国有开发公司的主要利润来源，以填补基础设施的政策性损失。专注基础设施、民生建设、自然垄断、产业引导领域，主要是基础设施建设、水电气等公用事业、政策性金融服务业、医院学校保障房建设，与政府形成资金大循环，“以时间换空间”。③科学管理。对自然垄断行业，实行以政企分开、政资分开、特许经营、政府监管为主要内容的改革，对其他领域，要构建产权清晰、权责明确、政企分开、管理科学的现代企业制度。④经营预算全口径管理。目前，国有开发公司的预算名义上是国资委行使出资人权益，实际上是开发区政府行使，在资金预算管理上第二财政现象明显，更不用说纳入人大监督的财政预算。

三、社会治理：行业自治组织

行业协会是社会性组织，是介于政府与市场之间的中介组织，与企业、政府相互依赖，是开发区治理中的重要治理主体。行业协会是“一群相互依赖的委托人如何才能把自己组织起来，进行自主治理，从而能够在所有人都面对搭便车、规避责任或其他机会主义行为形态的情况下，取得持久的共同收益”。〔1〕虽然在总体上，我国行业协会治理力不足，但是在开发区的多元协作治理转型中，行业协会将扮演重要角色。杨雪萍从行业资源的反馈和支持通道、自治功能等方面论证了行业协会的功能（如图 5-3 所示）。〔2〕

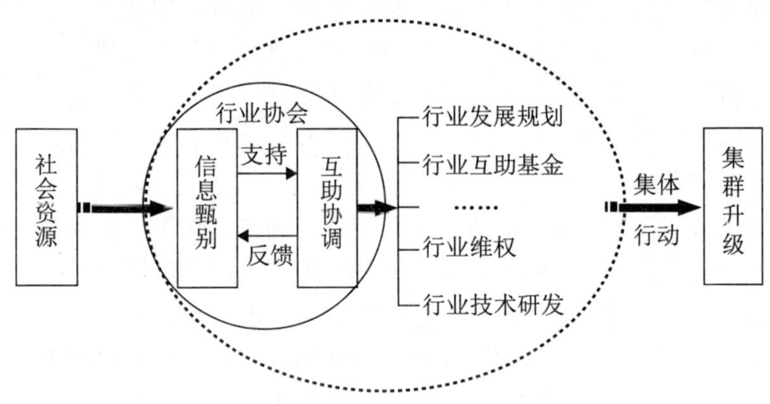

图 5-3　产业集群中的行业协会功能

（一）服务开发区产业发展

产业集群是个网络性的产业生态，政府、市场、社会缺一不可，通过协会形成集体行动，弥补了个体企业的孤军奋战，也弥补了行政机关的官僚成本。①行业内网络。通过开放式协会将分散的企业和个人组织起来，收集、发布行业信息，搭建信息发布及共享平台如展销会、刊物、网站、交流活动等，成了行业会员单位主要交流的平台，促进相互间分工与合作。并且，通过俱乐部、座谈会、联谊会等非正式活动，使会员相互了解，减少搭便车行

---

〔1〕［美］埃莉诺·奥斯特罗姆：《公共事物的治理之道》，余逊达、陈旭东译，上海三联书店 2000 年版，第 275 页。

〔2〕杨雪萍：“基于集体行动的产业集群升级之路——来自义乌小商品集群行业协会的调查”，载沈立江、马力宏主编：《金融危机与经济转型》，中共中央党校出版社 2009 年版。

为，增进相互间的信任，形成社会资本，减少机会主义和传递行业信息，进而降低会员间、会员与协会联络主体间的交易成本。②行业外网络。主要是指与其他相关行业、区域外行业、国家、科研机构、相关支持行业如金融服务及其他服务业之间的外部网络关系，更广泛地获取信息、技术等要素资源，形成立体式的政、产、学、研、资、介网络关系，服务于会员，提升整体竞争力。并且，组织会员集体应对外来冲击，如海外的反倾销事件、金融危机。

（二）规范开发区产业发展

行业自主治理包括行业自主服务和行业自主规范，所以行业协会是自我服务主体和自我规制主体。行业协会作为自我服务主体，供给行业公共产品如搭建各种交易平台、研究和制定产业发展规划、进行产业分析、争取行业政策、技术培训、维护行业权利、检测认证，从而授益会员。行业协会作为自律性组织，制定行规行约、行业准入、行业标准、行业检查、行业秩序维护、行业惩戒，规范企业和行业的行为，协同政府构建多层次的市场监管体系。如深圳前海开始设想行政监管与社会监管的协同治理，2014 年 3 月 12 日，笔者对深圳前海管理局某工作人员进行访谈，其说道："我们金融创新监管的路径之一，是计划将市场监督管理局的登记和市场监管、其他行业主管部门监管、各行业协会自律监管、前海股权交易市场平台监管、前海一站通信息披露等资源协同整合，充分发挥市场一线如交易平台、协会的功能，通过前海一站通、前海要素交易平台、前海企业信息网站等平台，加强信息协同披露，提升市场监管的联动能力，创新监管模式。"

第六章

开放模式：从流动型开放走向制度型开放

改革开放之初，资本、技术、商品要素等高级生产要素极度紧缺，我国发挥劳动力、土地等要素成本低的比较优势，对外开放以市场换技术、换资本，重在吸引国际要素，并出口商品，以物为中心，以“引进来”为主，围绕物而聚焦于关税或非关税壁垒的“边境开放”，注重商品、要素流动型开放。随着改革开放的深入推进和中国特色社会主义开放型经济新体制不断完善，当下中国已是世界第二大经济体、最大货物贸易国、第二大服务贸易国、第二大对外直接投资国,[1]已进入从大规模“引进来”到大踏步“走出去”，从被动接受国际经贸规则、国际经济秩序到主动开展国际经贸规则制定、参与国际经济秩序治理的双向开放新阶段。中国开放模式的战略转型正从产品国际化走向企业国际化，从商品输出大国走向资本输出大国，从“中国制造”走向“中国所有”，从出口导向转向投资立国，从大多数产品贴牌生产转向品牌创新，从低层次国际分工战略走向高层次国际运营战略，从世界工厂“打工者”向全球资源“整合者”转变，从国际经贸规则的被动接受者走向建设性的参与者。同时，中美贸易摩擦愈演愈烈，新一代国际经贸规则更加注重服务贸易开放和劳工、环保、竞争等方面。

鉴于对国内外形势的科学研判，习近平总书记于 2018 年 12 月召开的中央经济工作会议首次提出制度型开放：“要适应新形势、把握新特点，推动由商品和要素流动型开放向规则等制度型开放转变。”党的十九届四中全会审议

[1] 2010 年，中国 GDP 为 58 786 亿美元，超过日本（GDP 为 54 742 亿美元），一跃成为全球第二大经济体，替代了日本自二战后 40 年来 GDP 仅次于美国的“经济奇迹”；2014 年，中国对外投资规模首次超过利用外资规模，近代历史上第一次实现资本净输出，成为仅次于美国和日本的世界第三大对外直接投资国；2018 年，成为第二大对外直接投资国。

通过的《中共中央关于坚持和完善中国特色社会主义制度　推进国家治理体系和治理能力现代化若干重大问题的决定》，强调“推动规则、规制、管理、标准等制度型开放”。《国家“十四五”规划纲要》第四十章（建设更高水平开放型经济新体制）开宗明义提出：“……稳步拓展规则、规制、管理、标准等制度型开放。”并在第一节（加快推进制度型开放）进行部署。中国开发区是全球化的产物，天生就具有开放的基因和国际化的因子。在新一轮改革开放时期，中国开发区应率先向制度型开放转变，对国际高标准经贸规则进行压力测试、主动参与国际规则构建，在更大的空间范围内配置资源，打造成为我国参与国际经济秩序治理和新一轮国际经贸规则制定的战略载体，成为国际产能合作和企业抱团“走出去”的战略平台。

第一节　开发区以商品和要素流动型开放为主的实然阶段

二战结束后尤其是冷战结束后，在世界贸易组织（WTO）等机构的有效协调下，多边国际经贸规则以“边境开放”为主，世界范围内的关税和非关税壁垒大幅降低，极大地推动了商品和要素跨国流动，推进了世界经济的发展。中国把握住了以商品和要素流动型开放为主要内容的经济全球化发展之历史性机遇，参与国际产业分工，大力实施以“大外资、大外贸、大外经”为主要内容的开放模式，成为世界工厂。相应，“我们开发区主要是坐地成交、坐等成交，招商引资、招商选资，基本还是一个受动体”。[1]开发区主要以“引进来”的单向开放为特点，对外开放主要是发挥我国劳动力、土地等要素价格低廉的比较优势，瞄准商品、要素等器物层面，学习模仿，发挥后发优势，选择性进行制度创新，更加注重对制造业、货物贸易的“引进来”，投资金融、服务贸易“引进来”方面仍然需要扩大开放，更加强调规则、标准等制度型开放包括“走出去”的平台建设方面亟待提升。

一、开发区以流动型开放为主的表达与实践

党的十一届三中全会之后，我国坚持不懈，加速填补全球化短板的问题，在发达国家主导的国际经贸规则和秩序下，发挥比较优势和后发优势，主要

〔1〕 陈文玲：“开发区转型在新一轮开放中的地位与作用”，载《开放导报》2013年第5期。

是以发达国家为对标，“追跑”和“赶跑”，突出“引进来”和商品、要素的流动型开放，以开放逼改革、促发展，适应和参与全球化。商品和要素流动型开放更多强调发挥比较优势，推进商品和发展要素按照价格机制自由流动，实现要素最优配置，其规则体系由西方发达国家主导，我国主要是跟随、学习“补课”，制度话语权不强，相应在开发区的文本和实践中也体现明显。

（一）流动型开放偏向的主要特点

1. 突出“补课”式的跟随性开放。党的十一届三中全会使我国开启了改革开放的征程，加速“补课”，主要是在发达国家主导的国际经贸规则和秩序下进行被动式、跟随式开放，制度话语权较弱。从蛇口工业园区到特区-开发区等集群突破，进而形成沿海-沿江-沿边的开放格局。加入WTO后，我国积极主动履行入世承诺，大幅度降低进口关税，显著削减和清除非关税壁垒。

2. 突出货物领域的选择性开放。商品和要素流动型开放针对外资领域采取选择性开放，选择聚焦于货物贸易领域和货物相关的投资领域进行开放，服务贸易领域开放度较小。同时，采取正面清单模式，如《外商投资产业指导目录》的正面清单模式自1995年目录第一次发布已修订8次，对外开放的产业主要被分为四类：鼓励类、允许类、限制类和禁止类。

3. 突出打通边境上阻梗的开放措施。商品和要素流动型开放强调边境上的降低乃至取消贸易和投资壁垒，主要围绕打通要素在国门即边境上的阻梗，突出放宽市场准入和通关便利等举措，从而实现贸易和投资自由化。在世界贸易组织（WTO）等多边经贸规则体系下，全球的关税和非关税壁垒大幅降低，商品和要素跨国流动的迅猛发展，推进了经济全球化，并造就了“世界是平的”。

4. 突出“引进来”的单向开放。发挥土地、劳动力等比较优势，解决发展要素短缺问题，围绕资本、技术、原材料等发展要素，对外开放重点是“引进来”，对外资采取税收、补贴、土地、进出口管理、外汇管理等种种超国民待遇，着重强调吸引外资，鼓励产品出口，以“外资、外贸、外经”为主要内容，更多是一种“引进来”的单向开放。

（二）开发区以流动型开放偏向的国家表达

开发区在国家的文本上更多表述为“引进来”，较少表述为“走出去”，即使有也更多是倡导性的，具体操作性强的政策措施缺失。在国家自贸试验区的文本中，较多涉及服务贸易开放，但是服务贸易开放的措施和货物贸易相比还是较少，竞争中性、环保、劳工、政府采购等制度型开放安排则几乎没有涉及。

1. 从开发区的定位上看。以经济技术开发区为例，从 1984 年延续特区的“技术的窗口、管理的窗口、知识的窗口、对外开放的窗口”等“四个窗口”，到 1989 年全国经开区工作会议上提出以“利用外资为主、以发展工业为主、以出口创汇为主”的“三为主”，1991 年又提出了产业结构以工业为主、资金结构以外商投资为主、产品销售以出口为主、致力于发展先进技术的“三为主、一致力”，再到 2004 年，在开发区成立 20 周年之际提出了“三为主、二致力、一促进”（以提高吸收外资质量为主，以发展现代制造业为主，以优化出口结构为主，致力于发展高新技术产业，致力于发展高附加值服务业，促进开发区向多功能综合性产业区发展）。从 2014 年开始，经开区对外开放功能的首位度逐步让位，更加强调区域发展的重要性，如国务院办公厅《关于促进国家级经济技术开发区转型升级创新发展的若干意见》（国办发〔2014〕54 号）要求：“努力把国家级经开区建设成为带动地区经济发展和实施区域发展战略的重要载体，成为构建开放型经济新体制和培育吸引外资新优势的排头兵，成为科技创新驱动和绿色集约发展的示范区。”国务院办公厅发布的《关于促进开发区改革和创新发展的若干意见》（国办发〔2017〕7 号），要求：“把各类开发区建设成为新型工业化发展的引领区、高水平营商环境的示范区、大众创业万众创新的集聚区、开放型经济和体制创新的先行区，推进供给侧结构性改革，形成经济增长的新动力。”

2. 从国家文本表述来看。在商品、要素流动型开放阶段，从经开区、高新区的国家文本来看，“引进来”的篇幅是重头戏，对于“走出去”则鲜有表述。国务院办公厅发布的《关于促进开发区改革和创新发展的若干意见》（国办发〔2017〕7 号）要求：“支持开发区完善外贸综合服务体系和促进体系，鼓励开发区积极吸引外商投资和承接国际产业转移。”海关特殊监管区更是围绕货物贸易不断优化，如国务院发布的《关于促进综合保税区高水平开放高质量发展的若干意见》（国发〔2019〕3 号）提出建设五大中心即加工制造中心、研发设计中心、物流分拨中心、检测维修中心、销售服务中心等，可以看出在这五个中心中加工制造具有首位度，其他四大中心围绕加工制造进行建设。

表 6-1　国家经开区文本的相关表述

时间	文件	主要内容
1984-05-04	《沿海部分城市座谈会纪要》	加快利用外资、引进先进技术的步伐……有的经济技术开发区，还要发展为国际转口贸易的基地
2005-03-21	《关于促进国家级经济技术开发区进一步提高发展水平的若干意见》	（指导思想）以提高吸收外资质量为主……以优化出口结构为主……（发展目标）努力建设成为促进国内发展和扩大对外开放的结合体〔1〕
2006-07	《国家级经济技术开发区经济社会发展“十一五”规划纲要》	必须进一步提高开放水平。实施全方位开放战略，积极参与国际经济技术合作和竞争……统筹国内发展和对外开放……形成内资与外资相互融合、联动发展的平台。积极实施“走出去”战略，促进生产要素跨境、跨区域流动和优化配置，实现协调发展
2012-10	《国家级经济技术开发区和边境合作区“十二五”发展规划》(2011—2015年)	适应我国对外开放向进口与出口并重、吸收外资与对外投资并重转变的新形势，……主动拓展对外开放新的空间和领域。完善新形势下开放型经济发展的体制机制，有效防范输入型风险
2014-10-30	《关于促进国家级经济技术开发区转型升级创新发展的若干意见》	成为构建开放型经济新体制和培育吸引外资新优势的排头兵……促进开放型经济发展……提高投资质量和水平。稳步推进部分服务业领域开放，提升产业国际化水平

〔1〕 该文件，关于开发区国际化花了较大篇幅论述，如“（二）今后一个时期国家级经济技术开发区的发展目标：努力建设成为促进国内发展和扩大对外开放的结合体；成为跨国公司转移高科技高附加值加工制造环节、研发中心及其服务外包业务的重要承接基地；成为高新技术产业、现代服务业和高素质人才的聚集区；成为促进经济结构调整和区域经济协调发展的重要支撑点；成为推进所在地区城市化和新型工业化进程的重要力量；成为体制改革、科技创新、发展循环经济的排头兵。（三）当前国家级经济技术开发区要着力把握好以下几点：一要牢固树立和落实科学发展观，努力实现体制、机制和经济增长方式的转变，不断提高发展水平。加快实现从单纯发展制造业为主向发展现代制造业和承接国际服务外包转变，从注重规模效益向注重质量效益转变，从偏重技术引进向注重消化吸收创新转变，从依靠政策优势向依靠体制优势和综合投资环境优势转变。二要自觉服从国家经济大局和宏观调控，更加注重结构调整和优化升级，更加注重引进高新技术和开发创新，更加注重开发项目的质量和效益，更加珍惜和合理开发利用土地。三要始终坚持体制创新，增强自主发展能力。要区别于城市的行政区，不断完善集中精简、灵活高效、亲商务实的管理体制和运行机制……”

续表

时间	文件	主要内容
2016-03-16	《关于完善国家级经济技术开发区考核制度促进创新驱动发展的指导意见》	坚持以对外开放为引领……成为构建开放型经济新体制和培育吸引外资新优势的排头兵……在更高层次参与国际经济合作和竞争……国家级经开区要扩大对内对外开放，促进国内国际要素有序流动、资源高效配置、市场深度融合……促进国家级经开区参与全球产业分工和价值链重组，发展外向型产业集群
2016-03	《中华人民共和国国民经济和社会发展第十三个五年规划纲要》	建设一批大宗商品境外生产基地及合作园区……加快海关特殊监管区域整合优化升级，提高边境经济合作区、跨境经济合作区发展水平。提升经济技术开发区的对外合作水平

表 6-2　国家高新区文本的相关表述

时间	文件	主要内容
1999	《关于加强技术创新发展高科技实现产业化的决定》	成为技术创新、科技成果产业化和高新技术产品出口的重要基地
1999	《关于加速国家高新技术产业开发区发展的若干意见》	高新技术产业出口基地
2002	《关于进一步支持国家高新技术产业开发区发展的决定》	促进国家高新区产业发展国际化。充分发挥我驻外科技机构的作用，积极帮助国家高新区企业引进国外先进技术……支持各国家高新区建立高新技术产品出口基地，推动高新技术产品的出口，促进高新区企业逐步进入国际市场，参与国际竞争
2006-02	《实施〈国家中长期科学和技术发展规划纲要（2006—2020 年）〉若干配套政策》	高新技术企业“走出去”参与国际竞争的服务平台，成为抢占世界高新技术制高点的前沿阵地

续表

时间	文件	主要内容
2007-06	《国家高新技术产业开发区"十一五"发展规划纲要》	发展原则:"市场导向,面向全球。"加大国家高新区的对外开放力度,坚持"引进来"和"走出去"并举,鼓励自主品牌和高新技术产品出口,积极参与国际竞争。 发展转变:要从注重引进来、面向国内市场为主向注重引进来与走出去相结合、大力开拓国际市场转变,以扶持自主创新、提升国家综合竞争力为宗旨,成为引导我国企业走出国门参与国际竞争的重要服务平台
2013-01	《国家高新技术产业开发区"十二五"发展规划纲要》	国家高新区是我国高新技术企业参与国际竞争的服务平台,是我国抢占世界高新技术产业制高点的前沿阵地。国家高新区要把握好新定位,……以更广阔的视野积极参与国际合作和竞争。坚持扩大开放,充分利用国际资源,提升国际竞争力和影响力。坚持开放合作发展,提高园区国际化水平
2013-03-12	《国家高新技术产业开发区创新驱动战略提升行动实施方案》	扩大国际交流与合作……主动参与国际经济与产业竞争

3. 从对外开放的管理模式看。商品和要素流动型开放具有选择性的开放特点,相伴的则是应用正面清单的管理模式。换言之,对于外商投资,主要采取的是《外商投资产业指导目录》的正面清单管理模式,自1995年目录第一次发布已修订八次,一般情况下,外商在中国投资的产业被分为四类:鼓励类、允许类、限制类和禁止类。目录中分别列出了被纳入鼓励类、限制类和禁止类的行业,未被列入目录的行业则属于允许类行业。在《外商投资产业指导目录》正面清单模式的主导模式下,开发区总体上只在审批的额度权限上更大,个别的就是国际法意义的自贸区协定上的个别制度安排《关于建立更紧密经贸关系的安排》(CEPA)框架下对广东及其前海、横琴的一些特别安排。随着自贸试验区外商投资负面清单的先行先试和复制推广,负面清单模式全面推行。2016年9月3日修订的《外资企业法》《中外合资经营企

业法》《中外合作经营企业法》《台湾同胞投资保护法》等四部法律中分别对外资的负面清单模式进行立法保障，规定“对不涉及国家规定实施准入特别管理措施的，将相关审批事项改为备案管理；国家规定的准入特别管理措施由国务院发布或者批准发布”。但是鉴于路径依赖，负面清单模式将受到当前主流《外商投资产业指导目录》的重大影响，从上海自贸试验区的第1版（即2013年版）负面清单就可窥见，上海自贸区2013年版负面清单190项，禁止类38项、限制类152项。经比较，几乎是《外商投资产业指导目录》的翻版，表述语言也雷同，只是归类发生微小变化。当下，《自由贸易试验区外商投资准入特别管理措施（负面清单）》（2020年版）（已失效）已瘦身到30条。

（三）不断推进的开放创新举措

在创新举措中，更多是“引进来”，自贸试验区相对均衡，但整体上还是强调对外开放的“引进来”，在“走出去”方面措施较少乃至统计数据都难以搜索，高标准的“走出去”综合服务平台建设还处于培育和起步阶段。

1. 不断强调国际化营商环境的打造。“仿真的国际投资环境”“投资者是帝王”“营造符合国际通行规则和国际惯例的营商环境”“打造国际化、法治化、市场化的营商环境”等，这是开发区的主要发展宗旨之一。开发区发展30多年来，坚持不懈抓住打造国际化营商环境这条主线，不断创新外商投资管理方式，坚持不懈地创造国际化的营商环境，积极主动与国际通行规则衔接，促进发展要素国际化、产品国际化、组织国际化的全面国际化发展。由于每个阶段的要素禀赋条件不一，国际化营商环境的举措会有所差异，但是宗旨的初心未变，从早期的政策高强度投入的驱动模式到当下突出制度创新营商环境的浓墨重彩，提升软实力，无不是围绕吸引、集聚开放、国际化发展要素而量身定制。

2. 不断创新投资自由化的外商投资管理模式。①负面清单管理模式（FDI）。自贸试验区的调整适用“三资法”和负面清单管理（准入前国民待遇+负面清单），在负面清单之外，将外商投资项目核准和企业合同章程审批改为备案管理。2018年，外商投资准入负面清单从以往的《外商投资产业指导目录》中独立出来，单独发布，并参照国际标准，以统一、透明的方式列明了股权要求、高管要求等特别管理措施，形成《外商投资准入特别管理措施（负面清单）》（2018年版）（已失效）。2016年3月，我国制定《市场准入负面清单草案（试点版）》，在天津、上海、福建、广东四省市先行试点。2017 年，试点范围扩大到 15 个省市。国家发展和改革委员会、商务部于 2018 年 12 月 25 日联合发布《市场准入负面清单（2018 年版）》。这标志我国全面实施市场准入负面清单制度，负面清单以外的行业、领域、业务等，各类市场主体皆可依法平等进入。②不断下放外资准入审批权。中央一直授予开发区的省级外资准入审批权。1984 年在最早一批“经济技术开发区内，利用外资项目的审批权限，可以进一步放宽，大体上比照经济特区的规定执行”。2016 年 3 月，《关于完善国家级经济技术开发区考核制度促进创新驱动发展的指导意见》（国办发〔2016〕14 号）明确，进一步下放外商投资审批权限，国家经开区可审批《外商投资产业指导目录》中总投资（包括增资）10 亿美元以下的鼓励类、允许类外商投资企业和总投资 1 亿美元以下的限制类外商投资企业的设立及其变更事项。商务部《关于跨境人民币直接投资有关问题的通知》（商资函〔2011〕第 889 号，已失效）明确了国家经开区在海外跨境人民币直投方面，享有 3 亿人民币的省级审批权。自贸试验区省级经济管理权限的标配，外资更加集聚，据商务部统计，2021 年上半年，21 个自贸试验区实际使用外资 1008.8 亿元，以不到 4‰的面积吸引了近 17%的外资。

3. 不断创新境外投资服务模式。①境外投资备案管理（ODI）。改革境外投资管理模式，在省级权限内，[1]在自贸实验区内的企业到境外投资实行备案制为主的管理方式，提高境外投资的便利度。根据公布的数据，截至 2018 年底，受上海自贸试验区推动，浦东新区企业在新加坡、捷克等 30 个“一带一路”沿线国家已投资近 200 个项目，中方投资额达 46.8 亿美元。截至 2018 年 9 月，区内企业在境外直接投资设立企业超过 600 家，中方协议投资额超过 100 亿美元。②建设“走出去”的综合服务平台。2015 年 12 月，苏州工业园区建设全国唯一国家级境外投资服务示范平台，将积极整合集聚国内外优势资源，着力构建强化公共服务、人才培训、投融资服务、国际化服务等四大功能，加快把示范平台建设成为功能最齐全、投资最便利、体系最完善、服务最周到的中国企业“走出去”的综合性一站式服务窗口。国家批复的各地自贸试验区也提出要打造“走出去、引进来”的综合服务平台，如国务院

〔1〕 地方企业实施的中方投资额 3 亿美元以下的资源开发类、中方投资额 3 亿美元以下的非资源开发类境外投资项目（特殊项目除外）。

批准的《中国（广东）自由贸易试验区总体方案》强调："将自贸试验区建设成为内地企业和个人'走出去'的窗口和综合服务平台，支持国内企业和个人参与 21 世纪海上丝绸之路建设。"

4. 不断创新贸易便利化的贸易监管模式。货物免于常规海关监管是《京都条约》对自由区海关监管的一个基本原则。从最早我国第一个海关监管区即 1990 年上海外高桥保税区到当下的自贸试验区，不断创新海关监管模式，推进实施"一线放开、二线管住、区内自由流动"，打造境内关外的制度空间。①"一线放开"。允许企业凭进口仓单将货物直接入区，再凭进境货物备案清单向海关办理申报手续，即"先入区后报关"+简化备案和报关手续+检验检疫快检快放，免签入境证明。②"二线管住"。优化卡口管理，加强电子信息联网，通过进出境清单对比、账册管理、卡口实物核注、风险分析等加强监管，促进二线监管模式与一线监管相衔接。③"货物分类监管"。深化研究货物状态分类监管，对保税货物、非保税货物、口岸货物实施分类监管。当下，开发区的贸易便利化不断创新，如无纸化通关、葡萄酒检测国际互认、生鲜进口关检联合作业、跨境电商、汽车平行进口等。

5. 不断完善单一窗口制度。单一窗口主要是指市场准入的一个窗口对外、一个印章生效的便利化政府服务创新，包括主体准入和客体准入。通常说的单一窗口是指国际贸易单一窗口，即国际客体准入。①主体准入单一窗口。主体准入单一窗口脱胎于早年创新的一站式服务大厅模式。一站式服务大厅模式于 1998 年由大连经济技术开发区首创，指的是构建招商、建设、投产、运营的保姆式一条龙服务体系。但是一站式办事大厅主要特点是政府服务部门集中办公，更多是一个政府超市，办理事务还是分别申办、多头申请。随着商事登记改革的深入推进，主体准入的单一窗口制度逐步完善，一个窗口对外、一个印章生效；"证照分离"，[1]电子政务普及化，网上审批和大厅审批并行；实行"一照一码"，将原来的税务登记号、工商营业执照注册号、组

---

〔1〕 所谓的"证照分离"指的是"证"与"照"的相互独立，即办理营业执照和办理经营许可证是独立分开的，既可以先照后证，又可以先证后照，二者没有强制先后办理的顺序。在此基础上，进一步对审批事项进行分类改革，审批事项纳入改革试点范围，分五类情况：（1）强化准入管理（34 项）：涉及国家安全、公共安全的事项；（2）取消审批（13 项）：企业生产经营不涉及公共安全、社会秩序的事项；（3）审批改备案（18 项）：不需要政府部门事前同意即可开展经营活动的事项；（4）告知承诺制（26 项）：管理要求和条件明确、企业能自我评判并承诺遵守的事项；（5）提高透明度和可预期性（45 项）：不能取消，不能改备案，也不能告知承诺的事项。

织机构代码、社会保险登记证和统计登记证等合并为编码位数为18位的统一社会信用代码；实行“一个平台、一张表单、一个窗口、一份材料、一个证照”的“五个一”办理模式，纳税人一次申请，即可进入多部门并联审批流转环节，省去纳税人多头跑的麻烦，从而大幅缩短办证时限。[1]目前，在技术层面涉及工商、质监、国税、地税、公安、投促、人社、统计、食药监、海关、检验检疫等十几个部门的证件联办已成为投资便利化改革创新的标配。②客体准入单一窗口。客体准入单一窗口就是常说的“国际贸易单一窗口”。按照联合国贸易便利化和电子商务中心33号建议书作出的解释，单一窗口是指参与国际贸易和运输的各方，通过单一的平台提交标准化的信息和单证以满足相关法律法规及管理的要求。国际贸易单一窗口通常要具备四个要素：一是一次申报，也就是说贸易经营企业只需要一次性向贸易管理部门提交相应的信息和单证；二是通过一个设施申报，该设施拥有统一的平台，对企业提交的信息数据进行一次性处理；三是使用标准化的数据，贸易经营企业提交的信息应为标准化的数据；四是能够满足政府部门和企业的需要。目前国际上比较流行的单一窗口主要分为三种模式：一种是单一机构模式，就是由一个机构来处理所有的进出口业务，该机构在收到企业进出口贸易申报数据后直接进行各项业务处理；二是单一系统模式，是由一个信息系统处理所有的业务；三是公共平台模式，通过大家建立的共同平台实现申报数据的收集和反馈，企业仅需要填制一张电子表格就可以向不同的政府部门申报，申报内容经各政府部门业务系统处理后自动反馈结果到企业的计算机中。我国采取公共平台模式，参与国际贸易和运输的各方，力求只需要一次性通过单一的平台向贸易管理部门提交标准化信息和单证，以满足海关、检验检疫、海事等相关法律法规及管理的要求，由统一平台进行一次性高效处理，监管部门依托单一窗口反馈处理结果。2014年6月，中国国际贸易“单一窗口”试点工作将在上海自贸试验区“破题”——洋山保税港区率先上线测试运行。[2]随后，

---

〔1〕“一口受理、一口告知、一口收件、一表审批、一口发证、全程电子化。”“一门进入、一表申报、一口受理、一次采集、信息共享、统一出件、统一归档。”

〔2〕上海国际贸易单一窗口，首个试点项目就是将海关、检验检疫、边检、海事共同准予船舶离港电子放行信息送至“单一窗口”，实现贸易和运输企业通过单一平台一点接入、一次性递交满足监管部门要求的格式化单证和电子信息，监管部门处理状态和结果通过单一平台反馈给申报人，监管部门按照确定的原则，共享监管资源，实施联合监管。

自贸试验区不断深化，范围、数量不断扩大，贸易便利化程度日趋提升，如完善货物进出口申报“三个一”（一次申报、一次查验、一次放行）系统和船舶进出境联检系统等，实现通关便利化。截至 2019 年 4 月，中国（上海）国际贸易单一窗口对接了 22 个政府部门，服务了 28 万家企业，实现增效降本，货物申报由 1 天到 0.5 小时，船舶申报由 2 天到 2 小时。福建省国际贸易“单一窗口”平台于 2015 年 8 月在福建自贸试验区上线试运行，该“单一窗口”的重要特色之一是与海外“单一窗口”的数据交换，是国内首次开展了与新加坡“单一窗口”之间的首票数据交换，实现两国平台正式联通；截至 2019 年 5 月，经过近 4 年的努力以及多次系统升级改版，中国（福建）国际贸易单一窗口已联通 43 个单位，提供 108 项口岸政务和贸易服务事项功能，服务企业 6 万多家、单证日均处理量约 27 万票。[1]

6. 不断推进金融开放创新。开发区一直是我国金融制度开放创新的先行先试者。当下，自贸区跨境金融不断改革创新。上海陆家嘴金融贸易区是 1990 年开发开放浦东后，在上海浦东设立的中国唯一以“金融贸易”命名的国家级开发区。2015 年 4 月，上海自贸试验区扩容，陆家嘴金融贸易区被赋予了新一轮金融改革开放试验区的使命。2012 年 6 月 27 日，国务院《关于支持深圳前海深港现代服务业合作区开发开放有关政策的批复》（国函〔2012〕58 号）建设我国金融业对外开放试验示范窗口、跨境人民币业务创新试验区。还有国务院批准其他开发区探索金融开放创新，如《云南省广西壮族自治区建设沿边金融综合改革试验区总体方案》（银发〔2013〕276 号）、《关于苏州工业园区开展开放创新综合试验总体方案》（国函〔2015〕15 号）、《中新（重庆）战略性互联互通示范项目总体发展规划（2021-2025 年）》明确金融开放创新的战略使命。目前，随着人民币国际化战略的推进，对于国际金融开放从主体到客体的创新不断推出。①主体国际准入创新上。如深圳前海的创新全国首家 CEPA 框架下的消费金融公司、全国首家 CEPA 框架下港资控股全牌照证券公司、首家 CEPA 框架下港资控股公募基金公司恒生前海基金管理有限公司、粤港澳大湾区首家外商独资私募证券投资基金管理机构等陆续获批。②客体国际准入创新上。如跨境双向人民币贷款业务、跨境双

〔1〕 参见夏志方：“我国国际贸易‘单一窗口’发展的几点思考”，载《中国经贸导刊（中）》2020 年第 1 期。

向股权投资业务、跨国公司外汇资金集中运营试点和集团内跨境双向本外币资金池业务试点、外债宏观审慎管理试点、双向资本市场发债、跨境资产转让、自由贸易账户、外商投资企业资本金意愿结汇、前海跨境保单续期缴费支付、前海融资租赁集合型跨境 ABS 资产支持专项计划、跨境碳资产回购交易业务等不断推陈出新。

7. “开发区模式”成功“走出去”。21 世纪以来，从企业自发到政府企业自觉协力，中资企业在境外建设开发区，打造企业抱团“走出去”的重要平台，并逐步成为我国“一带一路”、自贸区和国际产能合作等战略的重要抓手。2015 年 3 月，《推动共建丝绸之路经济带和 21 世纪海上丝绸之路的愿景与行动》强调：“根据‘一带一路’走向……以重点经贸产业园区为合作平台……探索投资合作新模式，鼓励合作建设境外经贸合作区、跨境经济合作区等各类产业园区，促进产业集群发展。”2015 年 5 月，中共中央、国务院《关于构建开放型经济新体制的若干意见》强调：“加强与沿线国家的产业投资合作，共建一批经贸合作园区，带动沿线国家增加就业、改善民生。”2015 年 8 月，国务院《关于推进国际产能和装备制造合作的指导意见》（国发〔2015〕30 号）强调：“积极参与境外产业集聚区、经贸合作区、工业园区、经济特区等合作园区建设，营造基础设施相对完善、法律政策配套的具有集聚和辐射效应的良好区域投资环境，引导国内企业抱团出海、集群式‘走出去’。”2015 年 12 月 28 日，国家发展和改革委员会发布《关于进一步加强区域合作工作的指导意见》（发改地区〔2015〕3107 号）：要求“完善国际合作平台……支持……国际产业园区合作发展”。并且，国家量身定制了系列支持性和规范性文件，2008 年，国务院出台《关于推进境外经济贸易合作区建设的意见》（国函〔2008〕17 号）；2006 年 6 月 18 日，商务部发布《境外中国经济贸易合作区的基本要求和申办程序》，启动了扶持企业建设境外经济贸易合作区的工作；2006 年，商务部出台《境外经济贸易合作区确认考核暂行办法》，2013 年 6 月 5 日进一步修订为《境外经济贸易合作区确认考核和年度考核管理办法》（商合发〔2013〕210 号，已失效）；2010 年 6 月 29 日，商务部《关于加强境外经济贸易合作区风险防范工作有关问题的通知》（国函〔2008〕17 号）；2013 年 12 月 13 日，商务部、国家开发银行《关于支持境外经济贸易合作区建设发展有关问题的通知》（商合函〔2013〕1016 号）；2015 年 8 月 4 日，商务部关于印发《境外经贸合作区服务指南范本》（商合函〔2015〕

408 号）的通知。据《1992—2018 年中国境外产业园区信息数据集》统计："通过对各种数据引擎的查找，目前共计搜集到 182 个园区，其中农业产业园区 54 个，轻工业园区 31 个，重工业园区 21 个，高新技术园区 13 个，物流合作园区 11 个，综合产业园区 52 个。"

表 6–3　开发区模式走出去的国家重要文件

时间	文件	主要内容
2015–03	《推动共建丝绸之路经济带和 21 世纪海上丝绸之路的愿景与行动》	根据"一带一路"走向……以重点经贸产业园区为合作平台……探索投资合作新模式，鼓励合作建设境外经贸合作区、跨境经济合作区等各类产业园区，促进产业集群发展
2015–05	《关于构建开放型经济新体制的若干意见》	加强与沿线国家的产业投资合作，共建一批经贸合作园区，带动沿线国家增加就业、改善民生
2015–08	《关于推进国际产能和装备制造合作的指导意见》	积极参与境外产业集聚区、经贸合作区、工业园区、经济特区等合作园区建设，营造基础设施相对完善、法律政策配套的具有集聚和辐射效应的良好区域投资环境，引导国内企业抱团出海、集群式"走出去"
2016–07–28	《关于印发"十三五"国家科技创新规划的通知》	第十三章　打造"一带一路"协同创新共同体合作　合作建设一批特色鲜明的科技园区，探索多元化建设模式，搭建企业走出去平台
2011–09–08	《关于促进战略性新兴产业国际化发展的指导意见》	积极探索在海外建设科技型产业园区
2014–10–30	《关于促进国家级经济技术开发区转型升级创新发展的若干意见》	成为构建开放型经济新体制和培育吸引外资新优势的排头兵……促进开放型经济发展……提高投资质量和水平。稳步推进部分服务业领域开放，提升产业国际化水平。推动国家级经开区"走出去"参与境外经贸合作区建设，引导有条件的区内企业"走出去"

续表

时间	文件	主要内容
2015-12-28	《关于进一步加强区域合作工作的指导意见》	完善国际合作平台……支持……国际产业园区合作发展
2016-03	《中华人民共和国国民经济和社会发展第十三个五年规划纲要》	建设一批大宗商品境外生产基地及合作园区……加快海关特殊监管区域整合优化升级，提高边境经济合作区、跨境经济合作区发展水平。提升经济技术开发区的对外合作水平
2017-09	《国家高新技术产业开发区"十三五"发展规划》	探索共建跨境经济合作园、海外科技园、边境产业园等海外园区，加强园区模式国际辐射，推进中国"软实力"输出
2019-05-18	《关于推进国家级经济技术开发区创新提升打造改革开放新高地的意见》	支持国家级经开区积极探索与境外经贸合作区开展合作
2020-07-13	《关于促进国家高新技术产业开发区高质量发展的若干意见》	鼓励国家高新区开展多种形式的国际园区合作，支持国家高新区与"一带一路"沿线国家开展人才交流、技术交流和跨境协作

二、开发区流动型开放偏向的主要问题

开发区率先参与国际产业分工体系，成为对外开放的先行区。历年来，开发区在产品和服务贸易的进出口、利用外资和创汇、境外投资等方面均有很好表现，将逐步进入产品国际化、要素国际化、组织国际化、模式国际化等全面国际化的新阶段。产品国际化以有形产品的出口、无形的服务贸易出口等为主要内容。从趋势上看，服务贸易特别是高附加值的高技术服务业将成为开发区产品国际化的重要方向；要素国际化以人才、技术、资本等创新要素的跨国流动为主要内容，表现为留学生创业、国际风险资本进入、企业在境外资本市场上市、从国外引进先进技术等；组织国际化即企业主动进行国际化布局，以企业跨国并购、在境外设立分支机构、外资研发机构设立、

国际组织进入中国、中国企业参与国际组织等为主要内容；模式国际化即开发区模式“走出去”，成为企业“抱团出海”的重要载体，提升国家的全球资源配置能力，积极参与国际经济秩序治理，同时也与国内开发区形成联动效应，在局部区域先行先试高标准国际经贸规则，通过对等开放，倒逼国内改革和东道国改革，助推区域经济一体化和全球化。

（一）容易成为贸易保护主义的攻击对象

“两头在外、大进大出”的流动型开放造成巨大贸易顺差，这时常受到发达国家贸易保护主义、单边主义的攻击，并以此为噱头对中国进行经济封锁，这突出体现在中美愈演愈烈的经济摩擦方面。当下，国际经贸规则出现覆盖服务贸易、向边境内延伸、对等开放等特点，WTO 面临着重大改革，中国应用 WTO 现行规则的制度红利已达峰值，原有的“大外资、大外贸、大外经”的商品和要素流动型开放模式效益边际递减，尤其是受到国际贸易保护主义的重大影响，高端和创新性要素的竞争力减弱。

（二）规则的开放度不够

随着世界经济力量发生变化和新一代科技产业革命的深入推进，对国际经贸规则的诉求发生新的变化，金融等服务领域开放、竞争中性、电子商务、政府采购、环保等，开放标准、水平、力度和广度超过 WTO 现有规则。因此，为顺应全球化最新趋势，WTO 规则面临着自身改革但达成一致的成本高，并且贸易保护主义抬头，造成 WTO 规则遭遇双边和区域规则的竞争。一方面高标准的双边和区域贸易不断推出如美墨西加协定、日本和欧盟的经济伙伴关系协定、CPTPP（《全面与进步跨太平洋伙伴关系协定》）等；二是单边主义和贸易保护主义不断对多边贸易体制进行严重挑战。虽然，我国通过开发区尤其是自贸试验区（港）不断试错高标准的经贸规则包括开放金融、电信、专业服务业、医药等，但是开发区整体上开放程度有待提高、开放的敏感问题压力测试亟待加强。

（三）管理的传统路径依赖仍然突出

2015 年 5 月 12 日，国务院召开全国推进简政放权放管结合职能转变工作电视电话会议，首次提出了“放管服”改革，推行简政放权、放管结合、优化服务。但是在具体操作中，条块分割，部门间协同形成合力的体制成本高，“地方点菜”难下放、“群众点菜”难落实；政策法规、权力下放、联合监管、信息共享、诚信体系建设等梗阻较为明显；准入不准营、变相审批、前置条件、审批“体外循环”、以审代管、信息孤岛等依然存在。这里，笔者以负面清单的管理模式和单一窗口建设为例予以说明。

1. 负面清单管理模式有待进一步优化升级。当下，世界上有美国、日本等70多个国家使用了基于准入前国民待遇的负面清单管理模式作为其外资管理的基本模式。[1]目前，从上海自贸试验区的2013年版、2014年版到2015年版开始至今的自贸试验区的全国统一版，均规定了负面清单。2019年3月15日颁布的《外商投资法》规定，“国家对外商投资实行准入前国民待遇加负面清单管理制度”。当下，在开发区初步形成了与国际投资、贸易通行规则的基本制度框架，基本实现了以“准入前国民待遇+负面清单”为主的投资管理制度。但是仍然存在一些问题：①入单依据不充分。负面清单的根本目标是推进开放，这需要对全球化、产业发展趋势、国内产业发展情况和国际经济秩序治理等方面的充分论证和公开讨论，但是，对于入单依据基本上是中央部委的有关文件，导致中国首份负面清单基本是《外商投资产业指导目录》的翻版。随后改版修订，总体上对负面清单这一矫正市场失灵的政策工具依据说明较少。②参与性、透明度不够。在负面清单的修订和增删过程中，缺失透明度、参与度。负面清单不仅是政府服务和监管模式，更涉及行业及其从业人员等基本商事权利，配置了政府与市场的权力+权利，本质是对行业的管理、资源配置和行为边界。这要有行业利益相关人的积极参与，进行公共讨论，但是实际在负面清单的制定、修订过程中，参与性、透明度不够，有秘密立规、修规现象。③负面清单的法律性不够。负面清单涉及市场准入的基本权利和义务，涉及中央与地方的权力划分，相应清单自身的法律性质、清单来源、与现有法律规定、制定主体、法律层级等多应进行明确，但是现实情况下却受制于传统体制，表现为行政文件。④清单的开放度不够。我国负面清单模式采取特别管理措施，并以禁止类、限制类为分类管理的制度设计。虽然从2013年到2020年不断瘦身，但是总体上开放程度仍显不够，尤其是采取经常存在“大门打开、小门未开”“弹簧门”“玻璃门”的问题。⑤负面清单的国际标准问题。“自贸区负面清单采用我国国民经济行业分类标准，与国际上通行的《服务部门分类清单》（GNS/W/120）或者《联合国临时中心

[1] 参见洪俊杰、赵晓雷主编：《中国（上海）自由贸易试验区发展机制与配套政策研究》，科学出版社2016年版，第59页。

产品分类目录》CPC 分类法有一定的差距，还需深化服务业开放，减少负面清单中的特别管理措施，与国际投资贸易规则更好衔接。"[1]

2. 单一窗口建设有待完善。由于商事登记改革的快速推进，市场主体准入"一站式服务"的单一窗口建设相对较完善，但是客体准入的单一窗口建设问题较突出。①存在信息孤岛现象。贸易单一窗口涉及部门多，包括中央直管如海关、出入境检验检疫、海事、外汇等强垂直管理、弱横向联合的部门，还涉及地方的边防、市场监管等部门，各方对推进"单一窗口"建设的认识不一致，关注重点和利益诉求也不同，与地方"智慧政府"相脱节。贸易主管部门信息化建设不断推进，但是相互之间相对缺乏公认的统一平台来促成各系统的互联互通、实现通关信息资源的交换共享，远没有发挥出口岸通关信息化管理的整体效能。目前在一定程度上，各部门的信息化系统各成体系独立运行，形成了多个信息孤岛，降低了信息的使用效率和监管服务效能，也阻碍了"单一窗口"建设的顺利推进。②"单一窗口"建设主体的协同性不够。我国"单一窗口"建设以政府为主导，企业作为最重要的国际贸易主体参与较少，商业协会、产业联盟等第三方组织参与机会较少，影响制度创新的供需匹配精准度。同时，存在各省及各个自贸试验区的"单一窗口"建设不均衡、各省及自贸试验区之间的衔接不够、技术体系和标准不统一的问题。③功能模块使用的便利度不够。当前，"单一窗口"系统主要采取以横向模式为主，缺少纵向模式板块，把海关、商检、商务、外汇、税务、运输、检验检疫等业务的具体操作设计成独立模块，需要办理业务则进入相关模块，即横向模式，存在重复填写的问题，对企业办事人员素质要求较高，便利性不够。由于进出口的类型不一样，如一般进出口货物申报、特殊货物进出口申报、运输工具进出口申报等，以主要业务类型为线索把各个环节串联起来，每一类业务办理中涉及的单位，直接按顺序操作即可，不用多头申报，这种纵向模式则更为便利。

（四）中国产品标准的国际话语权不高

当下，中国已成为全球第二大经济体、第一大货物贸易大国、第二大服务贸易大国和第二对外投资大国，世界离不开中国，中国必将以更加积极的

---

[1] 洪俊杰、赵晓雷主编：《中国（上海）自由贸易试验区发展机制与配套政策研究》，科学出版社 2016 年版，第 32 页。

姿态参与到全球价值链的分工和合作，在更大空间范围内配置资源。但是整体上，中国产品标准的话语权不高。如我国是全球最大的玩具制造国，全球超过70%的玩具及婴童用品产自中国，但国际影响力较大的玩具标准主要是国际玩具安全标准（ISO 8124）、欧盟玩具安全标准（EN 71）和美国玩具安全规范（ASTM F 963）三大系列。

（五）“走出去”服务能力建设有待提升

“走出去”，除了在战略上的国际规则、技术标准制定权缺失外，在具体策略上的“走出去”服务能力建设有待进一步提升。

1. 服务业国际竞争力整体不强。当下，经济发展呈现出生产型服务、服务型制造趋势，制造业服务化、数字化深入推进，制造业转型升级对知识密集型服务业市场需求井喷扩展。面对国际市场竞争，我国生产型服务业短板明显，服务业开放程度不够，金融、法律、会计、知识产权等生产性服务业整体上的国际竞争力不强，高质量服务中国企业“走出去”保障能力建设急需加强。这需要深入实行以开放促竞争、竞争促发展，以市场换服务，在开发区试错服务业开放，以更好地服务于“走出去”。

2. 多部门重复审批。目前，对外投资“备案为主、核准为辅”的管理制度，相比过去已经有了较大完善，但商务部和发改委均具有境外投资的备案和核准权，商务部注重国家安全、经济利益、国际条约和行业敏感等内容，发改委更加注重投资规模和产业政策等内容。在自贸试验区单一窗口建设中，对外投资一口受理，但由于商务部、发改委的核准标准和备案管理方式的差异，企业在申报境外投资项目时需要提交大量资料，但同时也涉及较多重复性审批内容。

3. 事中事后监管体系建设有待加强。目前，境外投资的事中事后管理体系仍不健全，制度仍以指导为主，与境外投资审批管理机制、政策支持体系、奖惩和信用体系建设等衔接不紧，对企业的监管、约束和处罚的作用还不强；未能充分发挥包括企业组织、商业协会和管理部门的协同监督管理作用。这既不利于监管企业海外运营的全面情况，也不利于提升我国企业的国际化水平和国际形象。

4. 财税金融支持不够。财政资助的范围过于狭窄，主要针对大型国有企业，中小企业政府扶持力度相对不足；跨境金融服务不够丰富，实际操作上限制条件多，中小企业难以享受红利，以间接融资为主，直接融资规模小；

企业境外上市、境外资产证券化少。

5. 服务保障体系有待完善。目前，我国国内还没有建立起一整套适应企业“走出去”的全流程、全覆盖的服务保障机制，在促进“走出去”战略的公共服务机制、人才培养机制、中介服务机制、风险防控机制等方面，不能适应企业“走出去”的要求，也没有形成事实“走出去”战略的整体合力。

（六）改革力度和集成性有待加强

自 1984 年起，第一批国家经济技术开发区创设以来，开发区模式已在全国乃至海外复制推广。纵观国家级开发区 30 多年的发展历程，可划分为创建探索、拓展成长和优化提升三个发展阶段，并且有着四个里程碑性历史节点，分别是：1978 年，由香港招商局集团开发建设的蛇口工业园区进而发展成特区，经过五年的成功实践，为我国改革开放起步积累了宝贵的经验，为在沿海部分城市进一步扩大对外开放提供了重要的依据与启示。1984 年，在总结兴办经济特区成功经验的基础上，决定复制推广特区模式，进一步开放 14 个沿海城市，并在这些城市逐步兴办经济技术开发区。1989 年，国有科研体制和国企改革，在北京高校和科研机构密集的区域——中关村自发形成了电子一条街。为引导科技创新和产业发展，国家复制推广经开区模式，创设了第一家国家高新技术产业园区——北京中关村科技产业园区。2013 年，在改革进入深水区、攻坚期、经济进入新常态，设立了中国（上海）自贸试验区等 21 个自贸试验区。2020 年 6 月 1 日，《海南自由贸易港建设总体方案》发布。但是在自贸试验区改革创新上，仍然存在偏向商品和要素流动型开放的路径依赖，各个自贸试验区都以引进外资为重要指标，强调服务业的对外开放的同时弱化了企业“走出去”平台建设的功能，并未吸取其他类型开发区的经验教训，存在向传统体制复归的问题，在迈向改革深水区、关键环节时仍然存在“大门打开、小门未开”的创新窘境，如制度创新的系统性、协同性不够，目前各部委推出的政策支持方案缺少顶层设计和宏观统筹，呈碎片化；地方事权与自贸区发展要求不匹配、自贸试验区的大部分改革创新事权大都集中在各个国家部委，对地方授权有限；对外开放的力度不够，负面清单需要再“瘦身”，尤其是金融等生产性服务业的开放有待进一步加强；事中、事后监管体系仍需探索，目前只是建立了监管的基本框架，各项法规、政策、技术手段、执法队伍都还不能完全跟上，操作性有待增强。受自贸试验区地域小、产业单一等因素影响，现有监管体系尚未经受真正考验。

（七）开发区模式“走出去”的自发性路径依赖有待突破

开发区模式是中国经验的重要组成部分，时常有国家商请中国跨国复制开发区模式，如早在1994年，埃及时任总统穆巴拉克访华时参观了天津开发区，便邀请泰达赴埃及投资开发产业园区；2010年，白俄罗斯总统主动向习近平总书记提出构建中白工业园；2011年，中马共建的中国-马来西亚钦州产业园区和马来西亚-中国关丹产业园；2015年，印度尼西亚前总统梅加瓦蒂考察深圳前海时提出复制前海模式；2021年1月，商务部、福建省和印度尼西亚海洋与投资统筹部签署了《中国—印度尼西亚“两国双园”项目合作备忘录》，中方确定福建省福州市福清元洪投资区为中方园区，印度尼西亚方采取一园多区模式，确定民丹工业园、阿维尔那工业园和巴塘工业园为印度尼西亚方合作园区等。目前，中国开发区模式已成为国家参与国际经济秩序治理和“走出去”战略的重要一环。[1]在国内，开发区是中国企业“走出去”的重要服务平台；在海外，中国开发区正在积极进行模式输出，即中国开发区模式自身在“走出去”，建设境外经贸合作区，为我国企业“走出去”搭建了良好的海外运作平台，为东道国的社会经济发展做出了贡献，为新一轮国际经贸规则和自贸区谈判的焦点难点问题进行压力测试。[2]中国建设海外开发区肇始于企业为自身发展在海外建设的载体，随着中国对外投资的不断发展和开发区数量、类型的不断增多，商务部牵头出台了一些政策，并且在国家战略层面上日趋受到重视。但是当前，中国开发区模式“走出去”缺少顶层系统性的谋划，整体上仍处于自发性状态，境外自贸合作区主要还是企业主导的碎片化、规则跟随适用发达国家规则，尚未自觉地在国际经贸规则制定和参与国际经济秩序治理等方面进行积极探索。

---

〔1〕国家“一带一路”倡议、自贸区战略和国际产能合作战略都强调了境外产业园区建设的重要意义。在国家的经济外交中，境外产业园区已成为重要的内容。

〔2〕从经济发展的层面来说，支持境外经贸合作区建设有助于刺激我国与东道国的国际产能合作需求，提升我国在国际产业链和价值链中的地位，增强我国的综合国力。从政治外交的层面来说，支持境外经贸合作区建设能够帮助东道国改善投资环境，引入先进的生产技术和管理经验，增加当地就业和税收，实现共赢，有利于巩固我国与相关国家的友好关系、促进双边合作。从企业发展的层面来说，支持境外经贸合作区建设将对我国企业合理规避贸易壁垒、减少经贸摩擦实现外贸转型、集中争取东道国土地及税收等方面的优惠政策、降低企业生产经营成本、提高我国资金使用效率、寻找企业新的经营增长点等产生不可忽视的重要作用。

1. 国际方面的制度供给不足

（1）缺失国家顶层的国际法保障。境外经贸合作区本质上是我国与东道国之间在限定区域内建立更加紧密双边经贸关系的一种制度安排，当前采取的是以政府引导、企业主导，以两国优惠政策为依托、以市场化经营为原则、以互惠互利为目标的国际经贸合作模式。[1]目前，境外经贸产业园主要是企业主导，国家层面大都是框架性甚至外交援助型的政府引导，整体上缺少与东道国签订双边投资协定等具有国际法约束力的制度设计，对东道国违约缺少必要的法律约束。一是硬件上：基础设施的建设义务。我国企业在境外建设合作区地理孤岛现象明显，区内完善的基础设施得不到区外的基本衔接和配套，当地政府不履行或不当履行园外道路网、电网、水网、通信网等基础设施的建设义务。例如，2017年，笔者访谈了一线的建设者。他说："尼日利亚奥贡广东自贸区外围的道路、水网、电网等等所有基础设施均没有如当地政府承诺的一样实现配套，园区虽然预留了地下管网的空间，但无法建设管道。直至今天奥贡园区的企业依然采用自行打井的方式解决用水问题。"二是软件上：承诺政策的兑现难。我国境外经贸合作区的东道国为了吸引外资，往往颁布有一些针对包括园区开发商和运营商在内的外国投资者的优惠政策，但由于部分东道国国内政治体制环境不稳定，承诺的政策兑现难。尤其是实行多党制并且法治程度差的国家，政府的更迭很可能引起现有政策的变动，在实践中，新任政府很可能出于政治需求否认前任政府给予外国投资者的各种优惠，这给经贸合作区的发展带来了隐忧。从合作机制来说，境外经贸合作区是带有政府间高层次经贸合作的性质的制度安排，涉及东道国的土地资源开发的政策、外资政策、市场准入及这些政策的连续性。发展境外经贸合作区的投资额比较大，投资周期比较长，离开双方政府的支持，在现阶段单靠企业自身的努力，也很难取得成功，所以双方政府在境外经贸合作区的战略规划、税收、土地使用、入区条件等方面提供的政策支持显得尤为重要。然而现在，仍有一些境外经贸合作区的建设、运营未签署政府间合作协议，没有形成双方政府框架内的合作机制，因此其投资主体在东道国没有获得应有的法律地位，东道国给予合作区的政策差异较大，优惠政策难以落实，政

---

〔1〕 参见中国（深圳）综合开发研究院：《"一带一路"倡议下的中国境外园区开发运营》，中国经济出版社2020年版。

策稳定性差。

（2）缺失东道国的有力保障。一是整体上立法缺失。我国境外合作区大都处于东南亚、非洲、中东、中亚等地区，这些国内政治不稳定，法治程度低，整体对境外产业园区缺失立法保障，影响了投资者的权益保障，即使有些国家进行了立法，也因为国内政局不稳定，影响了法律的可预期性，如赞比亚于2006年颁布了《发展署法》，成立了专门为促进外国投资、简化投资审批程序、提高政府服务外资企业的综合办事机构，推出吸引外国投资者的“多功能经济区”等投资平台，为外国投资者提供优惠政策。2007年2月，赞比亚批准中国经贸合作区成为当地第一个多功能经济区，在多功能经济区内的获批项目可以享受税收、进出口等方面的优惠。二是政务环境未能有效规范。政府服务水平不高，腐败问题严重，与我国各类开发区基本上由政府开发建设、政府管理运营不同，境外合作区以中资企业为主体开发运营，因此在许多园区运营的日常事务上需要当地海关、税务、移民局、劳动保障等政府部门的协调配合。然而某些境外合作区所在东道国政府工作效率低下，加之腐败问题，对于区内企业的正常生产经营造成了困扰。三是缺失高标准国际经贸规则的试错。我国境外产业园大都处于工业化初期国家，类型主要有加工制造、资源利用、农业产业和商贸物流四种类型，产业类型主要属于劳动力密集型和资金密集型。当下，《跨太平洋伙伴关系协定》（TPP）、《跨大西洋贸易与投资伙伴关系协定》（TTIP）、《全面与进步跨太平洋伙伴关系协定》（CPTPP）、《国际服务贸易协定》（TISA）等新一轮国际经贸规则代表着国际经济秩序的走向，在中国境外经贸合作区中主要是延续财税优惠政策的老路，投资自由化与贸易便利化、知识产权、东道国纠纷解决机制等方面的试错较少。四是与东道国的顶层协调机制缺失。境外产业园的区域性开发，涉及土地、税收、产业、规划、建设、海关、出入境、商务、运输等方面的问题，加上东道国大都处于发展中国家，法治建设滞后，政治体制稳定性相对较差，投资风险大，需要主权政府在经济外交层面上的协调。虽然个别境外产业园成立了中央层面的协调组如在两国经贸联委会下设的中国-马来西亚钦州产业园区和马来西亚-中国关丹产业园区联合合作理事会、中国商务部和白俄罗斯经济部共同牵头的中白工业园协调工作组，中韩（烟台）产业园纳入中韩自贸协定，建立副部长级的协调机制。但是，整体上，中国海外境外产业园缺失高层的顶层协调机制，尤其是缺失国家领导人牵头的协调机制。

2. 国内方面的制度供给不足

（1）国家层面缺少系统、统一的对外投资法。虽然我国是继美国、日本之后的第三大对外投资国，但是中国尚没有一部关于境外投资的最高立法，各项规定碎片化在中央各个管理部门中，“一部一规定、一委一办法”，比如，国家发改委制定了《境外投资项目核准和备案管理办法》（已失效），商务部制定了《境外投资管理办法》，外汇局制定了《境内机构对外直接投资外汇管理规定》（汇发〔2009〕30号），国资委制定了《中央企业境外投资监督管理暂行办法》（已失效）等。由于我国缺少开发区的统一立法，相应必然在开发区立法中缺失海外开发区的制度供给。对于境外产业园区的规定，更多是不属于立法层面的规范性文件或管理性文件，如《关于推进境外经济贸易合作区建设的意见》（国函〔2008〕17号），商务部出台的《境外中国经济贸易合作区的基本要求和申办程序》《境外经济贸易合作区确认考核和年度考核管理办法》（商合发〔2013〕210号，已失效）、《关于加强境外经济贸易合作区风险防范工作有关问题的通知》等。

（2）对海外开发区走出去缺失顶层系统的设计。中国开发区模式已有几十年“走出去”的经验，但是缺少对境外经贸合作区的顶层制度设计，大都是采取地方或企业先行，中央追认的模式，尚处于单打独斗、碎片化的阶段。据商务部初步统计，我国已在50个国家建设了118个合作区，但具有经贸合作性质的只有少数，国家级境外经贸合作区有13个。发展模式主要为加工制造型、资源利用型、农业加工型以及商贸物流型，如前所述多为企业自主建设，缺失立法保障、高标准经贸规则等支撑体系，与国内开发区没有形成呼应、协同效应，不但难以形成大规模的产业集群，辐射带动力有限，而且也难以发挥经略周边和参与国际经济秩序治理的作用。

（3）国家产业指导和扶持力度不够。从当前境外合作区的开发建设情况来看，由于实施企业园区开发、管理、运营经验欠缺，对于如何科学合理地进行建设前期规划工作没有足够的认识，同时国家对于境外经贸合作区规划指导、确认考核对于前期规划的缺位，造成了许多境外合作区在空间布局、产业定位、投融资方案、招商引资计划、运营管理模式等方面缺乏超前的统一设计，对于后期的实际开发运营缺乏指导，一些境外合作区对于未来的主导产业和功能定位的设计规划不十分明确，往往存在对于合作区定位模糊、产业选择杂乱的情况。从现有情况来看，许多合作区都存在入区企业行业分布多而散，难以形成产业集聚与溢出效应。还有，我国设立的境外经贸合作区主要集中在东南亚、西亚、东欧、非洲等地区，东道国大多属于发展中国家，在基础设施、法律环境、公共服务、产业配套能力等方面存在一定缺陷，构成了境外合作区实施企业的重要风险因素。

（4）金融创新不足，开发资金压力较大。从开发成本来说，境外合作区以企业为主体的建设成本远高于国内以政府为主体的园区开发，这是由两种模式的本质区别造成的：第一，我国的土地实行公有制，国内开发区的土地大多由政府直接划拨给管委会或者以土地折合股份注入管委会下属开发公司，通过“资本大循环”模式取得滚动开发所需的资金。然而在境外，合作区需要通过买地或租地的方式获取土地，大幅提高了成本。第二，国内各类开发区在运营前5年至15年基本都设计有税收返还管委会用于滚动开发的政策，而在境外区内企业上缴税款需要全部交给当地政府。因此，从现有政策力度来看，虽然国家给予境外合作区一定的财政支持，但由于我国资本市场尚不健全，境外资产抵押融资仍存在限制，企业仍面临很大融资难题，资金压力较大，短期内难以形成持续发展的盈利模式。

三、开发区契合于WTO规则

国内开发区加大对外开放，开发区的海外复制推广，构建开发区的国际网络，是在世界贸易组织（WTO）框架下进行的。在当今世界范围内，存在有保税港、自由港、自由贸易区、出口加工区、综合型经济自由区和科学工业园区等多种形式的开发区。WTO规则并不排斥开发区的建设，但明确要求开发区必须遵循其有关规定，主要是透明度原则、非歧视原则及国民待遇原则。如根据《中华人民共和国加入WTO议定书》和《中国加入工作组报告书》，WTO就开发区问题对中国政府提出了如下要求：

（一）及时告知义务

中国应将所有与其开发区有关的法律、法规及其他措施通知WTO，列明这些地区的名称，并指明界定这些地区的地理界线。中国应迅速，且无论如何应在60日内，将开发区的任何增加或改变通知WTO，包括与此有关的法律、法规及其他措施。

（二）税收优惠限制

对于自开发区输入中国关税领土其他部分的产品，包括物理结合的部件，中国应适用通常适用于输入中国关税领土其他部分的进口产品的所有影响进口产品的税费和措施，包括进口限制及海关税费。

（三）外资的非歧视原则

除本议定书另有规定外，在对开发区内的企业提供优惠安排时，WTO 关于非歧视和国民待遇的规定应得到全面遵守。随着改革开放的深入，内外资税务一体化，开发区已从政策优惠阶段走向体制机制创新为主的阶段，开发区是符合 WTO 规则要求的。

第二节　开发区率先向制度型开放转型

当下，我国正在积极构建国内大循环为主体、国内国际双循环相互促进的新发展格局，旨在打通人才、资本、科技、数据等要素便利流动的阻梗，在国内市场和国际市场畅通循环，集聚更多、更优的高端发展要素。按照新制度经济学的观点，发展的关键是减少交易成本的制度创新，要素的流动与集聚在制度的管道上进行方是可持续、健康的，这就迫切要求我国降低制度性成本，高水平推进规则、标准等制度型开放，构建有利于集聚全球要素、引领全球经贸规则升级的规则体系。

一、制度型开放的基本理解

（一）制度型开放的提出和意义

制度型开放最早由习近平总书记于 2018 年 12 月 21 日结束的中央经济工作会议提出。要适应新形势、把握新特点，推动由商品和要素流动型开放向规则等制度型开放转变。制度型开放的提出英译为 Institutional opening-up，目前在相关文献当中，未发现国外有这种说法，属于中国语境的独创。党的十九届四中全会审议通过的《中共中央关于坚持和完善中国特色社会主义制度　推进国家治理体系和治理能力现代化若干重大问题的决定》，强调“推动规则、规制、管理、标准等制度型开放”。《国家“十四五”规划纲要》第四十章（建设更高水平开放型经济新体制）开宗明义提出：“……稳步拓展规则、规制、管理、标准等制度型开放。”并在第一节（加快推进制度型开放）

进行部署。

1. 把握“要素分工”全球化发展规律的战略要求。随着全球化的深度推进，国际分工和专业化日益深化，国际贸易和分工历经产业间贸易和分工阶段，产业内、产品间的贸易分工解读，发展到现在产品内以产品生产环节为主导形态的国际贸易和分工。换言之，一种产品生产分工在单一国家或地区难以完成，需要在全球范围内跨国分工完成，产品的生产环节分配到了不同国家或地区的不同企业，产业链、产品链转变为供应链、价值链，生产、贸易和消费演变成全球性的问题，中间品贸易在国际贸易体系中迅速增长，国际贸易的重心从最终品贸易转移到中间品贸易，商品贸易不再是简单的产业间贸易，而是产品内贸易。这就需要通过更加协同、共容的国际经贸规则促进多国生产要素的更加畅通循环，减少要素全球化分工的交易成本。

2. 顺应国际经济秩序加速重构和新一代国际高标准经贸规则发展趋势的战略部署。当下，以中国为代表的新兴经济体快速发展，世界经济力量再平衡，国际经济秩序加速重构。虽然美国退出了其早年主导的《跨太平洋伙伴关系协定》（TPP）等，但是《跨太平洋伙伴关系协定》（TPP）、《全面与进步跨太平洋伙伴关系协定》（CPTPP）、《跨大西洋贸易与投资伙伴关系协定》（TTIP）、《国际服务贸易协定》（TISA）等新一轮国际经贸规则代表了未来国际经贸规则的发展方向。中国需要不断加大开放力度，抢占国际经济新秩序的主导权，推进制度型开放，增强中国在国际经贸规则和标准中的话语权、制定权。

3. 中国提升全球治理制度性话语权的必然要求。国际竞争也是制度竞争，随着我国综合国力的增强，必然要提升全球秩序中的制度话语权。党的十八届五中全会提出：“奉行互利共赢的开放战略，发展更高层次的开放型经济，提高我国在全球经济治理中的制度性话语权，构建广泛的利益共同体。”当下，中国对世界经济增长贡献率已经超 30%，即使在全球性的新冠疫情和美国对中国经济不断升级的摩擦的形势下，2020 年，我国国内生产总值（GDP）首次突破 100 万亿元大关；2021 年发布的《财富》世界 500 强排行榜中，中国共有 143 家企业上榜，美国共计 122 家企业上榜。在 2021 年全国人大、政协两会上，习近平总书记指出，“中国已经可以平视这个世界了”。中国更加坚定的制度自信，推动着中国对外开放迭代升级，不断从商品、要素流动型开放迈入制度型开放，提升中国在国际上的制度话语权、制度竞争力。

4. 深入降低制度性成本促进商品及要素便利流动和优化配置的必要支撑。中国大转型是一个不断降低制度性交易成本的变迁过程，以开放促改革、以竞争降成本增收益，改革掉不当政策干预造成的交易成本。“但在增长过程中，中国的寻租以及贪腐和奢靡开销过快提升，导致中国在应对全球竞争格局新变化时承受了新的压力。中国需要通过结构性改革大幅度降低体制成本，以实现持续增长。”〔1〕即使自贸试验区历经七年多的开放发展，仍然存在“三多与三少”的现象（“小修小补”式改革多和重大突破性改革少、“碎片化”改革多和系统性集成性改革少、“相互借鉴”式改革多和独创性引领性改革少）。近几年，不断转换政府职能，深化“放、管、服”，深入推进供给侧结构性改革，尤其突出强调自贸试验区可复制可推广的制度创新核心功能，不断降低制度性成本，但是系统性、集成性、深入性的改革开放举措仍然不足，亟待推进制度型开放打通要素便利流动的梗阻。

（二）制度型开放的内涵及特点

相比较于商品和要素流动性开放的碎片化、被动式开放的特点，其强调引进和输出的局限在资本、人员、技术等方面，主动权、话语权较少。但制度型开放则具有主动性、拓展性、系统性、双向性，将从更为宏观、更为全局、更为规范性的视角设计开放措施，打通经济发展在国内国际畅通循环的阻碍，提升话语权和国际规则制定权。制度型开放的特点可总结为全面广泛、深度系统。

1. “服务贸易和货物贸易”并举的广泛开放。制度型开放涵盖的领域更加广泛，涉及传统国际经贸议题和新的议题，不但将全覆盖传统货物贸易和与货物相关的投资领域开放，还侧重服务贸易，涵盖金融、数字贸易、电信、现代物流、文化教育、医疗、贸易救济、动植物检验和检疫标准（SPS）、技术标准壁垒（TBT）问题、临时性人员入境等，试图一方面解决传统的贸易壁垒问题，另一方面解决新的贸易问题，如国有企业贸易地位问题。

2. “货物、制度+引进来、走出去”并重的双向开放。“引进来和走出去”不仅是商品、要素流动型的“引进来和走出去”，而且是深度参与国际经济秩序治理和经贸规则构建的“引进来”，引进商品和发展要素，将国内经济规则

〔1〕周其仁：“体制成本与中国经济”，载《经济学（季刊）》2017年第3期。

与国际通行规则衔接，更是要积极主动“走出去”，尤其是积极参与国际经贸规则制定，输出中国制造、标准，在国际上提升与大国经济相匹配的制度话语权。一言以蔽之，制度型开放不仅要继续扩大商品和要素的“进出口”，而且要升级推进“制度的进出口”。

3. “边境开放和边境内开放”并立的深度开放。依托“边境开放”虽有助于实现一般性生产要素跨国流动，但对高端和创新性生产要素的吸引和集聚力不够。目前，全球对外开放方向，已经由关税壁垒、股比限制、非关税壁垒等准入的“边境”领域开放逐渐转向产业政策、知识产权政策、环境政策、投资政策等“边境后”领域。换言之，制度型开放更加以人为本，涉及去主权化的措施，包括经济要素完全自由流动、透明度和监管的一致性、税制公平与国企私有化、保护劳工权利、保护知识产权、保护自然资源、技术标准、信息及文化、意识形态领域开放等一国主权内部事务。

4. “体系性开放和精准性开放”并行的集成开放。制度型开放更加强调系统性，需要“从事物发展的全过程、产业发展的全链条、企业发展的全生命周期出发谋划设计改革”和开放措施，而不是“头痛医头、脚痛医脚”，如市场在资源配置中起决定性作用，政府的非必要则不监管的原则，需要系统地转化到投资自由、贸易便利、简税制、机构瘦身改革、政府职能转换等方面上，而不是“大门打开、小门未开”，变相的不当干预或监管措施层出不穷。同时，针对不同行业特别是服务业，从准入环节，向准营、事中事后监管等全过程进行精准性安排，在地方或区域开放策略上量身定制差异化的制度体系。

5. “政府、社会和企业”联手的多维开放。中央文件表述为，“规则、规制、管理、标准等制度型开放”，这说明制度型开放主要包括了规则、规制、管理、标准等四大组成部分，但在现有的制度型开放文献当中更多是对标国际经贸规则进行解读，以偏概全。笔者认为：①“规则”以对标国际高标准经贸规则为主进行解读毫无疑问；②“规制”需要从围绕事物发展全过程、产业全链条、企业全生命周期的营商环境指标上去找答案；③“管理”应该从“放管服”的角度去思考，一线放开、底线管好、服务到位，相应就体现在负面清单的管理模式、事中事后监管、人才要素管理、资金要素管理、数据要素管理、反垄断、安全审查、信用体系建设等；④“标准”应从产品标准、服务标准的建设去理解。不仅制造产品，还要从制造标准，提升中国产品、服务的竞争力和话语权。这样，就需要政府对标国际高标准经贸规则推行国际通行规则，转变政府职能，放松管制；社会发育不断强化自我服务、自我管理的职能；企业从产品战略走向标准战略等，政府、社会和企业联手成为制度型开放的混合动力源。

（三）制度型开放的基本规则体系：以TPP作说明

世界贸易组织多哈回合经过多年努力尤其是2008年7月部长会议的艰苦谈判，依然未能取得实质进展；2013年12月，形成《巴厘一揽子协定》，但是离多哈回合设定的目标仍存在着较大差距，协议内容仅涉及贸易便利化、农业等“容易摘取的果实”，尚未涉及服务贸易深度开放、食品安全豁免、终结农产品补贴等“难啃的骨头”。虽然美国退出了其主导并试图抑制中国发展的《跨太平洋伙伴关系协定》（TPP），但是TPP的规则仍代表了未来国际经贸规则发展趋势，成为时下双边和区域自贸协定的重要蓝本。TPP规则有去主权化的制度安排，覆盖面广，调整的领域宽泛，标准高。从本质上看，TPP仍属于一种FTA（自由贸易协定）形式，宗旨在于树立一个“21世纪自由贸易协定的标杆、全球贸易合作的新标准”，因而其协议内容无论是广度还是深度，都明显超过以往任何一个自由贸易协定。但在2017年1月，美国退出了TPP。2017年11月，以日本为主导的除美国外的TPP11国达成了《全面与进步跨太平洋伙伴关系协定》（CPTPP）。该协定在保留废除关税的约定下，冻结了知识产权保护、劳工标准等“最TPP的元素”20项条目。这反而凸显出TPP的最高水平开放。

TPP全文有30章，内容涵盖贸易及贸易相关问题，依次为货物贸易、海关管理及贸易便利化、卫生与植物检疫措施、技术性贸易壁垒、贸易救济措施、投资、服务、电子商务、政府采购、知识产权、劳工、环境，以及“横向规定”包括发展、竞争力、包容性、争端解决、例外和制度性安排。除了更新现有自贸协定的传统措施外，TPP还有数字经济、国有企业、小型企业等新出现的交叉性议题。在承认TPP各缔约国多样性的基础上，各缔约国需要密切合作，帮助欠发达成员国开展能力建设。[1]

1. 市场准入：全面推动货物和服务领域开放。货物贸易市场准入：推行

〔1〕 该部分主要参见了中国社会科学院世界经济与政治研究所国际贸易研究室：《〈跨太平洋伙伴关系协定〉文本解读》，中国社会科学出版社2016年版。

零关税，允许各国根据自身不同情况制定相应关税减让表和划分出敏感产品；服务贸易准入：TPP 全面实施“负面清单”，着重推动金融服务、货币自由兑换和电信服务的开放，将在确保保护个人信息等合法公共政策目标得到保障的前提下，确保全球信息和数据自由流动，以驱动互联网和数字经济。

2. 投资保护：投资者诉讼和对政府权力的限制。基本保护内容，包括国民待遇、最惠国待遇、最低待遇标准，要求给予外资充分的保护和安全，禁止非公共目的、非正当程序、无赔偿的征收，禁止如“当地含量要求”或“技术本地化”等生产要求，任命高管不受国籍限制，保证投资相关资金自由转移；允许各缔约方政府保留如在国际收支危机或其他经济危机背景下，通过非歧视的临时保障措施（譬如资本控制）限制与投资相关的资金转移，维护金融体系的完整性、稳定性等。引入投资者——国家的争端解决机制，允许投资者对投资东道国违反 TPP 的行为提起诉讼，即非国家也可成为诉讼主体。

3. 贸易便利化：完善海关管理措施和减少技术壁垒。就促进贸易便利化、提高海关程序透明度以及确保海关管理一致性等规则达成一致。减少技术性贸易壁垒，同意以透明、非歧视的原则拟订技术法规、标准和合格评定程序，同意通过合作确保技术法规和标准不增设不必要的贸易壁垒。

4. 竞争中立：完善竞争立法和对国有企业进行限制。禁止损害消费者利益的限制竞争行为和商业欺诈行为，实施或维持禁止限制竞争行为的法律，致力于在各自国内将该法律适用于所有商业行为。限制成员以有利于本国国有企业或行业领先企业的方式实施技术引进，要求成员国强化反垄断法，不得对国有企业进行不当支持，提高支持和控制国有企业的政策和措施的透明度。

5. 强化社会责任：保护环境和劳工。加强环境法的实施和环境义务的履行，其可与条约的其他义务一样，适用于争端解决机制，对跨境野生动物走私、违法砍伐和捕鱼等破坏环境的行为加以规制，加大环境保护的公开性。此外，TPP 还要求将保护劳工写进贸易条约，允许公众监督其劳工权利承诺的履行情况，并建立咨询体制，为劳工保护提供制度保障。

6. 知识产权和政府采购。知识产权内容范围和类别比较广泛，基本上涵盖了知识产权国际保护所有可能的问题，知识产权规则的保护水平大幅度提高。政府采购条款要求对各成员国企业采取无歧视原则。

7. 透明度和监管一致性。各缔约方需保证其与 TPP 覆盖事项相关的法律、法规、行政裁定均公开可得，且在可能的范围内，就可能影响缔约方之间贸易或投资的法规进行通报并允许评论。推动缔约方建立有效的跨部门磋商和协作机制以促进监管一致性，确保开放、公平、可预期的监管环境。

表 6-4　高标准自由化协定谈判：以 TPP 为例〔1〕

<table>
<tr><th>主要特点与功能</th><th>涵盖范围领域</th><th colspan="2">法律文本主要内容</th><th>其他内容</th></tr>
<tr><td rowspan="2">全面的市场准入：消除关税与其他服务与投资壁垒</td><td rowspan="12">该谈判协议作为单一承诺，将涵盖所有重要的贸易和与贸易相关的领域。谈判各方均同意达成一个高标准、充分确保共享利益和义务关系的协议，并妥善解决各类敏感性问题，如发展中国家成员国待遇、贸易竞争力培养、技术援助和分歧履约等问题</td><td rowspan="2">竞争政策：确保公平竞争的商业环境，并保护消费者权益</td><td>知识产权保护政策</td><td rowspan="12">关税表与其他市场开放进程：协议关税时间表覆盖全部税目；服务和投资条款覆盖全部服务业部门；政府采购条款拟覆盖更大范围</td></tr>
<tr><td>投资非歧视与权利保护</td></tr>
<tr><td>全面的区域合作协定</td><td>合作与贸易竞争力培养</td><td>劳工权利保护与人力资本开发政策</td></tr>
<tr><td rowspan="5">重叠贸易议题解决原则：保持监管的连贯性；促进竞争力提升和商业发展便利；支持和鼓励中小企业跨国发展；建立实施和执行 TPP 有效机制</td><td>跨境服务：为服务贸易提供安全、公平、公正和透明市场</td><td>争端解决机制</td></tr>
<tr><td>海关手续便利化</td><td>原产地规则</td></tr>
<tr><td>电子商务政策</td><td>货物市场准入原则</td></tr>
<tr><td rowspan="3">环境政策：加强环境保护的框架制定；贸易与环境相互支持条款</td><td>卫生与动植物检疫标准</td></tr>
<tr><td>技术性贸易壁垒</td></tr>
<tr><td>鼓励产品与服务创新</td><td>电信业竞争与运营监管条款</td></tr>
<tr><td rowspan="3">机动原则：根据新成员和新情况更新和灵活处理</td><td>金融服务开放与非歧视</td><td>临时入境条款</td></tr>
<tr><td>政府采购开放与非歧视</td><td rowspan="2">纺织品与服装产品市场准入原则</td></tr>
<tr><td>贸易救济措施</td></tr>
</table>

〔1〕 刘中伟、沈家文：“跨太平洋伙伴关系协议（TPP）：研究前沿与架构”，载《当代亚太》2012 年第 1 期。

二、开发区推进制度型开放的选择

在改革开放的每个阶段，为平衡好改革风险和创新红利之间的关系，在特殊经济功能区试验，再全国复制推广，已成为重要的模式，并在不同阶段不断强调，如国务院发布的《关于加快实施自由贸易区战略的若干意见》（国发〔2015〕69号）要求“继续深化自由贸易试验区试点。上海等自由贸易试验区是我国主动适应经济发展新趋势和国际经贸规则新变化、以开放促改革促发展的试验田。可把对外自由贸易区谈判中具有共性的难点、焦点问题，在上海等自由贸易试验区内先行先试，通过在局部地区进行压力测试，积累防控和化解风险的经验，探索最佳开放模式，为对外谈判提供实践依据。”换言之，为统筹发展与安全，开放的试错性路径作为重要的经验和路径仍将保留和坚持，制度型开放不是不顾风险地激进，而是稳步推进，因此我国《国家“十四五”规划纲要》第二章（指导方针）第三节（战略性导向）强调了“持续深化要素流动型开放，稳步拓展制度型开放”。并在第四十章（建设更高水平开放型经济新体制）第一节部署了加快推进制度型开放，随即在第二节专节部署“提升对外开放平台功能”。这说明，在新一轮改革开放的新时期，开发区将不断强化、深化开放的先行先试，尤其在制度型开放的试错功能方面，“为国家试制度”，这也是国家发展需求。

（一）持续强化中国开发区集群制度创新的首位性、协同性、集成性

国家竞争、区域竞争是制度竞争，开发区具有天生为国家试制度的基因，第一使命是制度创新。习近平、李克强等国家领导人也对此进行了强调，如自由贸易试验区建设的核心任务是制度创新；要把制度集成创新摆在突出位置，赋予自贸试验区更大的改革自主权；探索建设自贸港对接国际高水平经贸规则，促进生产要素自由便利流动，高质量高标准建设自由贸易港等。

（1）自贸试验区（港）是高标准的综合性制度特区。从各国案例来看，国际上的自贸园区的普遍模式是对货物进出实行“境内关外”的海关特殊监管方式，以此推动货物贸易及与之密切相关的生产和服务。通常全封闭运作，不能住人；区内的服务业集中于与货物贸易相关的展示、物流、仓储等服务，不允许消费性的经营活动。这些自贸园区在经济制度、金融体制、市场规范、法制等范畴，皆从属于国家及所属地方的整体体制。亦即是说，国际上自贸区的“自由”主要体现在货物贸易的范畴，而在制度和体制上并未根本超出

国家的境内框架。我国自贸试验区超越了国际上自贸区普遍实行的海关特殊监管模式，目标并非仅仅在于货物贸易，更在于发展高端金融、贸易、物流等高端服务业，涉及更广泛的制度改革，包括试错高标准国际经贸规则、转变政府职能、扩大投资开放、深化金融开放创新、完善法制、探索贸易模式创新等多方面，可视为"综合性的制度特区"。[1] 自贸试验区起点高、试验面广、力度大，大都依托现有区位优越、产业基础好、母城功能齐全等发展要素较好的保税功能区、经开区、高新区而设，如上海自贸试验区依托外高桥、洋山港、浦东机场等保税区和张江高新区、陆家嘴金融试验区，天津自贸试验区依托东疆保税港区、高新区、经开区，广东自贸试验区依托深圳前海、广州南沙、福建横琴等功能区，福建自贸试验区依托平潭综合试验区、厦门的象屿和海沧等保税功能区、福州经开区和保税功能区，尤其是海南全岛 3 万平方公里建设中国特色自由贸易港涉及的领域更加广泛。这决定了自贸试验区（港）改革涉及生产制造、投资服务、社会民生等经济社会众多领域，不仅是国际上自贸园区意义上的海关特殊监管区，更是高标准国际经贸规则的试验区，涉及投资自由化及贸易便利化、知识产权、劳工标准、国有企业及政府采购等竞争中立规则、纠纷解决机制等多方面的改革。自贸试验区（港）属于开发区的一种，但属于传统开发区的升级版，是国家新一轮改革开放的试验田，未来将有更多数量、更大规模、更高标准的发展，从而形成自贸试验区集群，以点带面，推进中国全面深入改革开放。

（2）对标世界先进自贸港，加快中国特色自贸港及自贸试验区建设。2017 年 10 月，党的十九大明确提出："赋予自由贸易试验区更大改革自主权，探索建设自由贸易港。"2020 年 6 月 1 日，中共中央、国务院印发了《海南自由贸易港建设总体方案》，2021 年 6 月 10 日，第十三届全国人民代表大会常务委员会第二十九次会议通过《海南自由贸易港法》。2021 年 6 月，发布了《海南自由贸易港建设白皮书（2021）》。中国特色的自由贸易港建设快速推进，但是对标新加坡、迪拜等国际先进自贸港仍然有一定差距。第一，法治先行。法治先行，构建完善自贸港法律体系。虽然我国出台了《海南自由贸易港法》，但是自贸港探索将不局限于海南，尤其是当下 21 个以及不断增多的自

[1] 洪雯："内地自贸区建设如火如荼　香港还有优势吗"？载 http://www.112018.com/news_finance/201609/cc0becb9f662592d0298ab04255131ee.html，最后访问日期：2020 年 6 月 8 日。

贸试验区建设探索有限自贸港或因地制宜的自贸港制度安排的努力，需要进行立法保障。同时，自贸试验区建设涉及税收、投资、贸易、信息、运输、金融、人才等，这些制度安排也亟待通过立法进行完善。第二，有为且有限的政府。自由贸易港具有建构性特点，需要强力打破传统制度的桎梏，需要政府这只“有形之手”强大并有效地发挥，对资源的超强配置，建立健全一系列自由化、低税负的国际高标准的制度安排，大力构建基础设施硬环境和制度软环境。同时，践行有限政府，强化政府服务职能，由市场在资源配置中起决定性作用，政府廉洁清明、政务公开透明、政务行为规范有序。第三，精准集成的制度创新。一方面是自由制度安排和低税负。自由贸易港在营造一种与世界链接的最具开放性环境，打造“境内关外”的自由经济标准体系，在投资自由、贸易自由、自然人流动自由、资金自由、数据自由等五大自由领域进行系统性的制度创新。同时，国外自由贸易港普遍实行税收优惠政策，并且税制简单，关税趋零化，企业和个人所得税税率低，减免资本利得税等。另一方面是产业发展精准契合。产业发展需要制度的精准供给，如新加坡由于国小，其深具忧患意识，紧随世界科技产业革命发展趋势，精准制度创新，推进国家产业发展沿着“劳动密集型产业—资本密集型产业—技术密集型产业—知识密集型产业”的路径依次递进。第四，相对均衡的产业结构。新加坡、迪拜的第二产业占比超过了20%，尤其是新加坡已形成石化、电子业、机械制造、生物医药在内的制造业四大基石，是世界重要的半导体等电子信息产业基地、世界炼油中心、世界制造业强国50强排名第30名。

（3）加快开发区之间的联动协同发展和差异化开放试错。按照服务和货物贸易开放全覆盖、产权中性、竞争中性和规制中性原则，完善公平竞争审查和公正监管制度等高标准要求，在开发区先行先试，同时也要关注开发区的差异性，因地制宜，结合各自具体条件进行精准化的试错。第一，突出开发区集群在制度型开放中的引领性。中国开发区类型多样、定位差异、分布均衡、模式成熟、规模庞大，在一定程度上存在同质化和融合化，如经开区与高新区的趋同、开发区产业定位同质，同时逐步出现融合、叠加的现象和趋势，这说明开发区在新一轮改革开放的试错将更加趋向系统化、整体化、高标准化，如向产城融合的综合功能区转型、依托高新区的自主创新示范区、依托现有开发区的转型升级建设自贸试验区、推行自主创新示范区和自贸试验区联动发展“双自联动”、自贸试验区与海关特殊监管区联动发展等。在国际经济秩序加速重构、中国经济进入新常态和构建开放新格局的当下，开发区应发挥好改革创新的协同性、整体性、系统性，增强创新形势下的新优势，形成自贸港及高标准自贸试验区改革创新为龙头，国家经开区、高新区、海关特殊监管区等各有侧重和率先复制自贸试验区经验的雁行结构，构建点线面网格局的开发区集群，发挥出增长极、引领区效应，从而全面辐射带动全国的深入改革和扩大开放。第二，突出开放试错的差异性。开发区从创设到发展，都有独特的使命和功能，接下来应避免过于同质化，强化各种类型开放的战略使命和初心，因地制宜，进行差异化试错，如自贸试验区突出服务贸易规则开放，经开区和高新区等试错环保、劳工标准、原产地规则、知识产权等，海关特殊监管区深入试错“一线放开、区内自由、二线管住”。

（4）探索试错高标准新型投资争议解决方式。在全球化的语境下，国家经济逐步去主权化和国际经济组织的影响力逐步增强，国际经贸规则的实施机制日趋完善，法律规则成为解决国际经贸争端的主要手段。当前，《华盛顿公约》体系下的国际投资争端解决中心（ICISD）的投资仲裁是解决国际投资争端的主流机制。中国已于 1993 年正式加入，但在签订时曾作出重要保留，只在外资征收清算和国有化给予其仲裁管辖权。在 1998 年之后，中国对待 ICISD 仲裁管辖权的态度有所变化，在一些与外国缔结的第三代双边投资条约中约定了接受 ICISD 管辖条款，基本上放弃了当年加入《华盛顿公约》的保留，意味着中国完全接受 ICISD 管辖权。如 2003 年 12 月 1 日签订、2005 年 11 月 11 日生效的中德重新签订的双边投资条约以及于 2012 年 9 月分别与加拿大、智利签订的自贸协定。现实中，中国仅仅在 2011 年 EkranBerhad vs. China 一案中成为被仲裁方，并且胜诉。为增强国际投资者的信心，构建法治化、国际化的营商环境，可选择在市场主导型开发区或治理主体社会化的开发区通过国内法的承诺先行先试，如广东自贸试验区深圳前海片区的法定机构——前海管理局、上海自贸试验区陆家嘴金融城片区的陆家嘴金融城发展局、漳州招商局经济技术开发区的公司与管委会二位一体等可受 ICISD 仲裁管辖。

（二）深入推进政府职能转换

对标世界银行全球营商环境评价指标体系等国际标准，深入推进政府职能转变，围绕事物全过程、产业全链条、企业全生命周期，优化管理理念、手段、模式等，提供精准政府服务，加快推动规制变革和制度变迁，打造国际化、法治化、市场化、便利化的营商环境。

1. 深入推进“放管服”。“政府职能转换”或“放管服”已经成为所有开发区近几年方案的标配要求，万变不离其宗，开发区林林总总的创新举措如投资自由化、贸易便利化、金融改革创新、单一窗口、事中事后监管、政府管理模式创新等等方面的改革，可归结为一句话“一线放开、二线管住、服务优化”，这也是政府职能转换关键，即“该放的权则放、该管的事管住、该服务的则服务好”。①“放”（自由）。就是对标高标准国际经贸规则，推进以简政放权为重点的行政管理体制机制改革，在资金、货物、人才、科技、信息等要素方面的宽准入，表现在贸易便利化、投资自由化、金融国际化、人才便利流动、非敏感性信息的便利获取，具体措施有负面清单管理模式、跨境金融改革、通关便利、单一窗口、人才管理改革、社会领域开放等；②“管”（安全）。就是“一线放开”后“二线管住”的风险管控，事中事后监管，不仅是物理界线的二线，而且是制度、电子的安全线，表现在构建政府主导、行业自律、企业自控、社会监督的四位一体大监管格局。“我们审视不同行业是否应该列入负面清单进行管理，即可以转化为考察这些行业是否潜在扭曲问题，进一步即考察一个行业是否存在外部性，是否潜在地给国家安全和文化及社会稳定等带来风险，是否有内外资事后监管和控制的差异，是否有可能是幼稚行业等因素。”〔1〕具体举措有安全审查制度、反垄断审查制度、社会信用体系、企业报告公示和经营异常名录、信息共享和综合执法制度、社会力量参与市场监督等制度，创新国家技术安全清单管理、不可靠实体清单；③“服”（便利）。智能+打通“最后一公里”的服务型政务体系，通过“一窗受理、集成服务、一次办结”的服务模式创新，让企业和群众到政府办事实现“最多跑一次”。

2. 深入推进单一窗口建设。①加强系统规划设计，明确职责尤其是中央部委的责任。贸易便利化层面的“单一窗口”的建设实施是一个系统工程，旨在全国通关一体化，需要进行系统规划、阶段推进。由于“单一窗口”涉及面广，主要是依托地方协调的电子口岸，而有些口岸查验部门如海关、检验检疫、海事等实行中央垂直管理，以通关便利化改革创新的视角，自上而下对“单一窗口”建设各方面、各层次、各种要素进行统筹考虑和推动，才

〔1〕 洪俊杰、赵晓雷主编：《中国（上海）自由贸易试验区发展机制与配套政策研究》，科学出版社2016年版，第51页。

能保证“单一窗口”的有效推进。②加快推进电子口岸建设。打破各部门各自为政建设的信息化平台的局面，以“客户为导向”，政商学企协同参与，进一步精准推进互联网+政务技术标准、制度标准化建设和政务信息化公共设施建设，避免重复建设、无效建设，跨部门电子政务工程，建设成中央和地方之间信息系统连接、数据交换，并且集口岸通关执法管理等口岸管理功能和物流商务服务等国际贸易服务功能为一体的跨部门、跨区域的大数据中心，提高政府服务能力和管理水平，建设真正意义上的国际贸易“单一窗口”。加快以大数据中心和信息交换枢纽为主要功能的信息共享和服务平台建设，扩大部门间信息交换和应用领域，逐步统一信息标准，加强信息安全保障，推进部门协同管理。融合地方智慧政府建设，建立和完善口岸监管部门信息互换、监管互认、执法互助机制，提高海关、检验检疫、边检、海事等部门的智能化监管水平。推进口岸执法部门综合监管改革，形成一体化的贸易监管制度。

3. 加大改革自主权+构建容错机制。

（1）加强顶层协调，推进开发区与央地在制度创新方面的高度共容。针对开发区改革自主权不足的情况，中央多次强调，并进行相关制度安排，从《关于推进国家级经济技术开发区创新提升打造改革开放新高地的意见》（国发〔2019〕11号）要求“赋予更大改革自主权”到党的十九大报告、《国家“十四五”规划纲要》都明确指出，赋予自由贸易试验区更大改革自主权。国家领导人也多次强调，未来自贸试验区将继续以制度创新为核心。加大制度创新系统集成重在突破中央部委和地方的条块分割，开发区制度创新突破碎片化，强化系统集成将要涉及各个不同领域的并归属于不同部门的中央事权，开发区为国家试制度，也为地方谋发展，中央和地方相应也会有博弈关系，在非根本性、个别性问题上难免有利益取向不对称的现象，这造成了碎片化，需要加强顶层的制度安排，探索打通开发区与上级各部门、各部委之间的阻梗，形成推进制度型开放的利益共容体。

（2）大胆创新综合改革的负面清单模式。在新一轮的改革开放当中，其实更多是中央事权，所以需要中央的综合授权，不是一事一议的碎片化改革，需要更加强调系统性、集成性。在第一轮改革开放中的经济特区、经济技术开发区、高新区，某种意义上可以存在孤岛式、封闭式的改革，但是现在的改革一定是系统性、集成性的，所以需要综合授权改革。综合授权改革不同于传统的个别授权改革模式，具有系统性、整体性、协同性的特点。开发区应“多策划战略战役性改革，多推动创造型、引领型改革”。对于制度型开放或改革的无人区、深水区，可创新更加切中综合授权要点的“负面清单为主+正面清单为辅”的模式，只要是中央立法未明确禁止的，都可先行先试（即使明确禁止，通过立法综合授权，如发挥特区立法权进行创新），并且列出清单，切实破除现有开放存在的“玻璃门”“弹簧门”现象，真正让企业“准入”和“准营”。这样也可和“三个区分开来”容错纠错机制进行有效衔接。

(3) 切实有效构建容错机制。党的十九大明确要建立激励机制和容错纠错机制。2016 年，习近平总书记提出了“三个区分”原则：要把干部在推进改革中因缺乏经验、先行先试出现的失误和错误，同明知故犯的违纪违法行为区分开来；把上级尚无明确限制的探索性试验中的失误和错误，同上级明令禁止后依然我行我素的违纪违法行为区分开来；把为推动发展的无意过失，同为谋取私利的违纪违法行为区分开来，保护那些作风正派又敢作敢为、锐意进取的干部，最大限度调动广大干部的积极性、主动性、创造性。2018 年，中共中央办公厅印发了《关于进一步激励广大干部新时代新担当新作为的意见》。《广东省党的问责工作实施办法》“两个尊重”是指尊重广东历史、尊重广东省情。但是在整体实施情况上看，有成为一种倡导性而不是一种切切实实的制度性安排的趋势，改革容错精神和指导意见，需要因地制宜，结合具体改革创新的场景进一步细化，明确具体的免责情形、操作程序等，乃至以“正面清单”模式进行规定也是一种重要的探索。

（三）鼓励和支持企业夯实国内国际市场话语权

1. 强化企业在标准化建设中的主体地位。①高水平实施企业标准化战略。“一流企业定标准和规则、二流企业做品牌、三流企业做产品”已成为共识，市场之争也是标准之争，谁掌握了标准，就意味着先行拿到市场的“敲门砖”。跨国公司拥有全球资源配置的最强能力，是经济全球化的主要推行者，促进全球价值链的商业规则和区域营商环境趋同化。因此，在某种程度上，跨国公司是国际经贸规则部分领域的首倡者、推动者和主导者，是中国进行制度型开放的支撑力量，要积极发挥跨国公司引领作用，主动参与全球价值链合作和治理。培育一批世界一流企业，以培育和壮大一批拥有“中国基因”的全球公司、“隐形冠军”及平台型企业，发挥我国企业完善和制定国际经贸规则的引领、倡导、构建作用，积极构建中国品牌、标准、规则，提升中国企业在世界范围的影响力和竞争力。②大力推进在新业态新领域的标准制定。顺应全球技术变革和产业革命深入推进的趋势，利用我国企业在跨境电商、电子商务、共享经济、移动支付、“5G”等领域中巨大市场场景和先行优势，争取新业态、新领域的标准制定话语权，在数字经济领域如智能家居、无人驾驶、工业互联网等产业中，大力支持和鼓励企业积极探索数据安全、管理、技术、测评、数据接口等标准规范，争取成为国际标准。鼓励企业积极参与新领域、新业态的标准制定，依托国内国际“双循环”发展格局，主动参与引领相关标准和全球经贸规则制定，并参与全球治理体系建设。利用粤港澳三地“一国两制、三个关税区、三个法律体系、三套货币体系”的独特制度环境，联手试点构建数据流动、超算算力、未来新经济、新业态等标准体系，创造并填补世界规则和标准空白。

2. 建设企业“走出去”的综合服务平台。综合服务不但体现在提升企业“走出去”的便利化，更体现在公共服务、投融资、法律等降低交易成本和风险等方面。①公共服务平台。服务于提高企业对外投资合作决策的科学性，动态介绍东道国的经济、社会、文化、政治、政策法规、统计数据以及资讯等信息；建设政策法规指南库，动态归集国际产能合作、对外投资促进、境外经贸合作区等相关政策法规和世界各个国家（地区）吸引外资及对华合作相关政策法规文件；建设海外机构名录及海外业务指南，海外机构名录包括在境外开展活动的跨国企业、研究机构、工商联及行业协会等，介绍对外投资、对外承包工程、对外劳务合作等海外业务基本情况及相关行业政策。②投融资服务平台。推进境外投资备案便利化试点，探索境外投资“一个窗口受理、一份材料、一个印章”的改革，授予自贸试验区国家级的对外投资审批权；进一步拓宽跨境投资双通道，探索场外股权交易所与新三板、创业板的转板机制，并且和“一带一路”沿线国家地区交易市场共建、互通的新机制；大力支持开发区企业境外发行人民币债券、跨境贷款、构建新型跨境担保服务体系；探索连通境内外资金市场，推行FT账户，扩大跨国公司本外币资金池的试点力度。③税收服务平台。探索税务体制机制改革，完善对外投资税收政策；提升对外投资国际税收服务，进一步完善维护纳税人权益的对外投资国际税收服务体系，加强国别税收信息的收集与更新，利用“互联网+”的手段加快建立一站式的综合性信息服务渠道，探索建立与“一带一路”沿线开发区之间税收互惠制度。④法律服务平台。创新仲裁解决机制，打造具有国际影响力的国际仲裁机构；构建境外法律查明机制，加快境外法律的大数据建设；通过降低准入条件、出入境、税收、培训交流等多种机制支持法律服务业“引进来、走出去”。⑤建设走出去的专业服务平台。大力发展“走出去”知识产权合作、公共试验检测、公共认证及注册服务、管理咨询、交流合作、行业协会等方面的合作。

（四）构建国际开发区网络

当下，中国正在加速构建双向开放、对等开放的新体制，快马加鞭实施海洋强国、自贸区、人民币国际化等战略，牵头组建运营亚投行、金砖国家多边开放银行等国际多边金融组织。中共中央、国务院发布《关于构建开放型经济新体制的若干意见》明确提出，全面参与国际经济体系变革和规则制定，在全球性议题上，主动提出新主张、新倡议和新行动方案，增强我国在国际经贸规则和标准制定中的话语权；拓展国际经济合作新空间，建立高标准自由贸易区网络。2014 年 11 月，亚太经合组织达成的《北京纲领：构建融合、创新、互联的亚太》《亚太经合组织推动实现亚太自贸区北京路线图》《亚太经合组织推动全球价值链发展合作战略蓝图》《亚太经合组织经济创新发展、改革与增长共识》《亚太经合组织互联互通蓝图》，提出推动实现“亚太无缝、全方位互联互通和一体化”，建设亚太自贸区的目标，这为中国开发区谋求更高层次推进开发开放，在国际合作层面寻求体制机制创新突破创造了条件。开发区模式是中国经验的重要组成部分，在新一轮改革开放中将继续发挥试验田的先锋角色，是中国参与国际经济秩序治理的战略载体。为平衡好开放红利和开放风险的关系，在全球化和国内供给侧改革的背景下，大力推进“中国开发区模式走出去”，创新国际经济合作的体制机制，先行构建高标准的开发区网络，对等开放，协同试错 TISA、TPP 等新一轮高标准国际经贸规则、自贸区谈判中的难点焦点问题，进而推进亚太自贸区等区域经济一体化建设，抢占国际经贸规则和标准的制定权。

1. 模式选择：率先构建制度型开放的国际开发区网络。以全球视野，率先在各国谋篇布局开发区，形成开发区的国际网络，经略周边，助推中国深度参与的区域经济一体化。路线图为：在国内外建设开发区→形成开发区网络→自贸区（区域经济一体化）。换言之，重点商谈“一带一路”沿线、自贸区（FTZ）谈判国家，因地制宜，精准试错，针对不同谈判国家的难点、焦点问题，量身定制、各有侧重的试错区域，在国内外采取政策衔接、对等开放、合股建设、结盟友好等多种形式进行共建和合作，在全球范围内复制推广中国开发区模式，在国内和国际上，形成自贸试验区+其他类型开发区+双向姊妹园区的开发区网络体系，对等开放，分类试错，进而助推区域经济一体化和全球化。

2. 双向开放的姊妹产业园区协同先行先试。率先探索自由贸易协定（FTA）、投资保护协定（BIT）和经济合作协定（ECA）在国别间开发区先行先试和实施的新模式。①商建海外开发区或推动东道国建设开发区。通过借力经贸合作国家和地区，重点商谈“一带一路”、自贸区（FTZ）国家，对等开放，量身定制，各自新建、共建、选定产业园区；②国内外园区点对点联动。在建设、开发运营的层面，构建国内园区点对点联动的机制，或者国内园区参与海外园区的建设（如深圳前海投资控股公司计划参与印尼园区建设），或者双向共建（如中国马来西亚的钦州、关丹双向园区），或者结成姊妹、友好园区；③对等开放，协同试错高标准经贸规则。打破过去开发区单向开放和海外园区的“玻璃门”，倒逼国内园区加快改革开放步伐，对东道国园区的改革开放也会形成倒逼效应，双方或诸边园区不但进行产能合作，而且要共同试错 TPP、TISA 等新一轮高标准经贸规则、经贸合作的难点焦点问题和进行对等开放的压力测试，局部突破，概括提炼、复制推广。这样，通过在各国率先建设开发区，先行先试、产能合作，进而形成国际、国内互联互通的高标准产业园区网络，再逐步引领构建高标准自贸区网络，进而推动亚太自贸区等区域经济一体化建设，增强国际经贸规则和标准制定的主动权、话语权，深度参与国际经济秩序治理。国际上的加勒比自由贸易区就采取了这种模式，通过在加勒比共同体各成员国建立双向开放的自由贸易园区方式来吸引外资，形成覆盖加勒比海地区的世界一流经济特区网络，助推加勒比经济一体化。

3. 加强顶层设计保障。①纳为国家经济外交的重要组成部分。围绕“一带一路”倡议总体要求，将开发区模式“走出去”纳为国家经济外交的重要内容，尽早在国家层面编制推进高水平海外开发区建设的行动方案，主要包括海外产业园区布局、分类建设实施指导方案及相关配套政策；在双边、诸边等经贸合作中，增加对等开放、共建高标准开发区的议题，明确为双边、诸边经贸合作的重大项目，为国际产能合作和对等开放的压力测试提供载体。②双边或诸边协定增加开发区专题。率先探索自由贸易协定（FTA）、投资保护协定（BIT）和经济合作协定（ECA）在国别间开发区先行先试和实施的新模式，在国际协定的保障下，对标 TTP、CPTPP、TTIP、TISA 等新一轮高标准的国际经贸规则，或在协定直接规定约定在开发区先行先试，明确时间窗口，再推广复制，普遍适用；或是针对焦点、难点签订专门协定，作为协定附件或协定先行版。同时，在协定的保障下，双边或诸边签署开放化、动态化的《共建开发区协议书》，对开发区建设的原则思路、发展定位、合作模式、运行规则、体制机制、经济管理、社会管理、双方权责、争议解决等进行基本约定。③率先探索国别开发区双向协同立法。依据双边或诸边的 FTA、BIT、ECA 和有关国际条约，将国际法意义的协定、约定转化为国内法，两国分别制定专项特别立法，进一步强化保障机制。一是东道国立法。东道国通过中央或中央授权特别立法，对标高标准国际经贸规则，对投资自由化、贸易便利化、金融开放、税收、出入境、劳动力、土地、责任、纠纷解决等基本问题进行规定，提供大力保障财产和人身权益的可置信国际承诺、公开承诺，强化投资者信心，以快速集聚国际国内发展要素。二是国内立法。全国人大及其常委会授权立法尤其是授权享有特区立法权的区域等发挥好特区立法权，在中央层面，对对等开放的共性问题、难点焦点问题和中央事权创新改革进行规定；在地方层面，根据中央授权，进一步细化、具体化中央立法，为对等开放、双向开放的分散试验提供更具操作性的法律保障。④率先探索开发区“走出去”的顶层协调机制。在双边或诸边的国家经济外交对话协调机制下，增设高级别的开发区协调机制，分别由中央商务部门乃至国家领导人挂帅或牵头，建立外交、海关、出入境、税务、市场监管、金融、土地、规划、人才、信息等多个职能部门和具体建设方参与的部际联席机制，对开发区“走出去”的重大问题进行沟通协调。

参考文献

一、著作

[1] 阎兆万等:《经济园区发展论》, 经济科学出版社 2009 年版。

[2] 林毅夫:《新结构经济学——反思经济发展与政策的理论框架》, 苏剑译, 北京大学出版社 2012 年版。

[3] 盛洪主编:《中国过渡经济学》, 格致出版社、三联出版社、上海人民出版社 2009 年第 2 版。

[4] 盛洪主编:《现代制度经济学》(上卷)(第 2 版), 中国发展出版社 2009 年版。

[5] 史卫民:《"政策主导型"的渐进式改革——改革开放以来中国政治发展的因素分析》, 中国社会科学出版社 2011 年版。

[6] 陈俊:《高新科技园区立法研究》, 北京大学出版社 2004 年版。

[7] 李志群等主编:《开发区大有希望》, 中国财政经济出版社 2011 年版。

[8] 鲍克:《中国开发区研究: 入世后开发区微观体制设计》, 人民出版社 2002 年版。

[9] 姜明安主编:《行政法与行政诉讼法》(第 3 版), 北京大学出版社、高等教育出版社 2007 年版。

[10] 周振超:《当代中国政府"条块关系"研究》, 天津人民出版社 2009 年版。

[11] 国务院发展研究中心课题组:《农民工市民化: 制度创新与顶层政策设计》, 中国发展出版社 2011 年版。

[12] 钟坚:《世界硅谷模式的制度分析》, 中国社会科学出版社 2001 年版。

[13] 朱永新等:《中国开发区组织管理体制与地方政府机构改革》, 天津人民出版社 2001 年版 .

[14] 姜杰:《体制变迁与制度设计——国家级经济技术开发区行政管理体制研究》, 经济科学出版社 2008 年版。

[15] 周黎安:《转型中的地方政府：官员激励与治理》，格致出版社、上海人民出版社 2008 年版。
[16] 武汉东湖高新区战略研究院:《科技园区创新性品格——高新区体制机制创新研究》，人民出版社 2010 年版。
[17] 迟福林主编:《第二次转型：处在十字路口的发展方式转变》，中国经济出版社 2010 年版。
[18] 孙立平:《转型与断裂：改革以来中国社会结构的变迁》，清华大学出版社 2004 年版。
[19] 张秀兰等编:《中国发展型社会政策论纲》，中国劳动社会保障出版社 2007 年版。
[20] 张志红：当代中国政府间纵向关系研究》，天津人民出版社 2005 年版。
[21] 俞可平主编:《治理与善治》，社会科学文献出版社 2000 年版。
[22] 巫永平、吴德荣主编:《寻租与中国产业发展》，商务印书馆 2010 年版。
[23] 盖文启:《集群竞争：中国高新区发展的未来之路》，经济科学出版社 2007 年版。
[24] 徐康宁:《产业聚集形成的源泉》，人民出版社 2006 年版。
[25] 林涛:《产业集群合作行动》，科学出版社 2010 年版。
[26] 杨慧:《面向可持续创新的产业集群治理》，上海三联书店 2008 年版。
[27] 皮黔生、王恺:《走出孤岛——中国经济技术开发区概论》，生活·读书·新知三联书店 2004 年版。
[28] 卢现祥、朱巧玲主编:《新制度经济学》，北京大学出版社 2007 年版。
[29] 易明:《产业集群治理体系研究》，中国地质大学出版社 2011 年版。
[30] 张军、周黎安编:《为增长而竞争：中国增长的政治经济学》，格致出版社、上海人民出版社 2008 年版。
[31] 于安编著:《德国行政法》，清华大学出版社 1999 年版。
[32] 杨小凯、张永生:《新兴古典经济学与超边际分析》，社会科学文献出版社 2003 年版。
[33] 王名扬:《法国行政法》，中国政法大学出版社 1988 年版。
[34] 贾根良:《劳动分工、制度变迁与经济发展》，南开大学出版社 1999 年版。
[35] 沈立江、马力宏主编:《金融危机与经济转型》，中共中央党校出版社 2009 年版。
[36] 邹谠:《二十世纪中国政治：从宏观历史与微观行动的角度看》，牛津大学（香港）出版社 2004 年版。
[37] 郑永年、吴国光编:《论中央—地方关系：中国制度转型中的一个轴心问题 》，牛津大学（香港）出版社 1995 年版。
[38] ［澳］杨小凯、黄有光:《专业化与经济组织——一种新兴古典微观经济学框架》，张玉纲译，经济科学出版社 1999 年版。

[39] [美] 曼瑟·奥尔森:《权力与繁荣》，苏长和、嵇飞译，上海世纪出版集团 2005 年版。

[40] [加] 亨利·明茨伯格、布鲁斯·阿尔斯特兰德、约瑟夫·兰佩尔:《战略历程——穿越战略管理旷野的指南》，魏江译，机械工业出版社 2012 年版。

[41] [印] 阿马蒂亚·森:《以自由看待发展》，任赜、于真译，中国人民大学出版社 2002 年版。

[42] [印] 阿玛蒂亚·森:《贫困与饥荒——论权利与剥夺》，王宇、王文玉译，商务印书馆 2001 年版。

[43] [美] 保罗·克鲁格曼:《地理和贸易》，张兆杰译，北京大学出版社、中国人民大学出版社 2000 年版。

[44] [德] 柯武刚、史漫飞:《制度经济学：社会秩序与公共政策》，韩朝华译，商务印书馆 2000 年版。

[45] [法] 莱昂·狄骥:《公法的变迁　法律与国家》，郑戈、冷静译，辽海出版社、春风文艺出版社 1999 年版。

[46] [澳] 欧文·E. 休斯:《公共管理导论》，彭和平等译，中国人民大学出版社 2001 年版。

[47] [美] 文森特·奥斯特罗姆:《美国公共行政的思想危机》，毛寿龙译，上海三联书店 1999 年版。

[48] [美] 迈克尔·麦金尼斯主编:《多中心治道与发展》，王文章等译，上海三联书店 2000 年版。

[49] [美] 道格拉斯·C. 诺思:《经济史上的结构和变革》，厉以平译，商务印书馆 1992 年版。

[50] [英] 亚当·斯密:《国民财富的性质和原因的研究》（上卷），郭大力、王亚南译，商务印书馆 1974 年版。

[51] [美] 安德烈·施莱弗、罗伯特·维什尼:《掠夺之手：政府病及其治疗》，赵红军译，中信出版社 2004 年版。

[52] [美] V. 奥斯特罗姆、D. 菲尼、H. 皮希特编:《制度分析与发展的反思——问题与抉择》，王诚等译，商务印书馆 1992 年版。

[53] [英] 马歇尔:《经济学原理》，朱志泰、陈良碧译，商务印书馆 1964 年版。

[54] [美] 安纳利·萨克森宁:《社地区优：势硅谷和 128 公路地区的文化与竞争》，曹蓬译，上海远东出版社 1999 年版

[55] [美] 迈克尔·波特:《国家竞争优势》（第 2 版），李明轩、邱如美译，中信出版社 2012 年版。

[56] [美] 约拉姆·巴泽尔:《国家理论——经济权利、法律权利与国家范围》，钱勇、

曾咏梅译，上海财经大学出版社 2006 年版。

[57] [德] 卡尔·拉伦茨:《法学方法论》，陈爱娥译，商务印书馆 2003 年版。

[58] [法] 勒内·达维德:《当代主要法律体系》，漆竹生译，上海译文出版社 1984 年版。

[59] [美] 弗朗西斯·福山:《国家构建——21 世纪的国家治理与世界秩序》，黄胜强、许铭原译，中国社会科学出版社 2007 年版。

[60] [美] 詹姆斯·M. 布坎南:《自由、市场与国家——80 年代的政治经济学》，平新乔、莫扶民译，生活·读书·新知三联书店上海分店 1989 年版。

[61] [美] 道格拉斯·C. 诺思:《制度、制度变迁与经济绩效》，杭行译，格致出版社、上海三联书店、上海人民出版社 2008 年版。

[62] [美] 埃莉诺·奥斯特罗姆:《公共事物的治理之道》，余逊达、陈旭东译，上海三联出版社 2000 年版。

[63] [美] G. J. 施蒂格勒:《产业组织和政府管制》，潘振民译，生活·读书·新知三联书店上海分店 1989 年版。

[64] 龙海波:《国家高新区政策绩效评估与发展转型研究》，中国发展出版社 2015 年版。

[65] 洪俊杰、赵晓雷主编:《中国（上海）自由贸易试验区发展机制与配套政策研究》，科学出版社 2016 年版。

[66] 樊纲等:《双循环：构建“十四五”新发展格局》，中信出版社出版 2021 年版。

[67] 王昌林:《新发展格局：国内大循环为主体 国内国际双循环相互促进》，中信出版社 2020 年版。

[68] 中国社会科学院世界经济与政治研究所国际贸易研究室:《〈跨太平洋伙伴关系协定〉文本解读》，中国社会科学出版社 2016 年版。

[69] 中国（深圳）综合开发研究院:《“一带一路”倡议下的中国境外园区开发运营》，中国经济出版社 2020 年版

[70] The Commission on Global Governance, *Our Global Neighborhood: the Report of the Commission on Global Governance*, Oxford University Press, 1995.

[71] DAVISDetal (eds.), *Urban spaces in contemporary China*, Cambridge: Cambridge University Press, 1995.

[72] HsingYT, *Making Capitalism in China: the Taiwan connection*, Oford: Oford University Press, 1998.

[74] Park JD., *The Special Economic Zones of China and their impacts on its economic development*, Greenwood Publishing Group, 1997.

[75] WeiG, *Special Economic Zones and the economic rransition in China*, NewJersey: World ScientificPub. Co. Inc, 1999.

[76] Wuf, *The (post-) HellwegeC. Sonderwirtschaftszonen inder VR China*, China Aktuell, 1996.

[77] Rent Seeking inChina, eds, *Tak-Wing Ngo and Yongping Wu*, Lond and New York: Routledge, 2009.

二、论文

[1] 科技部火炬高技术产业开发区中心:“2010年国家高新技术产业开发区综合发展与数据分析报告”,载《中国高新区》2011年第10期。

[2] 李振远、郑传芳:“推进土地管理制度创新,破解开发区土地制约难题”,载《福建农林大学学报(哲学社会科学版)》2011年第3期。

[3] 孙万松等:“从混沌发展走向法治管理——中国开发区改革与发展的立法思考”,载《管理现代化》2005年第1期。

[4] 胡充寒:“世界高新技术开发区的立法经验与我国高新技术开发区立法”,载《湘潭大学学报(社会科学版)》1993年第4期。

[5] 李程伟:“政治与市场:横断科学视角的思考”,载《兰州大学学报》1997年第3期。

[6] 钟芳:“开发区管理委员会的主体地位研究”,载《海南大学学报》2007年第4期。

[7] 伊士国:“开发区管理委员会法律地位问题探析”,载《行政论坛》2010年第2期。

[8] 吴芳:“开发区管理主体的法律定位”,载《西南科技大学学报(哲学社会科学版)》2008年第1期。

[9] 郭会文:“国家级开发区管理机构的行政主体资格”,载《法学》2004年第11期。

[10] 潘波:“开发区管理委员会的法律地位”,载《行政法学研究》2006年第1期。

[11] 于静涛:“困局、归因及抉择:平潭实验区管委会法律性质分析”,载《福建江夏学院学报》2011年第2期。

[12] 余宗良:“困境与出路:开发区管委会法律性质之辩”,载《中南大学学报(社会科学版)》2013年第1期。

[13] 左然:“公务法人研究”,载《行政法学研究》2007年第1期。

[14] 姜广俊:“公务法人制度探讨”,载《学术交流》2008年第4期。

[15] 正宇:“澳门的公务法人”,载《法制日报》2001年12月15日。

[16] 吉龙华:“论我国行政公务法人的法律定位”,载《云南行政学院学报》2005年第5期。

[17] 刘洁、李煌:“设立我国公务法人制度的构想”,载《南京财经大学学报》2004年第2期。

[18] 马怀德:“公务法人问题研究”,载《中国法学》2000年第4期。

[19] 杨玉杰:“我国开发区管理体制类型及其比较”,载《商业时代》2010年第1期。

[20] 左学金:“国内外开发区模式比较及经验:典型案例研究” 载《社会科学》2008年第9期。

[21] 杨卫东："中国高新区立法问题研究"，载《中国高新区》2010 年第 1 期。
[22] 郭胜伟、刘巍："日本筑波科学城的立法经验对我国高新区发展的启示"，载《中国高新区》2007 年第 2 期。
[23] 杨明瑞："国外高新区管理模式与体制研究"，载《沿海企业与科技》2006 年第 2 期。
[24] 刘瑞明、白永秀："晋升激励、宏观调控与经济周期：一个政治经济学框架"，载《南开经济研究》2007 年第 5 期。
[25] IUD 中国政务景气监测中心："历经四年整顿 4813 家开发区撤并"，载《领导决策信息》2006 年第 47 期。
[26] 朱泳、姜诚："论开发区的法律地位与开发区的政区化"，载《江汉大学学报（社会科学版）》2009 年第 3 期。
[27] 韩伯棠、方伟、王栋："高新区与经开区的趋同趋势及两区合一的管理模式研究"，载《特区经济》2007 年第 4 期。
[28] 彭浩东、黄惠平："关于加快开发区立法工作的问题研究"，载《经济师》2005 年第 4 期。
[29] 谷彦芳："关于高新技术产业开发区立法若干问题的思考"，载《科技与法律》1995 年第 1 期。
[30] 强昌文："完善立法，引导开发区健康发展"，载《安徽农业大学学报：社会科学版》2000 年第 1 期。
[31] 吕忠梅、鄢斌："高新技术产业开发区过渡型立法研究"，载《理论月刊》2001 年第 8 期。
[32] 任晓宏："我国经济开发区现行立法存在的问题及其分析"，载《法制与社会》2011 年第 8 期。
[33] 买静、张京祥、陈浩："开发区向综合新城区转型的空间路径研究——以无锡新区为例"，载《规划师》2011 年第 9 期。
[34] 杨东峰、殷成志、史永亮："从沿海开发区到外向型工业新城——1990 年代以来我国沿海大城市开发区到新城转型发展现象探讨城市发展研究"，载《规划研究》2006 年第 6 期。
[35] 郑江淮等："企业'扎堆'、技术升级与经济绩效——开发区集聚效应的实证分析"，载《经济研究》2008 年第 5 期。
[36] 周黎安："晋升博弈中政府官员的激励与合作——兼论我国地方保护主义和重复建设问题长期存在的原因"，载《经济研究》2004 年第 6 期。
[37] [美] 迈克·E. 波特："族群与新竞争经济学"，郑海燕译，载《经济社会体制比较》2000 年第 2 期。

[38] 夏志方："我国国际贸易'单一窗口'发展的几点思考"，载《中国经贸导刊（中）》2020年第1期。

[39] 周其仁："体制成本与中国经济"，载《经济学（季刊）》2017年第3期。

[40] 陈文玲："开发区转型在新一轮开放中的地位与作用"，载《开放导报》2013年第5期。

[41] 刘中伟、沈家文："跨太平洋伙伴关系协议（TPP）：研究前沿与架构"，载《当代亚太》2012年第1期。

[42] Tiebout C, "A pure theory of local expenditures ", *Journal of Polotical Economy*, 1956.

[43] Stoker G, " New localism, Progressive Politics and Democracy ", //A Gamble and T. Wright (ed.), "Restating the State?", *Oxford Political Quarrely/Blackwell*, 2004.

[44] Oates W E, "Fiscal competition and European Union: Contrasting perspective ", *Regional Science & Urban Economics*, 2001.

[45] "socialist entrepreneurial city as a stateproject: Shanghai' sreglobalizationinquestion", *Urban Studies*, 2003.

三、电子资料

[1] 王淑玲、郑钢："有害税收竞争及其启示"，载 http://www.chinaacc.com/new/287/292/338/2008/8/hu79321246013880021092-0.htm.

[2] 马曼："平潭综合实验区个税政策或违反国家税法"，载 http://money.163.com/12/0221/13/7QPR3EFP00252G50.html.

[3] 张利、杜白羽："朝鲜公布黄金坪和威化岛经济区法"，载 http://bjrb.bjd.com.cn/html/2012-03/18/content_ 61263.htm.

[4] 张五常："中国的经济制度之五，承包合约的扩张与县际竞争的兴起"，载 http://blog.sina.com.cn/s/blog_ 47841af701009zyq.htm.

[5] 张五常："中国的经济制度第六节：县制度的佃农分成，第七节：分成方程式的效果"，载 http://blog.sina.com.cn/s/blog_ 47841af70100a1ij.html.

[6] 张五常："中国的经济制度第八节，县现象的经济解释"，载 http://blog.sina.com.cn/s/blog_ 47841af70100a4fs.html.

[7] "商务部召开国家级经济技术开发区立法研讨会"，载 http://unn.people.com.cn/GB/41494/41925/4245416.html.

[8] 罗先："经济贸易区法"，载 http://www.cxtzw.com/showfalv.asp? id=78.

四、报刊

[1] 孙莹："南沙新区条例'空话太多'"，载《南方都市报》2013年12月26日。

[2] 代希奎："东莞宏威数码涉嫌虚假注资被查 官方称退还政府注资不合理"，载《广州日报》2013 年 8 月 26 日。
[3] 陈新焱、杜蕾："双面开发区：一个政经混合体的膨胀史"，载《南方周末》2011 年 1 月 20 日。
[4] 王延春："中国三部委联手制订新政 国家级开发区酝酿转型"，载《经济观察报》2004 年 12 月 20 日。
[5] 刘秀浩："全国开发区土地 43%闲置 逾七成被撤销"，载《东方早报》2007 年 4 月 23 日。
[6] 胡欣欣："园区升级进行时：不能单靠优惠"，载《21 世纪经济报道》2014 年 4 月 1 日。
[7] 刘旭："《国家级开发区管理条例》拟为开发区'扩权'"，载《21 世纪经济报道》2007 年 06 月 19 日。
[8] "开发区返税政策导致恶性竞争 引资不是让利大赛"，载《人民日报》2006 年 7 月 7 日。